제2판

질적 연구의
30가지 노하우

John W. Creswell,
Johanna Creswell Báez 저

한유리 역

30 Essential Skills for the
Qualitative Researcher

서 문

목적

우리는 대학원에서 질적 연구 기본강의 교재로 활용하기 위해 이 책을 썼다. 시중에 나온 방법론 책 중에 질적 연구를 실행하는 일반 원칙을 제대로 다룬 교재가 없다는 생각이 들었기 때문이다. 어떤 책은 특정 연구 설계만을 과도하게 다루기도 하고, 다른 책은 너무 복잡해서 학생들에게 읽어보라고 추천하기가 어려웠다. 우리는 질적 연구를 진행할 때의 "실질적" 단계들을 다룬 책이 필요하다고 생각했다. 여기서 "실질적"이라는 말은 누구나 엄격하게 따라야 하는 고정된 단계가 아니라, 이 책의 저자 중 한 명인 조한나가 논문을 쓰면서 필요했던 것처럼, 질적 연구가 실제로 어떻게 진행되는가를 의미한다. 전사한 텍스트, 또는 참여자에게서 받은 사진 같은 질적 자료를 어떻게 코딩할까? 어떻게 질적 중심질문을 만들고, 인터뷰 자료는 어떠한 단계를 밟으며 분석할까? 다른 기초 책에서는 이러한 질문에 대한 실질적인 조언이 빠져있다. 이에 대한 논의가 없으면 대학원생이나 초보 질적 연구자는 이러한 종류의 연구를 어떻게 해야 하는지 혼자서 힘들게 알아내야만 한다.

나아가, 존은 자신이 지난 30년간 질적 프로젝트를 실행하면서 배운 기술과 과정을 공유하고 싶었다. "이것이 유일한 방법이다"라고 말하려는 것이 아니라, 스스로에게 효과가 있었던 기술과 과정을 하나의 접근으로써 독자와 나누려는 것이다. 다른 책에서는 저자만의 노하우를 드러내지 않는 경우도 많다. 그래서 이 책에서는 존이 직접 연구하면서, 학생들을 가르치면서, 그리고 질적 연구에 대한 글을 쓰면서 배운 많은 아이디어를 공유하려고 한다. 따라서 이전에 썼던 연구설계, 질적 탐구, 혼합방법의 교재 내용을 일부 예시로 사용하였다. 다른 저자의 글도 인용했는데, 이런 경우에는 그들의 구체적인 접근법을 공유하고 이어서 존의 아이디어를 대조적으로 제시하기 위해서다.

이 책에서 독자들은 기존 "질적 방법론" 책에서는 일반적으로 다뤄지지 않는 몇 개의 참신한 주제들을 찾을 수 있다. 그 예로는, 질적 연구자처럼 생각하는 방법, 질적 연구를 할 때의 감정 다루기, 코더간 일치도 검토 방법, 이미지 코딩, 결론 쓰기, 그리고 목적진술문 같이 연구의 중요한 부분들을 쓸 때 도움이 되는 대본들이 있다.

즉, 이 책의 목적은 여러분이 질적 연구를 할 때 활용 가능한 30가지의 핵심 기술을 제시하는 것이다. 물론 30가지로 정리하기는 했으나, 실제 연구를 하다 보면 더 많은 혹은 더 적은 기술이 사용될 수 있다. 그러나 이 30가지는 초보 연구자가 자신의 질적 연구를 시작할 때 필요한 핵심 내용을 잘 전달한다. 독자들에게는 모든 챕터에서 소개하는 기술이 동일하게 중요하지는 않을 것이다. 자신에게 주어진 시간과 필요에 따라, 관련된 챕터를 참고할 수 있다.

우리는 또한 질적 연구의 기본 특징이 이해를 추구하는 것임을 잘 알고 있다. 그러나 실용적인 접근을 추구하는 입장에서, 우리는 초보 연구자가 엄격하고 정교한 질적 연구를 완수하기 위해서 반드시 마스터해야 하는 몇 가지 확실한 기술이 있다고 본다. 기술이란 개발할 수 있는 능력이나 일종의 전문성이며, 일단 획득하고 나면 탄탄한 질적 연구를 하는 데 도움을 준다. 이 책의 각 챕터는 한 가지 기술을 소개하는 것으로 시작한다. 기술을 개발하는 것은 이후 자신만의 창의적인 연구를 하기 위해 선행될 중요한 부분이다. 작곡을 하려면 먼저 음악 이론을 제대로 알아야 하고, 획기적인 건축을 설계하려면 먼저 기본적인 건축기술이 필요하다. 따라서 우리는 혁신적이고 창의적인 질적 연구를 강력히 지지하지만, 시작단계의 연구자는 기본적인 기술을 마스터해야 한다고 믿는다.

이 책은 Creswell과 Poth(Sage, 2018)의 <질적 탐구와 연구설계: 다섯 가지 접근>과 어떻게 다른가

우리는 이 책이 질적 연구의 기본서라고 생각한다. 그러므로 질적 연구 기본과정이나 초보 연구자를 위한 지침서로 적합하다. 반면, Creswell과 Poth(2018)의 책은 중급 교재로 봐야 한다. 따라서 기본적인 질적 연구를 넘어서 내러티브 연구, 현상학, 근거이론, 문화기술지, 사례연구 같은 구체적인 접근을 찾는 경험 있는 연구자에게 더 적합하다. 정리하면, 초보자는 이 책에서 시작하고 이후에 다섯 가지 접근을 배울 것을 제안한다.

2판에서 추가된 내용들

이번 2판에서는 Johanna Creswell Báez가 공동 저자로 합류했다.
질적 연구에 대한 그녀의 실제 경험들이 이 책에 포함되었으며, 사
회학자인 조한나는 제대로 인정받지 못하거나 억압당해온 개인과
가족, 공동체, 시스템의 목소리를 전달하고 이들을 지지하는 데에
관심이 있다.

나아가, 2판에서는 다음의 내용이 추가되었다.

- 업데이트된 인용문과 참고문헌 리스트(2020년 APA 스타일 매뉴얼
  포함)
- 질적 타당도 전략에 대한 표와 인터뷰 유형에 대한 내용 추가
- 메모 작성, 인용문 활용, 연구자 성찰, 심사위원과의 작업, 연구
  질문과 하위 질문, 구체적인 타당도 검토, 질적 연구의 질을 평
  가하는 기준에 대한 내용 추가
- 질적 자료분석 소프트웨어 항목 관련 내용 업데이트
- 가독성과 명료함을 높이기 위한 부분적인 문구 편집

독자

이 책은 사회과학, 행동과학, 그리고 보건과학분야에서 질적 연구
를 수행하려는 연구자를 위해 쓰였다. 특히 처음으로 질적 연구를
하는 초보 연구자를 대상으로 한다. 대학원생이나 교수, 또는 학계
밖에서 질적 연구를 하려는 연구자가 여기에 해당될 수 있다. 경험

이 있는 연구자에게는 핵심 기술들을 검토하고, 질적 연구자로서 저
자들의 작업을 공유할 기회를 제공한다.

이 책의 구성

존은 이해하기 쉽게 글을 쓰는 스타일이다. 자신의 경험을 이야기
하고, 일인칭 대명사를 쓰며, 최대한 독자를 고려한 대화적 글쓰기를
시도한다. 존이 따르고자 하는 글쓰기 멘토는 이야기하듯 글을 쓰면
서도 질적 방법과 관련된 중요한 내용을 모두 전달하는, 지금은 고인
이 된 해리 월코트(Harry Wolcott) 박사다(Wolcott, 2009, 2010 참고).
또한, 이 책에서는 배운 것을 활용해 볼 활동을 추가하였고, 글을 읽
는 데 방해가 되지 않도록 참고문헌을 최소화하였다. 각 챕터는 가능
한 짧게 구성해서, 독자들이 한 가지 기술에 집중하도록 노력하였다.
조한나도 책 전반에 걸쳐 자신의 연구 예시를 제공하였다.

Part 1에서는 질적 연구를 이해하는 데 시작이 되는 내용들을 다
룬다. 독자들은 질적 연구자들이 어떻게 생각하는지, 이는 양적 연
구에서 요구되는 사고와 어떻게 다른지, 질적 연구를 개념적으로,
그리고 방법론적으로 어떻게 더 흥미롭게 만들지, 질적 연구를 하면
서 겪는 감정적 기복을 어떻게 다룰지, 연구 지도교수, 그리고 논문
심사위원들과 어떻게 작업할지를 배우게 된다.

Part 2에서는 질적 연구를 설계하기 전에 필요한 핵심 아이디어를
다룬다. 연구 전체에 걸쳐 영향을 미칠 철학적 아이디어와 이론을
알아본다. 또한 윤리적 이슈를 예상하고, 자신의 연구가 기존 지식
에 어떻게 기여할지를 알아보기 위해 문헌지도를 개발한다. 마지막

으로, 자신의 논문을 잘 쓰기 위해 이미 학술지에 게재된 논문의 큰 구조를 살펴본다.

Part 3에서는 질적 연구의 시작부터 마무리를 다룬다. 제목을 적고, 초록을 명료하게 구성하고, 서론을 쓰고, 연구의 목적과 연구질문을 구체적으로 작성한다. 이 과정에 도움이 되는 틀을 대본의 형식으로 제공한다.

Part 4에서는 자료수집에 대해 논의하는데, 우선 가능한 자료의 종류를 알아보고 관찰과 인터뷰를 잘하기 위한 방법을 논의한다. 또한 소외된 집단으로부터 자료를 수집하는 방법, 그리고 연구자와 문화나 젠더, 인종, 사회경제적 지위 등 사회적 정체성이 다른 참여자와 독자를 고려한 글로벌 질적 연구를 하는 방법을 다룬다.

Part 5에서는 자료의 분석과 결과의 타당화라는 다음 단계로 넘어간다. 우선 텍스트나 이미지 자료를 코딩하는 것에서 시작하여 보다 추상화된 테마로 이동하는 과정을 알아본다. 이 과정에서 질적 자료분석을 도와주는 소프트웨어 활용방법을 논의하고, 이어서 타당도 검토와 여러 명의 코더간 일치도를 측정하는 방법을 이야기한다.

Part 6에서는 쌓인 질적 연구결과를 학술적인 글로 바꾸고 질적 글쓰기의 핵심 요소를 알아보는 중요한 단계로 이동한다. 또한 연구자의 성찰이란 개념이 무엇인지, 글 속에 어떻게 기술하는지, 질적 프로젝트의 결론을 위한 글쓰기는 어떠한지를 알아본다. 마지막으로 질적 연구를 학술지에 게재하는 방법에 대한 조언을 추가한다.

Part 7에서는 연구의 질을 평가하는 방법을 소개하고, 내러티브 연구, 현상학, 근거이론, 문화기술지, 사례연구처럼 보다 심화된 연구 설계를 언급하면서 책을 마무리한다.

글쓰기 요소들

우리는 이 책이 독자에게 보다 실용적이고 대화적으로 다가가기 위해 몇 가지 글쓰기 요소를 고려하였다. 각 챕터는 초점을 맞출 핵심 기술을 언급한 뒤, 왜 그 기술이 중요한지를 소개하며 시작한다. 챕터는 내용을 쉽게 소화할 수 있도록 중요항목을 나열하는 방식으로 짧게 기술하였다. 반면, 이 책은 질적 연구를 포괄적으로 평가하거나, 철학적 아이디어를 길게 논의하거나, "하나의 접근"만을 강조하거나, 또는 연구의 전 과정에서 발생 가능한 모든 이슈를 다루는 것을 목적으로 하지 않다. 대신, 고려할 수 있는 대안을 제시하고 충분한 정보를 제공해서 독자들이 질적 연구를 할 때 스스로 선택할 수 있도록 노력하였다.

감사의 글

이 책의 중간중간에 포함된 학생들의 좋은 연구 예시가 없었다면 이 책은 만들어질 수 없었을 것이다. 우리는 또한 존의 예전 박사과정 지도학생이면서 이 책의 수정과 리뷰에 상당 시간을 할애해 준 Tim Guetterman, 몇 개의 챕터를 구성하는 데 도움을 준 또 다른 지도학생인 Rachel Sinley의 노력에 많은 도움을 받았다. 두 학생 모두 존의 연구실에서 함께 작업하였다. 그리고 우리는 이 책의 필요성을 알아보고 2판의 출간을 격려해 준 SAGE 출판사 분들에게도 감사를 표한다. 원래의 편집인이자 발행인인 Vichi Knight는 지난 6년간 중추적인 역할을 해왔고, 그녀의 생각과 방향 제시, 지혜 덕에 처음 이 책이 탄생했다. 최근에는 Leah Fargostein이 편집인의 역할을 맡아 도와주고 있으며 언제나 유용하고 지지적인 조언을 해주었다. 또한 이 책의 초판을 제작하는 데 유용한 피드백을 해 준 SAGE 출판사에 속한 아래의 리뷰어들의 도움에 감사드린다.

Ahmed Ibrahim, Johns Hopkins University

Belinda Dunnick Karge, Concordia University Irvine

Scott Liebertz, University of South Alabama

Geraldine Lyn-Piluso, Seneca College

Lisa Schelbe, Florida State University

Mergaret Schneider, Wilfrid Laurier University

Ronald Shope, University of Nebraska Medical Center

Julie Zadinsky, Augusta University

교수자용 자료

study.sagepub.com/30skills2e 에서는 교수자용 자료를 제공한다
(패스워드가 필요함). 자료에는 파워포인트 슬라이드, 논의할 질문, 시
험용 질문, 활동을 위한 제안, 과제가 포함되어 있다.

역자 서문

이 책의 1판 번역본이 나온 뒤 질적 연구를 시작하는 대학원생들에게서 '분홍색 책 안에 유용한 내용이 많이 담겨있어 도움이 되었다'는 이야기를 여러 번 들었다. 그러나 정작 역자인 나 자신은 번역에 집중한 나머지 책 전체를 편하게 읽어보지 못했던 것 같다. 저자한 명이 추가되어 2판이 나온 걸 알고 나서도 추가된 내용이 무엇인가에만 관심을 가졌다. 이 책의 가치가 새삼 눈에 들어온 건 2판 번역을 본격적으로 시작하고 기존 내용을 다시 살펴보면서부터다. 존 크레스웰이라는 학자가 초보 질적 연구자들을 도우려고 노력하는 진정성 있는 마음이 느껴졌다. 독자들에게도 저자들의 정성이 전해지길, 역자로서 내가 많이 부족하지는 않게 그 중간 역할을 맡았기를 바랄 뿐이다.

믿고 맡겨주신 박영story의 노현 대표님, 책이 나오기까지 수정과 논의가 많았지만 늘 꼼꼼하고 친절하게 처리해주신 편집팀 김다혜 선생님께 감사말씀을 드린다.

2024년 가을에
역자 한유리

목 차

PART
02
예비적 요소 고려하기

09 | 질적 연구로 쓰인 박사나 석사논문의 구조 살펴보기 ········· 97

PART

03

질적 연구 소개하기

10 | 질적 연구 제목과 초록 작성하기 ···························· 109

PART
04

질적 자료수집하기

PART
05
자료분석과 타당화

PART
06

질적 연구의 글쓰기와 출판하기

PART

07

연구 질 평가와 질적 설계 사용하기

PART
01

질적 연구 조망하기

01

질적 연구자처럼 생각하기

첫 번째 노하우

질적 연구자처럼 생각하는 능력 개발하기

왜 중요한가?

질적 연구를 하려면 기존에 배운 것과는 다른 관점에서 연구에 접근할 필요가 있으며, 양적 연구를 할 때와는 다른 사고방식이 요구된다. 나아가 질적 연구 안에서도 다양한 종류가 있기 때문에 질적 연구자처럼 생각하는 능력이 중요하다. 어떤 연구자들은 좀 더 철학적 접근이나 이론 또는 옹호적 접근을 취하기도 하고 자료분석과 타당도 같이 구체적인 이슈에 초점을 두기도 한다. 이 책의 저자인 우리들은 엄격한 연구 접근을 선호한다. 자료수집과 분석 프로토콜(계획안)을 잘 준비한 뒤 이를 바탕으로 다양하고 광범위하게 자료를 수집해서 다단계에 걸쳐 자료를 분석하는 방식이다. 이러한 접근은 질적 연구를 구조화된 방식으로 수행하는 과정에서 발전했다(예를 들어 목적 진술 작성 문구를 대본처럼 만들어 놓거나 분석할 때는 컴퓨터 소프트웨어를 사용한다). 따라서 이 장에서 설명하는 내용은 여러분이 질적 연구자로 발전하는 데, 그리고 우리의 질적 연구 접근법을 이해하는 데 중요하다.

연구 과정

질적 연구는 사회, 행동, 의료과학 연구를 하는 전통적인 방식을 따르는 연구 접근이다. 해결될 필요가 있는 연구 문제에서 시작하고, 그 문제를 다루는 데 도움이 될 답을 찾기 위해 질문을 만든다. 그리고 질문에 답을 해줄 수 있는 사람들로부터 자료를 모으고 분석한다. 분석을 마치면 결과를 요약하여 보고서로 작성한다. 연구결과는 박사나 석사논문, 학술지 아티클, 펀드를 받기 위한 제안서, 지방 단체의 보고서 등 다양한 형식으로 발표된다. 아마도 이 과정은 많은 초보 연구자에게 익숙하게 느껴질 것이다.

이러한 연구 과정을 따르는 여러 접근들

이러한 과정을 따르는 세 가지 연구분야에는 양적, 질적, 그리고 혼합연구가 있다. (물론 모두가 연구분야를 이 셋으로 나누는 것은 아니다.) 양적·질적 연구는 역사가 길다. 20세기 초에 과학자들은 양적 실험과 설문, 다양한 통계분석 방식들을 개발했다. 이러한 초창기에 인류학자와 이어서 사회학자의 글을 통해 질적 연구가 탄생했다. 연구방법으로의 질적 접근은 대부분 1900년대 중반에 시작되었지만 1900년대 후반이 되어서야 급속하게 성장했고, 40년 넘게 사회과학과 행동과학에서 광범위하게 사용되었다. 혼합연구는 새로운 방법으로, 1980년대 후반에 시작되어 몇몇 저자들에 의해 오늘날 우리가 아는 내용들로 발전되었다.

질적 연구자는 어떻게 생각하나

질적 연구자가 어떠한 방식으로 생각하고, 사회에 접근하는가에 대한 아이디어는 모두 저자인 존이 수업 때 활용한 "질적 탐구 퀴즈"에서 나왔다. 학생들에게는 30개의 문항으로 된 퀴즈가 훌륭한 질적 연구자가 될 수 있는지를 판단하기 위해서라고 말해주었으며, 각 항목들은 이러한 질문에 대답을 이끌어내도록 구성되었다. 제시한 질문들은 학생들이 질적 연구와 관련된 특성들을 지니고 있는지 판단하는데 도움이 됐다. 퀴즈의 답변으로, 질적 연구자는 이런 특성이 있다.

- 큰 그림을 본다.
- 관련성을 쉽게 찾아낸다.
- 글쓰기를 즐긴다.
- 그림 그리기를 좋아한다.
- 흩어져 있는 정보를 범주별로 정리한다.
- 일상 속에서 평범하지 않은 측면을 본다.
- 사물을 여러 관점에서 관찰한다.
- 탐구를 즐긴다.
- 뭔가 손보고 만지작거리길 좋아한다.

• 숫자보다 글이 더 좋다.

예를 들어, 퀴즈질문 중 하나는 이렇다. "자신이 로키산 국립공원 입구에 서서 저 멀리를 바라본다면, 무엇을 보는가? 전체 산봉우리와 계곡들이 만들어내는 광활한 파노라마인가, 혹은 세부적인 모습들인가?" 질적 연구자들은 개별 요소보다는 "큰 그림"을 추구하는 편이다(물론 양적 연구자도 그럴 수 있다). 사실 이 퀴즈는 그렇게 자주 내진 않았다. 학생들이 수업 첫날부터 질적 연구자로서 실패할까 봐 걱정했기 때문이다.

분명, 이 퀴즈는 질적 연구자의 개인 성향에 초점을 둔다. 하지만 시간이 흐를수록 개인 성향보다는 질적 연구자들이 사회를 보는 방식을 학생들에게 이해시킬 필요가 있다는 쪽으로 생각이 바뀌었다. 물론 질적 연구를 몇 개의 키워드로 설명하기란 상당히 어렵지만 사고력이 좋은 사람은 단순하고 복합적으로 개념화하는 능력이 있다. 그래서 퀴즈 대신에 한 장의 이미지 사진을 학생들에게 보여주고 이에 대해 묘사하도록 해봤다.

보트 사진

나는 학생들에게 호수에 보트가 떠 있는 낯선 사진을 보여주고 무엇이 보이는지 단순하게 묘사하도록 했다. 덧붙여서, 이에 대해 짧게 한 단락 정도 글로 쓰게 했다. 학생들의 글은 질적 또는 양적 관찰이라는 두 그룹 중 하나에 속하는 경향이 있었고, 이를 바탕으로 질적 또는 양적 연구자가 상황을 관찰할 때의 차이점을 다음과 같이 설명해주었다.

양적 연구자의 반응

사진을 좀 더 양적인 방식으로 보는 학생들의 글에는 다음과 같은 특성이 드러난다.

* 물의 수위, 해변으로부터의 배의 거리 등 수치를 보고한다.
* 태양의 위치를 기준으로 시간대를 묘사한다.
* 땅의 지형을 묘사한다.
* 높은 언덕, 작은 배, 물속에 있는 작은 막대기 같이 사물의 크기나 규모를 묘사한다.
* 오렌지색, 갈색, 검은색 등 보이는 색을 열거한다.

질적 연구자의 반응

다른 학생들은 좀 더 질적인 방식으로, 다시 말해 수치화를 덜 하는 방향으로 사진을 묘사한다. 아마도 인문학 계열이거나 질적 연구 책을 읽어 본 학생들일지 모른다. 이들이 사진을 묘사하는 방식은 이러하다.

- 낮에 배에서 낚시를 하다가 지금은 집에 돌아가 가족과 함께 쉬고 있을 사람들에 대한 이야기를 한다.
- 배가 정박해 있는 밤 시간의 조용한 호수를 묘사한다.
- 태양, 나무, 호수, 배와 같이 사진 속에 있는 모든 부분을 묘사하며 파노라마를 펼친다.
- 빛과 어둠의 대비를 이야기한다.
- 호수에 대한 시나 노래를 창작하기도 한다.
- 본인이 해변에 앉아서 고요한 배를 보며 편안해하는 상상을 한다.
- 해질녘, 평화롭게 배에 앉아있는 것을 상상한다.
- 사진에는 없는 것, 가령 사람들이나 해변에서 놀고 있는 아이들에 대해 이야기한다.
- 물살의 동요처럼 일상적이지 않거나 예상치 못한 것을 본다.

질적 연구의 특성

질적 연구란 무엇이며 언제 하는 것이 가장 좋을까? 여러 학자들이 이러한 형태의 연구가 지닌 특성을 열거해 왔다. 우리가 생각하기에 질적 연구의 핵심은 탐구하고 싶은 중심현상(central phenomenon)(또는 주제)이다. 이것은 연구를 통해 배우거나 알고 싶은 한 가지 중심 생각을 말한다(연구자의 초점은 프로젝트가 진행됨에 따라 이 한 가지 생각을 넘어서 이동하기도 한다). 중심현상을 놓고 질적 연구자들은 다음과 같은 활동을 하고자 한다.

참여자들의 목소리를 전달한다. 질적 연구는 사람들이 주변을 어떻게 이야기하고 묘사하는지, 그리고 세상을 어떻게 보는지 전달한다. 학술지에 실린 질적 연구에서 볼 수 있는 인용문에 이런 부분이 드러난다. 인용문을 통해 참여자들의 개인적 관점, 말하는 방식, 상황에 대한 인식을 그들의 목소리로 들을 수 있다.

현장(또는 맥락)에서 자료를 수집한다. 질적 연구는 직접 현장에 나가서 연구를 한다. 따라서 사람들이 어떻게 이야기하는지 뿐만 아니라 그들의 장소나 맥락이 이야기에 어떠한 영향을 미치는지에도 관심이 있다. 연구자는 보트와 언덕, 태양, 하늘에도 관심이 있다. 맥락은 참여자의 가족, 친구, 집 또는 직장일 수도 있고, 그들이 살고, 일하고, 상호작용하는 많은 다른 맥락일 수도 있다. 질적 연구에서 맥락이나 현장은 중요하다.

과정이 어떻게 전개되는지 살펴본다. 질적 연구자는 종종 과정이나 시간의 흐름에 따른 변화를 연구한다. 과정에는 단계가 있고, 하나의 단계는 다음 단계로 이어진다. 과정 연구에는 시간이라는 요인이 포함되기 때문에 장시간에 걸쳐 무엇이 드러나는지를 추적할 필요가 있다. 보트 사진의 예로 보면, 낮부터 배를 정박하는 저녁시간까지 배에서 어떤 일들이 벌어지는지 살펴볼 수 있다.

적은 수의 사람이나 장소에 초점을 둔다. 질적 연구는 소수 참여자를 대상으로 하지만 세부 내용을 이해하기 위해 심도 있게 연구한다. 소수에게서 나온 결론을 다수에게 적용하기보다, 그 자체로 흥미로운 소수의 사람들을 연구한다. 만일 다수를 연구한다면 소수로부터 배울 수 있는 풍성한 지식을 놓치고 특정 사람들에 대한 깊이 있는 이해를 하기 어렵다. 보트 사진 속에는 호수와 단 몇 대의 배가 있을 뿐이다.

열린 방식으로 탐구한다. 질적 연구는 탐색적 연구다. 초기에는 어떤 질문을 할지, 어떤 특성에 초점을 둘지, 누구와 먼저 이야기를 나눌지 모를 때가 많다. 단지 유용할 정보가 나오리라 생각되는 사람들과(혹은 기관들과) 관련된 주제(중심현상)를 탐색할 뿐이다. 우리가 관심 있게 탐구하려는 사람들과 맞지 않을 수 있기 때문에 미리 변수나 특정 관계를 설정하지 않으려 한다. 저녁 무렵 강변에 앉아 배를 바라보면서 묘사하는 것에서 연구가 시작된다.

복합적 이해를 발전시킨다. 질적 연구의 매력은 문제나 상황에 대한 복합적인 이해를 제공한다는 점이다. 더 많은 측면을 발견해 낼수록, 예상치 못했던 양상이 표면에 드러날수록 좋다. 연구자는 참여자들로부터 이야기를 듣고, 다양한 관점을 포착하고, 여러 개의 주제를 발전시킨다. 간단히 말해, 질적 연구는 현실의 복잡성을 그대로 재현하고자 한다. 보트 사진에서, 눈부신 태양과 고요한 배는 대비되면서 복잡성을 더해준다.

소외된 집단이나 구성원의 침묵 속 목소리를 밝힌다. 질적 연구는 별로 연구되지 않은 대상을 탐구하는 데 잘 맞는다. 여기에는 다양한 문화, 사회경제적 지위, 인종, 성별을 가진 사람들이 포함될 수 있다. 전통적인 측정 도구나 변수는 소외되지 않은 집단 사람들을 바탕으로 개발되었기 때문에 침묵 속 목소리를 연구하는 데 부적합하다. 소외된 집단이나 구성원은 기존 연구의 주류에서 벗어나 있었기에 별로 알려진 바가 없다. 사진 속에서 배를 소유하고 사용하는 사람들은 어쩌면 덜 연구된 집단에 속할 수 있다.

현상에 대한 여러 시각과 관점을 형성한다. 잘 쓰인 질적 연구는 다양한 관점(multiple perspectives)에서 도출된 주제와 정보를 제공한다. "좋은 것, 나쁜 것, 추악한 것을 보고"한다. 질적 연구는 희망과 감사로 이루어진 "지나친 낙천주의자"의 관점이 아니다. 우리의 삶 안에는 근심, 걱정, 장애물, 딜레마가 섞여있다. 질적 테마를 통해 우리는 서로 다른 인생 경험과 다양한 나이, 지역, 성별을 가진 사람들이 제공하는 풍부한 삶의 조각들과 여러 관점을 듣게 된다. 보트 사진에서는 바쁜 고기잡이에서부터 고요한 밤으로 이어지는 어부들의 다양한 관점이 하나의 테마 속에 담길 수 있다.

현상에 대한 다른 시각들을 대조시킨다. 질적 연구는 언급된 것(예. 조직의 목표)과 언급되지 않은 것(예. 비공식적 목표)을 비교할 기회를 제공한다. 사람들과 이야기해보면 조직의 공식적 구조를 관찰할 때와는 다른 관점을 얻을 수 있다. 이러한 대조는 유용한 관찰, 또는 조직의 변화로 이어질 수 있다. 보트 사진에서 태양의 열기와 물살의 고요함은 서로 대비되는 측면이다.

민감한 주제를 연구한다. 질적 연구자는 직접 사람들과 대화하고 그들의 장소에서 시간을 보내기 때문에 일반적 연구에서는 표면에 드러나지 않는 어려운 문제들을 듣게 된다. 질적 연구는 민감한 주제들(sensitive topics), 연구하기 힘든 주제들, 복잡한 세상 속 사람들의 문제와 밀접한 주제를 다루는 데 도움이 된다.

따라서 연구자에게는 현장에 나가 사람들과 열린 인터뷰를 하고, 이해나 포용이 어려운 주제와 씨름할 용기가 필요하다. 보트 사진에서 우리는 고요함, 다음 날 무슨 일이 벌어질지 모르는 불확실함, 내일은 더 많은 고기를 낚을 희망 같은 감정을 본다.

우리 자신의 편견과 경험을 성찰한다. 질적 연구자는 스스로를 인식하며, 항상 자신이 연구에 미칠 수 있는 영향을 성찰한다. 연구자의 문화와 배경에 따라 세상을 보는 관점이 형성됨을 알며, 나아가 자신의 배경이 글쓰기와 연구에 미친 영향을 기꺼이 언급한다. 이는 성찰적이며, 스스로를 연구에 위치시키는 행위다. 질적 연구자는 배후에 숨은 수동적 관찰자가 아니라, 전면에 나서며 연구의 최종 보고서에 자신을 드러낸다.

질적 연구에 대한 몇 가지 잘못된 오해들

지금까지 질적 연구가 무엇을 의미하는지 알아봤으니, 이제 질적 연구에 대해 사람들이 갖는 몇 가지 오해를 살펴보기로 하자. 간혹 사람들은 질적 연구를 자료수집의 한 가지 방법으로 여긴다. "참여자 주변을 서성이며 관찰하는 것"이라든지, "포커스 집단을 하는 것"이 질적 연구라고 말하는 사람도 있다. 그보다는, 질적 연구란 주어진 문제를 이해하기 위해 다양한 자료수집과 방법을 사용하며, 각각의 방법이 가진 장점을 활용하는 것이라고 생각한다. 때로 사람들은 질적 연구가 엄격하거나 체계적이지 않고, 연구 과정에 구조가 없다고 말한다. 그러나 질적 연구는 질문에 답을 구하기 위해 자료를 수집하는 과학이다. 자료를 수집하기 때문에 실증 연구이기도 하다. 질적 연구의 전 과정에는 나름의 단계가 있으며, 질적 연구자는 다른 형태의 연구를 할 때와 마찬가지로 모든 단계를 체계적으로 진행하기 위해 주의를 기울인다. 이 책의 여러 장에서 질적 연구의 엄격성을 입증해 줄 것이다.

어떤 사람들은 질적 연구가 너무 주관적이고 해석적이라고 생각한다. 열린 질문으로 자료를 얻고 연구자가 직접 그 내용을 기술하는 코드나 테마(themes)를 제시하는 특성 때문이다. 맞다. 질적 연구자는 자료를 해석해야 하고 분석단계를 거치며 테마를 구성한다. 하지만 정확한 해석을 위해 연구자는 전 과정에서 여러 타당도 전략을 고려한다. 연구자의 해석은 연구 참여자를 통해 검토되고, 궁극적으로 독자에 의해 검증된다.

질적 연구를 하려면 비용과 노력이 많이 든다고 생각하는 사람도 있다. 맞다. 질적 연구자는 "현장"에 긴 시간 머물며, 인터뷰와 관찰을 할 때도 노력이 많이 든다. 인터뷰를 전사하는 데에도, 전사한 내용을 한 줄 한 줄 분석하는 데에도 상당한 시간이 걸린다. 하지만 질적 연구자를 도와주는 기술이 발전했다. 음성 번역기, 질적 분석 소프트웨어 프로그램 등을 사용할 수 있다. 이러한 도구들은 적어도 연구에서 노동력이 많이 드는 단계의 시간을 절약해 준다.

요약

이 장에서는 질적 연구자들이 생각하는 방식을 아는 것, 그리고 질적 연구
의 핵심 특성을 연구에 적용하는 기술을 살펴보았다. 이런 특성들을 알면
질적 연구방법을 선택한 이유를 정당화할 때 질적 연구에 대해 정의 내릴
수 있고, 자신이 좋은 질적 연구를 하였는지 평가할 수 있다. 질적 연구의
특성을 이해하면 자신감을 가지고 연구를 시작할 수 있으며, 질적 연구를
수행하는 스스로의 준비도를 검토해 볼 수 있다.

활동

이제는 질적 연구자가 보트 사진에 대해 어떻게 생각할지 감이 오는가? 한
가지 후속 활동으로, 보트 사진에 대해 질적 연구의 특성을 최대한 많이
넣어서 묘사를 해 본다. 또는 파노라마식 풍경이 펼쳐진 다른 사진을 선택
해서 질적인 사고방식으로 묘사해 볼 수도 있다.
누군가가 "질적 연구가 무엇인가요?"라고 묻는다면, 여러분은 이에 답해줄
수 있는 주요 특성 목록을 가지고 있다. 대안으로 사진을 하나 꺼내서 질
적 연구자라면 어떻게 생각할지 설명해 줄 수도 있다.

추가 자료

질적 연구의 주요 특성을 살펴보자. 시중에 나와 있는 질적 연구 입문서는
나름의 참고문헌 리스트를 제공하며, 서로 공통된 내용이 많다. 다음의 책
에서 시작하는 것도 좋다.

Marshall, C., & Rossman, G. B. (2016). *Designing qualitative research*
(6th ed.). Thousand Oaks, CA: Sage.

02

양적 연구에 대한 지식을 기반으로
질적 연구 이해하기

두 번째 노하우

질적 연구가 양적 연구와 어떻게 다른지 알기

왜 중요한가?

질적 연구자가 "생각하는 방법"을 이해하는 것으로는 부족하다. 실제로 연구를 어떻게 하는지 "눈으로 봐야" 한다. 질적 연구의 특성을 배우려면 두 가지가 필요하다. 우선, 연구에 대해 자신이 이미 아는 것이 발판이 되어야 한다. 주로 연구방법론 수업에서 배운 양적 접근에 대한 기본지식이 여기에 해당된다. 그다음으로 이미 아는 것에 이해를 더해 질적 연구로 "도약해야" 한다. "질적 연구자처럼 생각하기 위해 제 사고방식을 재훈련해야 했어요."라고 말했던 한 학생처럼 말이다(더드(K. Doud)와의 개인적 대화). 그러기 위해서는 양적 연구와 질적 연구의 요소들을 일대일로 비교해보는 것이 최선이다. 이러한 방식으로 질적 연구의 주요 특성을 이해한 뒤에는 이미 학술지에 실린 질적 논문 안에서 이들 특성을 "볼 수" 있어야 한다. 우선 양적 논문을 분석하면서 연구자가 양적 연구의 주요 특성을 논문에 어떻게 포함시켰는지 볼 수 있다. 그리고 질적 논문을 읽으면서 질적 연구의 주요 요소를 살펴본 다음 양적·질적 연구를 비교해 본다.

양적 학술지에 실린 양적 연구의 특성

잘 쓰인 양적 연구를 보면 표 2.1에 나와 있는 특성들을 찾을 수 있다.

표 2.1 양적 학술지 논문에 나타나는 양적 특성들

양적 특성들	논문에서 이러한 특징들이 표현되는 방식
고정된 연구설계	사전에 설정된 가설, 현장에서 변경되지 않는 연구설계, 충실한 과정에 대한 강조
연구자의 관점	연구자가 정한 연구질문과 측정도구 및 통계기법
축소된 그림	특정 변수로 축소, 큰 표본
연구자 편견의 부재	언급되지 않는 연구자, 편견을 통제
인위적 환경	실험 설계, 폭 넓은 설문 발송
폐쇄형 자료수집	구체적인 도구나 측정방법 사용
구조화된 글쓰기 양식	서론, 문헌고찰, 연구방법, 결과, 결론으로 이어지는 일반적 구조

　양적 학술지에 실린 논문을 보면, 연구설계 시 가설과 연구질문을 미리 명시하고, 자료수집과 분석방법을 사전에 계획한다. 이 내용은 프로젝트가 진행되는 동안 변경되지 않는다. 연구자는 가설과 연구질문을 바탕으로 미리 측정할 구성개념이나 변수를 정하고, 타당하고 신뢰도 점수가 높은 도구를 결정한다. 가설과 연구질문에 따라 조사할 변수가 좁혀지며, 비록 변수의 개수는 적어도 다수의 참여자가 필요한데, 그 이유는 특정 통계방법의 검사 가정을 만족시키기 위해서다. 일반적으로 연구자 개인의 경험이나 해석은 언급되지 않으며, 연구결과에 영향을 미칠 수 있는 연구자의 편견은 배제하려 노력한다. 양적 연구는 엄격한 통제 아래 실험실에서 실시되거나 설문조사의 경우 메일을 통해 진행된다. 측정 도구는 반드시 선택을 해야 하는 닫힌 질문으로 되어 있고, 연속적이거나 범주형 측정 도구를 사용한다. 자료분석 시에는 점수를 컴퓨터 파일에 입력하고 통계 프로그램을 이용한다. 마지막으로, 양적 논문은 미리 정해진 전형적인 구조를 따르는데, 서론(문제정의), 문헌연구, 연구방법, 결과와 논의로 이어진다.

질적 학술지에 실린 질적 연구의 특성

　질적 학술지에 실린 논문의 특성은 무엇일까? 대부분의 방법론 책이나 논문을 보면 질적 연구에 대한 정의가 나오지만, 이러한 정의를 적용하여 주요 특성들이 실제 연구에 명확히 드러나도록 할 줄 아는 연구자는 그리 많지 않다. 저자 중 한 명인 존은 예전에 교수들에게 기본적인 질적 연구를 가르친 적이 있다. 수업을 마칠 때쯤

엄격한 훈련을 받은 과학자 한 명이 다가와서는 양적 연구와 질적
연구의 차이점을 모르겠다고 토로한 기억이 난다. 그는 질적 연구의
주요 요소를 이해하지 못했고 실제 학술지에 실린 논문에서 그 특성
이 어떻게 나타나는지를 알지 못했다.

　이 장에서 다루는 내용은 이런 상황을 개선하려는 시도다. 논문에
서 드러나는 질적 연구의 의미를 "포착하는" 수준까지 가기 위해서
는 양적 연구의 주요 특성이 양적 논문에서 어떻게 드러나는지를 이
해한 뒤, 각각의 부분이 질적 연구 논문에서는 어떠한 방식으로 표
현되는지를 비교해서 살펴봐야 한다. 표 2.2는 질적 연구의 주요 특
성이 질적 논문에서 표현되는 방식을 보여준다. 괄호 안의 내용은
앞서 1장에서 소개한 질적 연구의 주요 특성이다.

표 2.2 질적 학술지 논문에 나타나는 질적 특성들

질적 특성들	논문에서 이러한 특성들이 표현되는 방식
출현적 설계(탐색적, 과정)	변화하는 연구질문, 변화하는 자료수집방법
참여자의 관점(사람들의 목소리, 다양한 관점, 소수 참여자, 소외된 집단)	참여자 인용문
복합적 그림(복합적 이해, 민감한 주제)	다양한 코드와 테마
연구자 편견 기술(성찰)	연구자의 경험과 해석에 대한 언급
맥락/현장의 중요성(맥락 또는 현장)	현장에서 자료수집, 맥락에 대한 논의
열린 자료수집(탐색적)	인터뷰와 관찰 시 열린 질문
귀납적 자료분석(탐색적, 대비)	구체적 내용에서 시작해 일반적 테마 도출
유연한 글쓰기 구조	전통적인 접근부터 새로운 방식의 글쓰기까지 다양

표 2.2에 나와 있듯 질적 연구는 프로젝트 중에 연구설계가 변경되기도 한다. 연구자가 무얼 알고자 하는지 명확해지면 그에 맞춰 질문도 수정된다. 주제에 대한 더 나은 지식을 얻기 위해서 새로운 참여자나 연구장소를 알아보기도 한다. 탐색할만한 새로운 정보가 나오면 기존의 분석계획이 변경되기도 한다. 질적 논문을 읽으면 한 단락, 또는 간단한 문장으로 인용된 참여자의 목소리를 "들을 수" 있다. 참여자들이 연구질문에 어떤 말을, 어떠한 방식으로 하는지가 가장 중요하다. 질적 분석을 통해 드러나는 것은 단순히 원인과 결과, 또는 그룹 간 비교가 아닌 인간의 복잡한 삶을 보여주는 복합적인 그림이다. 이러한 복합성은 다양한 테마와 코드로 드러난다. 질적 논문을 읽고 나면 "이 주제는 여러 부분들이 서로 복잡하게 관련되어 있구나"라는 생각이 들 것이다. 질적 논문을 읽으면 연구 현상과 관련된 연구자의 경험은 무엇이며 그 경험이 해석에 어떠한 영향을 주었는지를 알 수 있다. 즉 글 속에 연구자가 드러난다. 독자들은 연구 장소나 맥락에 대한 세부정보도 알게 된다. 현장을 머릿속에 그려보고 그 안에서 상호작용하는 사람들에 대한 사실들을 배운다. 참여자들에게서 다각도의 관점을 듣기 위해 진행된 일반적이고 열린 질문으로부터 이러한 정보들을 얻게 된다. 분석은 "현장의 이야기로부터 상위의 추상적 개념으로 이동하며" 진행된다. 독자들은 상위 범주에 속하는 인용문들과 다양한 코드들을 볼 수 있다. 더 큰 테마는 이야기로 만들어지며 시각적 자료와 함께 재현된다. 독자는 현장 자료에서 시작해 넓게 개념화해가는 결과를 읽는다. 질적 연구의 글쓰기 형식은 전형적인 연구보고 형식과 맞지 않을 수 있다. 개인적인 이야기로부터 시작되거나, 연구방법이 하나의 독립된 장이

아닌 연구 전체에 걸쳐 조금씩 기술되거나, 별도의 문헌고찰 챕터가
아예 없을 수도 있다. 우리는 전형적 연구보고서 방식에 속하지 않
는 창의적 글쓰기에 보다 개방적일 필요가 있다.

질적 연구와 양적 연구의 특성을 연장선상에서 비교하기

앞서 본 특성들을 각각 양 극단을 형성하는 연장선상에 놓고
볼 수 있는데, 질적 논문은 질적인 극으로, 양적 논문은 양적인
극으로 향한다. 이 두 형태의 연구를 엄격한 이분법으로 이해하
는 것은 바람직하지 않지만, 연장선 위에서의 차이점은 고려해
볼 수 있다. 대부분의 연구들은 두 극단 중 한 쪽으로 기운다. 한
쪽 극단으로 얼마만큼 치우쳤을 때 이를 양적(또는 질적) 연구로
부르는가 하는 문제는 논쟁의 여지가 있다. 대신 우리는 모든 면
에서 어느 정도 한쪽 극단으로 치우칠 경우 그 논문이 양적, 또
는 질적 연구 접근방법에 근거한다고 생각한다. 표 2.3은 왼쪽은

표 2.3 연장선상에 있는 질적 연구와 양적 연구

질적 연구	연장선	양적 연구
출현적 설계	←——————→	고정된 설계
참여자의 관점	←——————→	연구자의 관점
복합적 그림	←——————→	축소된 그림
맥락/현상의 중요성	←——————→	인위적 세팅
열린 자료수집	←——————→	폐쇄형 자료수집
귀납적 자료분석	←——————→	연역적 자료분석
유연한 글쓰기 구조	←——————→	구조화된 글쓰기

질적 연구, 오른쪽은 양적 연구의 특징을 극단으로 한 연장선을
보여준다.

쉽게 보이는, 또는 보기 어려운 요소들

양 극단에 있는 특성들과 관련하여 어떤 요소는 질적이나 양적
연구 안에서 쉽게 찾을 수 있지만, 어떤 요소는 알아보기 어렵다. 발
견하기 쉬운 양적·질적 연구의 차이에는 이러한 것들이 있다. 우선
연구결과를 **숫자나 통계로 보고**하는지, **테마로 보고**하는지는 쉽게
비교할 수 있다. 또한 연구질문을 자세히 보면, 양적 연구는 가설이
있고 연구질문도 변수 간이나 집단 간 관계를 **닫힌 방식**으로 표현한
다. 예를 들어, 연구자는 "당신은 대학졸업 후 빠른 진로 결정이 어
느 정도 필요하다고 보십니까?"라고 물을 수 있다. 그리고 이에 대
해 "(1) 전혀 중요하지 않다, (2) 약간은 중요하다, (3) 어느 정도 중
요하다, (4) 상당히 중요하다"라는 응답을 기대할 수 있다. 질적 연
구에서는 변수라는 말 대신 탐구하려는 중심현상에 관해 참여자에
게 **열린 질문**을 던진다. 예를 들어, 참여자에게 "간 이식수술을 기다
리면서 어떠한 경험을 하셨나요?"라고 물을 수 있다. 그리고 참여자
들은 미리 결정된 범주가 아닌 자신의 의견을 연구자에게 들려준다.
글쓰기 방식도 다르다. 양적 연구에서는 문헌고찰에 주로 이론이 포
함된다. 방대한 문헌과 이론은 **연구자와 독자 사이에 객관적인 거리**
를 만든다. 반면 질적 연구에서는 연구자의 경험이나 개인적 의견을
(일인칭 대명사를 써서) 독자와 공유하는 보다 **개별화된** 글쓰기를 한
다. 쉽게 찾을 수 있는 또 하나의 차이점은 글쓰기 구조다. 전형적인

양적 연구는 서론, 문헌연구, 방법, 결과, 결론이라는 **고정된 구조**를 따른다. 반면 질적 연구의 구조는 다양한데, **개인적 관점에서 시작**할 수도 있고 연구방법과 결과를 엮어가며 서술하기도 한다.

반면, 두 방법의 차이 중 일부는 쉽게 눈에 보이지 않는다. 양적 연구에서는 **연구가 시작되기 전**에 많은 결정이 이루어진다. 연구자는 변수를 정하고, 도구를 선택하고, 통계 분석방법을 미리 결정한다. 질적 연구에서 연구자는 열린 질문을 하며, 관련된 요인들을 참여자로부터 알아가기 때문에 미리 도구를 정해놓지 않고 이 모두가 과정 속에서 **드러나게 한다**. 연구자 스스로가 자료수집과 질문을 던지는 도구라고 할 수 있다. 이러한 특징들은 명백히 드러나지 않기 때문에 논문에서 발견하기가 어렵다.

연구자가 현장의 자료에서 시작하여 점차 일반적인 관점으로 자료를 분석하는 방식 역시 명확히 드러나지 않는다. 양적 연구에서는 종종 이론을 확장하고, 자료를 수집하여 이를 검증하고 분석하는 것이 연구 과정에 포함된다. 이는 **연역적** 연구방법이다. 질적 연구에서 연구자는 자료를 수집하고, 코딩을 하면서 내용을 파악하고, 테마를 찾고 마침내 큰 관점을 형성하는 귀납적(inductive) 방법을 사용한다. 물론 양적·질적 연구자 모두 연역과 귀납의 논리를 사용할 수 있지만, 대부분의 연구에서는 위와 같은 차이를 보인다. 대부분의 연구는, 언제 연역 또는 귀납적 논리가 사용되었는지 알기 어려운데, 이는 연구자가 어떠한 논리를 사용했는지 명시하지 않기 때문이다.

양적 연구에서 연구자는 변수 간의 관계에 대한 결과를 자세히 보고한다. 이는 **세부적**이고 명백한 변수 분석이다. 질적 연구에서의 결과는 종종 반대다. 변수 간의 관계 대신, 상황의 **복잡성**이 언급된다. 여러 요인들이 상호작용을 하며, 양적 연구에서처럼 일방적이지 않고 서로 영향을 주고받는다. 독자들은 연구자가 언제 원인과 결과 식 사고를 사용하고 언제 상황의 복잡성이 재현되는지를 명확히 구분하기 어려울 것이다.

또한 질적 연구의 복잡성은 다양한 관점이 녹아있는 테마로 제시된다. 이러한 관점들은 테마에 대한 논의에서 쉽게 드러나지 않을 때가 많다. 마지막으로, 양적 연구의 결과는 연구자의 관점에서 표현된다. 연구자가 분석과 해석을 하고, 이론을 정하고, 변수를 고르고, 가설과 연구질문을 만들었지만 논문에서는 이 점이 명확히 드러내지 않는다. 보통 당연한 것으로 간주되며, 논문을 읽을 때 쉽게 드러나지 않는 부분이다. 이와 반대로 질적 연구에서는 연구자가 참여자의 말을 직접 인용하여 연구결과를 전달한다. 간혹 질적 논문 중에서 인용문이 거의 없고 참여자의 다양한 관점이 간단히 보고되는 경우가 있는데, 이럴 경우 참여자의 관점을 알기 어렵다.

요약

질적 연구와 양적 연구를 구분하는 능력은 질적 연구의 독특한 특성을 이해하는 데 도움이 된다. 쉽게 차이점을 찾는 한 가지 방법은 학술지에 실린 양적 논문과 질적 논문의 비교다. 물론 어떤 차이점은 쉽게 찾을 수 있고 그렇지 않은 경우도 있다.

활동

표 2.1을 사용하여 다음의 논문에 양적 연구의 각 특성이 어떻게 드러나는지 검토해본다.

Constantine, M. G., Wallace, B. C., & Kindaichi, M. M. (2005). Examining contextual factors in the career decision status of African American adolescents. *Journal of Career Assessment*, 13(3), 307-319.

표 2.1을 사용하여 다음의 논문에 질적 연구의 각 특성이 어떻게 드러나는지 검토해본다.

Brown, J., Sorrell, J. H., McClaren, J., & Creswell, J. W. (2006). Waiting for a liver transplant. *Qualitative Health Research*, 16(1), 119-136.

추가 자료

교육 연구에 대한 존 크레스웰의 책에서 질적 연구와 양적 연구 간의 차이에 대한 내용을 추가적으로 찾아볼 수 있다.

Creswell, J. W., & Guetterman, T. C. (2019). Educational research: Planning, conducting, and evaluating quantitative and qualitative research (6th ed.). Upper Saddle River, New Jersey: Pearson.

03

자신의 질적 연구를 탄탄하면서도
개념적으로 흥미롭게 만들기

세 번째 노하우

탄탄하면서도 개념적으로 흥미로운 질적 연구를 만드는 기술 개발하기

왜 중요한가?

질적 연구는 창의적인 탐구로서, 일반적이지 않은 집단을 연구하거나 기존과 다른 관점을 취하는 것이 허용된다. 색다른 최종 보고서는 독자의 관심을 끌 수 있다. 또한 질적 연구의 특징 중 하나는 문학적인 설득력 있는 글쓰기로 흥미롭게 읽힌다는 점이다. 나아가, 연구자는 자신의 프로젝트가 독자의 관심을 끌고, 문헌에 포함되고, 학술지에 실리고, 논문 심사를 통과하고, 재정지원을 받길 원한다. 따라서 이런 점들을 연구에 고려해야 한다. 정리하면, 질적 연구자

는 일반적이지 않은 문제를 연구하고, 접근이 쉽지 않은 주제와 씨름하며, 보다 전형적인 연구에서는 예상치 못한 관점으로 주제에 접근한다.

연구 주제 정하기

연구를 시작하기 전에, 탐구하려는 주제, 혹은 알고 싶은 핵심 아이디어를 결정해야 한다. **연구의 주제가 무엇인가?** 이것이 **중심현상**이라 불리는 연구의 주요 대상이다. 컴퓨터로 논문을 검색할 때 찾는 주제가 바로 이것이다. 학술지에 실렸을 때 독자들이 제목을 보고 관심 있어 할 아이디어이기도 하다. 연구자는 이 현상을 두 세 단어의 짧은 문구로 묘사하는 게 좋다.

이제 자신의 주제에 대해 몇 가지 질문을 해 볼 차례다. 이 주제로 연구가 **가능한지** 스스로에게 물어 보는 게 중요하다. 참여자를 찾을 수 있나? 정보를 모으고 분석할 자원이 있나? 그렇지 않다면, 연구를 재고하거나 필요한 정보에 접근하는 방법을 찾아야 한다. 더 나아가, 연구 주제는 흥미로운가? 독자들은 관심 있어 할까? 결과가 **문헌이나 정책, 또는 실행에 기여한다면** 연구할만하다. **다른 학자들은 이 주제에 관심을 가질 것인가?** 논문 지도교수나 심사위원들의 허가를 받을 수 있는가? 학술지에 실을 수 있는가? 질적 연구에서 흥미로운 주제는 중요한 시작점이다. 이 연구는 **연구자의 개인적 목표에 도움이 될 것인가?** 스스로 주제에 흥미를 갖고 있는가? 이 주제를 가지고 논문이나 방대한 연구의제를 만들어 갈 수 있는가? 장시간 이 주제에 흥미를 유지할 수 있는가? 주제에 열정을 가지고 있는가? 만일 그렇다면, 이 주제는 본인에게 적합하다.

자신의 주변을 연구하는 것을 주의하기

우선 신중해야 하는 것은 소위 말해 "연구자 자신의 뒷마당을 연구하는 것(studying your own backyard)"이다. 자기가 일하는 곳, 연관된 기관, 장소를 대상으로 연구할 때는 본인의 역할, 그리고 함께 일하는 사람들의 역할에서 발생하는 문제에 신중을 기해야 한다. 자신의 주변을 연구할 때 장단점이 있지만(Marshall & Rossman, 2011), 기본적으로 정치적이고 윤리적인 이유로 이를 권하지 않는다.

반대하는 한 가지 이유는, 자신의 주변을 연구할 경우 결과적으로 무엇을 찾게 될지 미리 예상하게 돼서다. 그리고 자료수집의 대상자들이 우리를 연구자가 아닌 동료로 보고, 솔직한 대답을 하지 않을 수 있다. 아마도 자신의 주변을 연구하지 말아야 할 가장 강력한 이유로는 윤리와 권력의 이슈가 제기될 수 있어서다. 자신의 직업이나 직위, 가족을 곤경에 빠뜨리지 않으면서 해가 될 정보를 파헤칠 수 있는가? 맘 편히 이런 정보를 보고할 수 있는가? 이 모두가 자신의 주변 연구를 멀리해야 할 중대한 이슈들이다.

물론 자신의 주변을 연구할 경우 자료수집이 쉽고 편리한 점도 있다. 그로 인해 연구 비용과 시간, 노력을 줄일 수 있기에 바쁜 대학생이나 연구자에게는 장점이다. 이미 친분이 있는 참여자들로부터 특별히 친해지려는 노력 없이도 정보를 듣기 쉽다. 연구자에게 익숙한 장소이기 때문에 세부적인 정보를 얻을 수 있기도 하다.

이런 측면이 자신의 주변을 연구하는 장점이고, 또한 자신이 제기한 연구질문은 오직 자신의 주변에서만 답을 구할 수 있을 때도 있다. 그러나 단점이 훨씬 많기 때문에 가능하면 익숙하지 않은 장소나 사람들을 찾아가길 권한다. 문화기술지 연구자들이 오랜 기간 얘기해온 것처럼 "낯선" 장소로 가라.

연구 주제를 개념적으로 흥미롭게 만들기

어느 장소를 연구하는가는 프로젝트를 흥미롭게 하는 데 중요한 요소 중 하나다. 한마디로 질적 연구자가 하는 프로젝트는 통찰력 있고 사람들이 읽고 싶을 만큼 탄탄해야 한다. 독자에게 매력적으로 보이게 하는 몇 가지 흥미로운 요소들은 다음과 같다.

- 일반적이지 않은 장소를 연구한다(예. 알래스카의 작은 마을). 질적 연구가 진행되는 장소를 연구 현장(research site)이라고 한다. 연구 현장이 지리적으로 일상적이지 않은 곳에 위치하는가? 사람들이 잘 다니지 않거나, 그래왔던 곳인가? 아직까지 밝혀지지 않은 곳인가?
- 일반적이지 않은 집단이나 참여자를 연구한다. 갱단처럼 접근이 어렵거나, 지리상 멀리 있어서 연구되지 않은 사람들도 대상이 될 수 있다(예. 보스턴 지역으로 이주된 부탄 난민들). 취약한 대상과 집단을 연구하려면 협조와 허락이 필요함을 명심한다 (Pyer & Campbell, 2012).
- 예상치 못한 각도나 관점을 적용한 연구를 고려해본다. **예상한 것**과는 반대되는 면(그림자 측면, shadow side)을 연구할 수도 있다(예. 원격 수업에 대한 연구에서, 학생들이 "카메라가 켜져 있는 동

안" 어떻게 반응하는지를 보는 것이 아니라, 녹화될 것이라고 전혀 예상하지 못한 순간을 관찰하는 경우). 질적 연구자는 주제를 여러 각도로 보면서 일반적이지 않는 이면의 모습을 탐구하려 한다. 물론 연구자의 관점이 특이한지는 주관적으로 평가될 부분이다. 나에게 특이한 것이 다른 사람에게는 평범할 수도 있다. 주제를 뒤집어서 반대의 면을 보면 종종 예상치 못한 독특한 관점이 생긴다. 예를 들어, 질적 연구 수업을 들었던 마이클 부츠코(Michael Butchko)라는 학생은 거식증을 옹호하는 웹사이트에 자주 방문하는 대학생 나이대의 여성들을 연구했는데, 이 사이트는 거식증이 건강에 미치는 위험을 알리는 일반적인 다른 웹사이트와는 달리, 거식증을 바람직한 것(반대적인 측면)으로 보는 곳이었다(마이클 부츠코와의 개인적 대화, 2014. 12. 12.).

• 전형적인 사회과학연구에서는 예상하지 못한 자료를 수집한다(예. 소리 수집하기, 참여자가 직접 사진을 찍어오게 하기, 참여자의 과거 기억을 떠올리는 유물 활용하기, 참여자들이 찍어 두었던 사진을 보면서 인터뷰하기, 웹사이트 메인 화면이나 문자 메시지 사용하기 등). 한 예로, 수년간 지역 교육에 종사했던 위대한 교육자 한 분의 장례식 날, 장례를 담당한 사람들은 운동장에서 놀고 있는 아이들의 소리를 20분 동안 틀어놓았다. 이날 사용된 소리를 수집한 것은 해당 교육자가 그 지역 학생들을 얼마만큼 친근하게 느꼈는지 보여주는 독특한 형태의 자료라고 할 수 있다.

• 자신의 연구결과를 비유(Wolcott, 2010 참고)라든지 지도나 그림, 도형, 표 등 새로운 형태로 보고한다. 테마를 단순하게 보고하지 말고, 질적 연구의 특징을 보여주는 다양한 종류의 자료를

첨부한다.

- 많은 사람들이 언급하거나 방송에서 논의되고 있는 시의적절한 주제를 연구한다(예. 캠퍼스 폭력에 대한 대학의 반응 연구). 요즘 사람들이 관심을 갖는 주제는 무엇인가?(예. 빅데이터, 환경, 난민 문제 등)

연구 제목에 흥미로운 요소 추가하기

연구를 시작할 때는 제목부터 작성하고, 그 안에 적어도 하나 이상의 흥미로운 요소를 넣도록 제안하고 싶다. 연구자 중에는 맨 마지막에 연구 제목을 붙이는 경우도 있다. 하지만 처음부터 제목의 초안을 작성하면 연구의 시작점 역할을 해준다. 연구가 진행됨에 따라 제목은 여러 번 수정될 수 있다.

일단 자신의 프로젝트의 제목을 적어본다. 다음의 지침에 따를 수 있다.

- 제목은 짧게, 10단어가 넘지 않도록 한다.
- 원한다면 의문문 형태의 질문도 가능하다.
- 동명사(gerund)나 "-ing형"을 사용하여 행동의 진행을 보여준다(예. "간 이식수술 기다리기").
- 원한다면 제목을 두 부분을 나눠 작성한다. 보통, 두 번째 부분에서는 연구설계를 언급한다(예. "베트남으로 돌아가기: 질적 연구").
- "~의 영향", "~와의 관계", "~의 효과", "상관관계" 같은 양적 문구는 피한다.
- "이해하기", "탐색하기", "발견하기", "생성하기"와 같은 질적

단어의 사용을 고려한다.
* 다음의 요소를 제목에 포함한다.
  - 연구 주제(또는 중심현상)
  - 참여자
  - 연구장소

제목을 적었다면, 연구를 보다 인상 깊게 할만한 부분이 없는지 살펴본다. 흥미로운 관점이나, 장소, 자료수집방법, 그 밖의 것들이 제목에서 명확히 전달될 때까지 여러 번 수정을 거듭한다.

이러한 방식으로 수정된 제목의 예는 다음과 같다.

예시 #1.

작성 1. 초안: "상호 연결: 지역대학에 있는 소수민족 학생들"
작성 2. 수정 후: "소수민족 학생들이 지역대학으로부터 단절될 때"
작성 3. 가장 나은 제목: "소수민족 학생들은 그들의 지역대학에 연결된 적이 있는가? 질적 연구"

위의 예에서 최종 제목은 의문형이며 두 부분으로 되어 있다. 연구자는 소수민족 학생들이 지역대학에 연결되지 못하고 멀어지는 명백한 관점을 연구하는 대신, 반대의 접근을 택하여 그들이 연결되는 경우가 존재하는지 물었다. 소수민족 학생들은 충분히 연구되지 않은 집단이다. 지역대학 역시 일반적으로 친근감 있고 열린 분위기일 거라 예상되기는 하지만 그다지 연구되지 않았다. 따라서 이 제목에는 학자들과 실천가들이 관심 가질만한 몇 가지의 "일반적이지 않은" 양상을 포함한다.

예시 #2.

작성 1. 초안: "공립학교의 전문적 학습커뮤니티에 대한 교육자의
　　　　관점 탐색"

작성 2. 향상됨: "교사들이 공립학교의 전문적 학습커뮤니티에 참여
　　　　할 때의 문화적 전환 탐색"

　예시 2에서 연구자는 "교육자의 관점"이라는 전형적인 측면을 보
다 흥미로운 각도로 바꾸어서, 전문적 학습커뮤니티에 참석할 때 학
교에 대한 교사들의 문화적 이해가 어떻게 전환되는지로 제목을 수
정하였다. 교사들이 학교에 근무하는 다양한 사람들과 접촉하게 되
면 새로운 상호작용이 학교에 대한 이들의 관점을 변화시킬 것이기
때문이다.

예시 #3.

작성 1. 초안: "재향군인이 베트남으로 돌아갔을 때: 질적 연구"

작성 2. 향상됨: "끝나지 않는 인종 간 긴장: 비극의 현장에 돌아간
　　　　베트남 재향군인"

　예시 3의 처음 제목에서는 연구 현장은 드러나지만, 중심현상이
구체화되지 않았다. 수정된 제목을 보면 베트남에서 인종적 긴장과
죽음이 있었다는 새로운 두 요소를 알게 된다. 이러한 추가가 연구
에 개념적 흥미를 더한다.

요약

이 장에서는 질적 연구에 흥미로운 생각을 더하는 방법들을 살펴보았다. 우선 주제를 정하고 연구가 가능한지 확인한다. 그런 다음 상식을 뒤집는 참여자와 장소를 포함하는 등 질적 연구를 흥미롭게 할 여러 방법을 고려해보고, 이를 제목에 추가한다. 다른 사람들에게 제목을 보여주고, 적어도 한 가지라도 흥미로운 부분이 포함될 때까지 수정을 계속한다.

활동

학술지에 실린 질적 연구를 찾아서 흥미롭게 느껴지는 요인들을 평가해 본다. 다음의 질문을 활용한다.
- 일반적이지 않은 장소를 연구했는가?
- 일반적이지 않은 집단이나 참여자를 연구했는가?
- 새로운 각도나 관점으로 보고 있는가?
- 일반적이지 않은 자료를 수집하였는가?
- 결과를 일반적이지 않은 방식으로 보고하는가?
- 시의적절한 주제를 다루고 있는가?

추가 자료

Glesne와 Peshkin(1992)은 연구자들이 자신에게 친숙한 장소에서 연구를 하는 "뒷마당" 개념을 처음으로 소개하고 이에 수반되는 문제를 설명하였다.

Glesne, C., & Peshkin, A. (1992). *Becoming qualitative researchers: An introduction*. White Plains, NY: Longman.

Glesne, C. (2016). *Becoming qualitative researchers: An introduction* (5th ed.). Upper Saddle River, NJ: Pearson.

Pyer, M., & Campbell, J. (2012). Qualitative researching with vulnerable groups. *International Journal of Therapy and Rehabilitation*, *19*(6), 311–316.

04

연구기간 발생하는 어려운 감정 다루기

네 번째 노하우

질적 연구를 하면서 생기는 감정적인 문제들을 다루는 기술 개발하기

왜 중요한가?

연구는 보통 한 발 앞으로 나가면 두 발 뒤로 되돌아오고, 다시 앞으로 두 발 나가는 식으로 진행된다. 걸림돌도 있고 진전도 있다. 좋은 연구를 하려면 꾸준하게 한발씩 나가면서 때때로의 진전상황을 즐겨야 한다. 도전과제를 미리 예측할 수 있다면, 극복하기가 보다 수월해진다.

질적 연구에서의 감정적 여정

질적 연구를 해 본 사람들은 질적 연구 과정이 감정적 여정(emotional

journey)이라고 말할 것이다. 물론 모든 형태의 연구가 그러하지만, 특히 질적 연구는 세 가지 측면에서 감정적이다. 그 세 가지는 탐구하려는 주제, 연구 진행 시 명확한 구조의 부재, 그리고 노동집약적 연구 형태. 이로 인해 질적 연구자의 감정은 오르락내리락한다. 아쉽게도 질적 연구 교재들에서 이 부분을 상세히 다루지는 않는데, 좋은 연구를 계획하고 실행하기 위해서는 이 점을 미리 이해할 필요가 있다.

감정적 여정의 단계들

길버트(Gilbert, 2001)는 자신이 편집한 책의 모든 챕터에서 질적 연구의 감정적 측면에 대해 다뤘다. 그녀는 탐구 과정에서 연구자의 감정을 사용할 때의 긍정적인 면을 언급한 책이 거의 없음에 실망감을 느낀 뒤 이 주제에 흥미를 가지게 되었다. 이런 감정에는 "느낌, 감각, 욕구; 사적인 것; 친밀감; 개인적으로 의미 있는, 압도적인; 심층적인 울림이 있는; 우리 내부 어딘가에서 나오는; 그리고 우리를 진정으로 인간답게 만드는 것"(p. 9) 등이 포함된다. 질적 연구에서 종종 주제로 다뤄지는 상실, 죽음, 강간, 학대, 질병, 본인이나 아끼는 사람이 위험에 처한 상태 등이 이런 감정을 불러일으킨다. 그녀는 연구 과정에서 생겨나는 어려운 감정들을 어떻게 다룰지 질문한다. 숨기거나 비밀로 해야 할까? 연구자가 이런 경험을 한다는 것은 어떤 의미인가?

로젠블랏(Rosenblatt, 2001)은 길버트가 편집한 책의 한 챕터에서, 질적 연구자로서의 영적인 여정에 대해 논의했다. 그는 19세기에 기록된 출판되거나 출판되지 않은 일기를 바탕으로 애도와 가족관계를 연구하며 일 년을 보냈다. 처음에는 도서관 문을 여는 시간부터 닫는 시간까지 매일 기록물을 검토했다. 그러고 나서 "모텔 방에 돌아왔을 때는 죽음과 삶을 접하며 온종일을 보낸 탓에 완전히 기진맥진하곤"(pp. 117-118) 했다. "깊숙한 우물 속으로 미끄러져 내려갔다"(p. 118)고 그는 이야기했다. 결국, 매일 일정 시간 연구에서 벗어나기 위해 두 아들을 도서관에 데리고 다녔다고 한다.

이 이야기는 질적 연구 과정에서 어려운 감정을 다룰 때 스스로를 돌볼 필요가 있다는 생각을 하게 해준다. 레이저(Rager, 2005)는 질적 연구에서 스스로를 돌보는 몇 가지 실질적인 전략을 언급하였는데, 일기 쓰기, 동료와 감정 나누기, 개인 상담 받기, (자기 보호 전략으로서의) 참여자 확인, 그리고 사회적이고 감정적으로 지지해줄 사람들을 만나기 등이 포함된다. 연구 자료를 함께 보아 줄 사람이 있는 것이 확실히 중요하다. 때때로 현장이나 자료에서 벗어나 여유 시간을 가지며 현실감각을 유지할 필요도 있다. 연구 외에 취미활동을 지속하는 것 역시 도움이 된다. 스스로를 지키는 데 무엇이 도움이 될지, 스트레스가 많은 시기에 어떻게 균형감을 유지할지 생각해 본다.

또 다른 종류의 감정적 오르내림은 연구 과정 자체에서 나온다. 이 영역은 질적 문헌에서 거의 다뤄지지 않고 있다. 예외적으로, 흐베일과 브릭만(Kvale & Brickmann, 2009)은 질적 연구 과정에서도 특히 인터뷰 시의 "감정적" 단계에 대해 언급하고 있다. 다음은 질적 연구자들이 종종 거치는 단계다(pp. 100-101).

- 반실증주의자적 열정의 단계: 열정과 몰입, 그리고 현실적인 일
  상적 삶을 연구하겠다는 강한 강조에서 시작한다. 반실증주의
  적이란 연구 주제를 양적 자료의 수집이나 추상적 이론과 같이
  양적으로 접근하길 원치 않는 것이다.
- 인터뷰와 인용의 단계: 인터뷰 자료수집의 단계에 해당한다. 처
  음의 이상주의적 열정은 사라지며 개인적 관여, 고독, 참여자와
  의 동화가 생겨난다. 질적 연구에서 연구자가 참여자와 가깝게
  느끼게 되는 것을 우리는 문화기술지에서 가져온 개념인 "현지
  화되는 것(going native)"이라고 부른다.
- 침묵 속 작업의 단계: 인터뷰 작업에 침묵이 드리운다. 이때는
  전사를 하는 단계인데, 엄숙과 인내가 특징이다. 전사란 길고,
  지루한 과정이다.
- 공격적 침묵의 단계: 인터뷰는 끝났지만 여전히 결과는 드러나
  지 않는다. 연구 중반기의 위기로써 시간이 지체되고, 혼란스럽
  고, 스트레스를 느끼게 된다. 이 단계에서 연구자는 전사자료와
  메모를 읽고 또 읽으며 내용을 이해하려 노력한다.
- 마지막 소진단계: 프로젝트는 이제 너무나 압도적이어서 보고
  서를 작성할 시간이나 에너지가 거의 없다. 연구자는 인터뷰에
  서 얻은 내용이 무엇이든 여기에 내맡기고 싶은 기분이 들고,
  독자에게 현장의 풍성한 이야기를 제대로 전달하지 못할 수도
  있음을 인식한다.

감정의 기복은 위의 단계들에 걸쳐서 발생하며, 좀 더 긍정적인 경
험도 하게 된다. 이를 질적 연구의 오르막내리막이라고 부를 수 있다.

질적 연구의 긍정적인 면

질적 연구가 재미있다고 하는 사람들은 특히 **자료 수집단계**에서 참여자와 이야기 나누고, 흥미로운 사실들을 배우고, 그들의 직장이나 집, 친구들이 있는 곳에 가기를 즐거워한다. 다른 연구자들은 "아하" 하고 통찰이 오는 **자료 분석단계**가 질적 연구의 묘미라고 말하는데, 몇 날 며칠을 자료 속에 묻혀 지내다가 마침내 의미를 찾아내고 이야기로 기술할 수 있기 때문이다. 질적 연구의 창의적 글쓰기를 좋아하는 연구자들은 좋은 이야기를 만들어 가는 데에 재미를 느낀다. 마지막으로, 어떤 연구자들은 사회과학분야에서 **최신의 흥미로운 방법론**을 접하기 위해 질적 연구를 하기도 한다. 그러면서 최첨단의 연구를 하는 자부심을 느낀다.

질적 연구의 어려운 면

질적 연구를 할 때의 몇 가지 도전과제들이 있는데, 학생들이 내게 말하던 몇 가지를 언급하면 다음과 같다.

고립감

한 박사과정 생이 존 크레스웰에게 쓴 글의 일부다.

"저는 최근 동기에게 논문기간의 고립된 과정에 대해 말했습니다. … 다른 사람과 얘기하고 연구를 함께 하면서도 그 속에서 정말이지 혼자라는 느낌을 받습니다. 모두가 동감하는 건, 논문을 쓰는 과정

에서 어느 날은 자신감이 넘치다가도, 어느 날은 내가 제대로 하고
있는지 전혀 확신이 없는 상태가 왔다 갔다 한다는 것입니다."

이러한 고립의 시기는 자료분석을 하면서 혼자 전사자료, 현장 일
지, 문서, 사진 같은 이미지를 살펴볼 때 주로 발생한다. 이 시기는
혼자 작업하기에 외롭다. 다른 사람이 들어와서 자료 해석을 할 수
없는데, 연구자와 자료를 다르게 해석할 수 있기 때문이다. 지도교
수에게 전사자료를 보여주고 분석을 도와달라는 요청을 할 수도 없
다. 지도교수 역시 다른 관점을 가질 것이고, 연구자의 관점과는 다
른 해석을 할 수 있어서다.

노력이 많이 드는 전사과정

인터뷰 자료를 전사하는 것 역시 질적 연구에서 어려운 과정이다.
30분 정도 인터뷰를 하면 행간 여백 없이 약 20장의 전사자료가 생
긴다. 초보 연구자는 종종 의욕에 넘쳐서 많은 대상을 인터뷰하기도
하는데, 그러면 전사과정에 시간이 많이 든다. 초보라면 인터뷰를
계획할 때 30분이 넘지 않도록 하고, 인터뷰 대상자 수에도 한계를
두는 것이 좋다. 전사(페이지 양쪽에 여백을 두고, 더블 스페이스로 작성
하고, 녹음된 단어를 모두 적는 것)를 해본 경험이 있는 사람을 고용해
서 전사를 맡기는 것도 고려해볼 수 있다. 그러나, 스스로 인터뷰 내
용을 전사하면 자료를 더 가깝게 이해할 수 있고 미묘한 뉘앙스가
드러날 수 있다. 물론 언어자료를 문서화하는 컴퓨터 프로그램을 사
용하는 것은 도움이 된다.

기관윤리위원회(IRB) 통과과정의 어려움

기관윤리위원회(IRB)에는 간혹 질적 연구에 익숙하지 않은 위원들이 있어서 대규모 표집이나 구체적 변인들, 연구 가설, 연구계획서의 신뢰도와 타당도(validity)를 요구할 때가 있다(5장 지도교수, 논문심사위원과 함께 작업하기 참고). 다행히, 질적 연구를 전공한 심사위원이 IRB에 늘어나고는 있다. 그렇지만 IRB 통과를 위해서 연구 과정을 상세히 기록하고, 자신의 연구가 참여자에게 미칠 수 있는 잠재적인 혜택과 해악을 인식할 필요가 있다.

자신의 해석에 대한 불안

연구자는 자신의 직감을 믿어야 하며, 모든 연구에 해석적 요소가 포함됨을 알아야 한다(양적 연구자가 통계방법을 선택할 때에도 해석이 개입된다). 질적 연구자는 전사자료를 살펴보며 사람들이 하는 이야기를 해석한다. 가능한 한 참여자들이 실제 사용한 단어에 가깝게 코드를 부여하고, 연구자의 해석을 반영하는 테마 명을 작성한다. 연구결과를 글로 쓸 때에는 강조하고 싶은 테마와 이를 지지해 줄 증거를 모아 정리한다. 이 모든 단계에 개인의 해석이 포함된다. 다행히, 참여자가 테마 명을 검토하거나 보고서를 읽고 정확성을 체크하는 등 타당도를 확인할 방법들이 있다. 그러므로 질적 연구는 일부가 주장하듯 완전히 해석적인 연구는 아니며, 참여자가 문제를 보는 방식을 잘 반영해서 해석을 했는지가 중요하다.

글쓰기에 대한 두려움

우리 모두는 자신의 글을 향상시킬 필요를 느낄 때가 있고, 본인

이 쓴 글을 남에게 보여주기 부끄럽거나, 심지어 "꽉 막힌 상태"가
되어 한 글자도 진도가 안 나갈 때도 있다. 그런 시기가 닥치면, 일
단 어떻게든 보고서를 쓰길 제안한다. 그런 다음 아직 부족하다고
옆에 치워놓지 말고 동료 연구자나 연구 참여자에게 검토를 받아 본
다. 내 생각에 글쓰기란 거의 개인적 경험이기에, 쓰면 쓸수록 편안
해진다. 그렇다고 해서 글쓰기 경험이 풍부한 연구자가 자신의 글에
걱정이 없다는 건 아니며, 이들도 글을 쓰면서 지속해서 검토를 받
는 과정을 거친다. 1장에서 언급한 것처럼, 질적 연구를 하려면 글
을 잘 쓸 필요가 있다.

참여자 모집의 어려움

만일 일상적이지 않거나, 취약하거나, 만나기 어렵거나, 숨어있는
참여자를 연구한다면, 모집과정에서 어려움을 겪기 쉽다. 저자 중
한 명인 조한나는 혼자 남쪽 국경을 넘어 미국에 들어온 미성년자와
그들을 보호하는 사람들을 연구했는데, 취약한 이민자라는 이들의
지위 때문에 모집 과정에서 어려움을 겪었다. 이와 같이 취약한 참
여자를 연구하려면 사전에 신뢰를 잘 쌓아 놓아야 모집 과정에서 의
도대로 안 될 때마다 느낄 좌절감을 줄일 수 있다. 창의적으로 홍보
물을 만들어 사용하거나, 관심 있는 참여자 집단 사람들의 문화에
익숙하고 이들에게 신뢰를 받는 누군가의 도움을 받는 것이 도움이
된다. 엘라드-그레이 등(Ellard-Gray, Jeffrey, Choubak, and Grann,
2015)은 여러 전략에 대한 훌륭한 개요를 제공하며, 참여자 모집 시
하나의 전략이 아닌 여러 전략을 사용하라고 제안한다. 어떻게 하면
유연하고 창의적이 될지 생각해 본다.

익숙지 않은 질적 연구 용어

대부분의 질적 연구방법론 책 뒤에 있는 색인을 주의 깊게 살펴본다. 질적 연구 사전도 참고한다(Schwandt, 2009). 양적 연구에 익숙하다면 질적 연구와 상응하는 양적 연구의 용어를 살펴보는 것도 좋다. 질적 용어를 모두 익히려면 시간이 걸린다. 자신의 글에 이런 용어를 사용하다 보면 새로운 질적 언어에 익숙해 질 것이다.

현장근접적 질적 연구의 두려움

민감한 주제를 다루는 것은 쉽지 않지만, 훌륭한 질적 연구자는 일반적인 측정 도구로는 쉽게 알아내기 힘든 민감한 주제에 접근하는 것을 두려워하지 않는다. 질적 연구자가 되려면 대담해져야 하고 기꺼이 어려운 주제를 다뤄야 한다. 좋은 글은 감정과 느낌을 전달한다. 질적 연구에서는 글을 쓸 때뿐만이 아니라, 자료를 수집하고, 참여자의 이야기를 들을 때에도 모두 민감한 주제를 다뤄야만 한다. 일반적인 문헌에서는 발견하기 힘든 개인적 문제와 도전과제를 탐구하는 것이 좋은 질적 연구라고 할 수 있다.

논문 심사위원들의 질적 연구 거부 두려움

질적 연구를 잘 모르는 지도교수나 논문 심사위원과 함께 해야 할 때 이런 두려움이 생긴다. 또한 논문 심사할 때 자신의 방법론을 적극적으로 지지해 줄 누군가가 없을 때 이러한 걱정이 생길 수 있다(5장 참고).

요약

이 장에서 다룬 기술은 질적 연구 시 발생하는 여러 가지 감정기복을 예측
하는 것이다. 예측한다고 해서 문제가 없어지지는 않겠지만, 연구자가 힘
든 시기를 대비해 시간을 비축해 둘 수 있고, 이 모두가 좋은 질적 연구의
한 부분임을 인식할 수 있다.

활동

주변에서 질적 연구로 논문을 써서 거의 마무리 단계에 있거나 질적 연구
를 해 본 경험이 있는 사람들에게 다음 질문을 해보자.
- 어떤 부분이 가장 힘들었나?
- 전사하는 데 시간이 많이 들었나(어떻게 하였나)?
- 기관윤리위원회는 연구에 수용적이었나?
- 스스로의 해석을 바탕으로 수월하게 테마와 결과를 도출하였나?
- 논문 심사위원이나 지도교수는 질적 연구에 지지적이었나?
- 논문 쓰는 동안 어떠한 감정들을 경험하였나?

추가 자료

Gilbert, K. R. (Ed.). (2001). *The emotional nature of qualitative research*. Boca Raton, FL: CRC.

Dickson−Swift, V., James, E. L., Kippen, S., & Liamputtong, P. (2009). Researching sensitive topics: Qualitative research as emotion work. *Qualitative Research*, 9(1), 61−79.

Ezzy, D. (2010). Qualitative interviewing as an embodied emotional performance. *Qualitative Inquiry*, 16(3), 163−170.

05

지도교수, 논문 심사위원과 함께 작업하기

다섯 번째 노하우

연구 지도교수, 논문 심사위원과 효과적으로 작업하는 능력 키우기

왜 중요한가?

연구자는 지도교수, 논문 심사위원, 외부 심사위원에게 프로젝트에 대한 열정과 긍정적 이미지를 보여줘야 한다. 어떻게 해야 할까? 우선 질적 연구가 중요하며 자신의 연구를 정교하게 설계했음을 알려야만 한다. 또한 언제나 최상의 결과물을 제시한다. 생각이 정리되지 않은 불완전한 초고를 제출해서는 안 된다. 심사위원과의 미팅을 어떻게 할지 고려할 필요도 있다.

논문 심사위원에게 질적 연구 알리기

패튼(Patton, 2014)은 질적 논문을 시작하기 전에 질적 연구에 지지적인 지도교수와 심사위원을 찾으라고 말한다. 논문이 아니어도 질적 연구를 할 기회는 다양하다. 하지만 일단 질적으로 논문을 쓰겠다고 결심했다면 지도교수와 심사위원에게 질적 연구에 대해 알릴 필요가 있다. 어떻게 하면 될까?

질적 연구는 교수들(심지어 동료 학생들)의 눈으로 볼 때 엄격함이 떨어진다는 오해를 받아왔다. 이런 관점을 마주하면 좌절감과 감정적인 피로가 온다(4장 참고). 지도교수에게서 조언과 지지를 얻는 것 이외에도 몇 가지 전략이 도움이 된다. 우선, 프로포절은 말 그대로 **제안서란 뜻이기에 자신의 프로젝트가** 연구할 만한 가치가 있음을 설득해야 한다는 걸 기억한다. 프로포절은 지도교수와 심사위원에게 질적 연구방법론의 합당함을 증명하는 좋은 기회다. 다음으로, 질적 논문을 진행하는 학생들은 연구방법론이 합당한지에 대한 우려를 잠재우기 위해 추가 증거를 첨부하기도 한다(Meloy, 2002). 예를 들어, 중요한 논문을 인용하거나 학술지에 실린 질적 연구 중 자신이 하려는 것과 유사한 것을 언급하는 식이다. 지도교수와 논문 심사위원들은 대학원에서 질적 연구를 공부한 적이 없을 수도 있다. 회의적인 게 당연하다. 질적 연구방법론의 장점이나 양적 연구와의 차이점(1장 참고)을 인식시키는 것은 학생의 몫이다.

가장 잘 쓴 글 제출하기

지도교수, 심사위원과 미팅을 할 때에는 준비된 상태여야 한다. 매번 최상의 질적 보고서를 제출하려 노력한다. 심사위원에게 보여주는 글을 "초안"처럼 여겨서는 안 된다. 또한 지도교수나 심사위원들이 예전에 심사했던 논문 프로포절이나 완성된 논문을 찾아본다. 학술지에 실린 심사위원들의 논문을 찾아서 읽어본다. 그리고 질적 연구를 잘 아는 사람으로 심사위원을 구성한다.

좋은 심사위원에는 주제를 아는 내용 전문가, 좋은 연구가 되도록 지도할 수 있는 질적 연구자, 연구자를 격려해주는 지지자가 포함된다. 당연히 지도교수가 질적 연구를 잘 알면 최선이다. 그렇지 못할 경우, 전공 분야의 인지도 높은 학술지에 실린 질적 논문을 선택하여 심사위원 모두가 읽어보도록 할 수 있다. 프로포절 미팅에서 학술지 논문을 검토하며 "이 연구에서 제시하는 이러한 엄격하고 좋은 방법을 저의 프로젝트에도 적용하겠습니다"라고 얘기할 수 있다.

피드백 받기

지도교수, 그리고 논문 심사위원들과 미팅을 할 때에는 이들의 피드백을 "주옥같은 조언"으로 받아들여야 한다. 글쓰기에 대해 언급할 경우, 말 속에 담긴 유용한 의견이 무언지 생각해본다. 나아가, "원점에서부터 다시 시작"하라는 피드백을 하나 받았다 해도 대부분의 심사위원들의 생각은 이와 다를 수 있음을 고려한다. 대신, 가능하면 많은 사람들에게 피드백을 받아본다. 지도교수나 심사위원들의 의견에 동의하지 않을 때에는 존중하는 태도를 유지하며 본인의 입장을 설명한다. 자신의 연구를 동료 학생에게 보여주고 그들의 솔직한 의견을 경청한다. 내가 알고 있는 훌륭한 연구자나 작가들은 비판에 열려있고, 자신들이 갖지 못한 좋은 의견을 찾는다. 이는 나중에 학술지에 투고를 하거나 펀드제안서를 낼 때 피드백을 수용하기 위한 좋은 훈련 과정이다.

논문 심사위원과의 미팅

심사위원과의 미팅을 자신의 연구 프로젝트를 소개하는 자리라고 생각하면 도움이 된다. 다음은 미팅 전, 미팅 중간, 미팅 후에 도움이 되는 행동들이다.

미팅 전

프로포절을 잘 진행하고 긍정적인 인상을 전달하는 것이 최우선 과제다. 프로포절을 성공적으로 마친 다른 학생의 글을 미리 살펴본다. 심사위원에게 질적 연구에 대해 알릴 자료로써 프로포절에 나오는 주요 용어를 정리한 것과 해당 분야에서의 중요한 질적 연구 논문 사본을 준비하고, 질적 연구의 특징(1장에서 다룬 내용)에 대해 물어보면 답변할 수 있도록 준비한다. 무엇보다도, 심사위원들이 읽어볼 시간을 가지도록 보고서를 제때 마치고, 주요 요점을 간략히 정리해서 발표할 수 있게 준비한다.

미팅 중간

프로포절의 주요 내용은 파워포인트로 간략하게, 핵심을 강조하여 작성한다. 발표 시 다음 사항을 고려한다.

- 연구 문제와 중요성
- 연구 목적과 주요 연구질문
- 참여자, 자료수집방법, 수집할 자료의 종류
- 분석방법
- 연구의 기여도
- 연구 일정과 예산

프레젠테이션은 본인 연구의 필요성에 대한 주장이며 연구자는 반드시 프로젝트의 가치를 심사위원에게 확실히 전달해야 한다. 간혹 질적 연구가 낯선 심사위원 중에는 양적 연구에 기반한 질문을 할 수 있는데, 이에 다음과 같이 답변할 수 있다.

질문: 연구 참여자 수가 많아야 하지 않는가?
답변: 질적 연구에서는 소수의 참여자를 연구하고 그들의 생각을 심도 있게 이해하고자 합니다. 질적 연구는 양적 연구와는 달리 모집단에 대한 일반화를 목적으로 하지 않으며, 소수의 참여자로부터 배우고 그들의 맥락을 고려하며 연구합니다.

질문: 자신의 주관적 해석에서 나온 결과가 정확하고 타당하다는 것을 어떻게 알 수 있는가?

답변: 질적 연구에서 타당도를 확인하는 몇 개의 방법이 있습니다. 저는 자료수집에서 삼각검증을 사용하고, 참여자 검토를 할 것이며, 현장에서 많은 시간을 보내려고 합니다. 그 밖에도 타당도를 높이는 접근법이 있기 때문에(22장 참고) 저의 해석이 단지 혼자만의 시각에 근거하지는 않습니다.

질문: 단지 몇 명의 참여자나 장소를 연구하여 나온 결과를 어떻게 일반화할 수 있는가?
답변: 질적 연구의 의도는 나온 결과를 일반화하는 것이 아니라 소수의 참여자를 연구하고 그들의 생각을 심도 있게 이해하려는 것입니다.

질문: 연구 가설은 없는가?
답변: 질적 연구는 가설이 없이 연구질문을 가지고 시작합니다. 연구질문은 열린 형태여서 참여자의 관점을 알 수 있습니다. 또한 질적 연구에는 변수가 없는데, 왜냐하면 이로 인해 참여자들의 경험을 이해할 때 불필요한 한계가 규정될 수 있기 때문입니다. 참여자의 관점이야말로 질적 연구에서 가장 중요한 부분입니다.

지도교수와 심사위원의 피드백을 바탕으로 연구가 변경될 수 있음을 알아야 한다. 물론 지지적인 지도교수라면 몇몇 피드백을 가지고 연구 전체의 방향을 재조정하지 않도록 주의를 기울일 것이다. 미팅을 하기 전에는 심사위원들이 이전에 제기했던 주요 우려사항을 요약해 가서 그들의 의견을 충실히 고려하였음을 보여준다.

미팅 후

미팅에서는 언제나 심사위원들로부터 수정해야 할 조언을 받는다. 그것이 심사위원들의 역할이다. 이 조언들을 꼼꼼히 살피고 연구자가 할 수 있는 선에서 지속적인 진행상황을 보고해야 한다. 프로포절이 끝나면 바로 논문을 쓰기 시작하는 것이 좋다. 일단 문헌고찰이나 연구방법 등 쓰기 쉬운 챕터부터 시작한다. 매일 쓰다 보면 어느 새 놀랄 만큼 진전이 있을 것이다.

요약

지도교수, 논문 심사위원과 함께 하는 일은 쉽지 않다. 학술지에 실린 질
적 논문을 선별해서 미팅 전에 보여드리는 방법을 고려한다. 심사위원들의
좋은 반응을 이끌어 내려면 깔끔하고 논리적으로 정리된 글을 제출한다.
미팅 전, 미팅 중간, 미팅 후에 해야 할 일에 신경 써서 논문 진행과 피드
백 과정이 수월하도록 한다.

활동

지도교수나 논문 심사위원에게 좋은 본보기가 될 만한 질적 논문이 있다
면 소개해 달라고 요청한다. 이 논문을 구해서 어떻게 쓰였는지 살펴보고,
특히 질적 연구의 선택을 어떻게 정당화하는지 집중해서 본다. 논문이 없
다면, 자신의 연구분야에서 잘 알려진 학술지를 보면서 본보기가 될 만한
아티클을 찾아본다.

추가 자료

논문 심사위원과 함께 논문 계획하기에 관한 내용
Marshall, C., & Rossman, G. B. (2016). *Designing qualitative research*
(6th ed.). Thousand Oaks, CA: Sage.
질적 연구 프로젝트의 타당성을 정당화하는 방법
Meloy, J. M. (2002). *Writing the qualitative dissertation: Understanding
by doing* (2nd ed.). Mahwah, NJ: Lawrence Erlbaum.

PART
02

예비적 요소 고려하기

06

질적 연구에서 철학과 이론 사용하기

여섯 번째 노하우

- 질적 연구에서 철학적 관점을 추가하는 기술 개발하기
- 사회과학이나 옹호이론을 자신의 질적 연구의 틀로 사용하는 기술 개발하기

왜 중요한가?

우리는 모두 의식적이거나 무의식적으로 자신의 연구 접근방법에 영향을 미치는 철학적 경향을 가져온다. 이 신념들은 개인적 관점으로써, 연구자의 질문, 연구설계, 연구 실행과 글쓰기 등 많은 부분에 영향을 미친다. 질적 연구자들은 이러한 개인적 관점이 명확하게 드러나도록 하는 것이 좋은 질적 연구라 여겨왔으며, 적어도 자신의 연구와 글쓰기에 미치는 철학적 영향을 인식해야 한다고 본다. 이론 역시, 덜 추상적인 수준에서 연구에 영향을 미친다. 모두는 아니지

만 많은 질적 연구에서 이론을 포함한다. 이론의 사용을 어느 정도 우선시하는가는 연구에 따라 다양한데, 시작을 이론에서 하는 연구, 이론을 구축해 가는 연구, 이론의 사용을 배제한 연구도 있다. 이론을 사용하려고 결정했다면, 이론이 자신의 질적 연구에 어떻게 영향을 미치며 연구결과를 글로 쓸 때 어떻게 할지를 아는 것이 도움이 된다.

질적 연구 배후에 있는 철학

질적 연구의 배후에 있는 철학을 이해하려면 최근 연구자들의 아이디어를 살펴볼 필요가 있다. 이를 통해 철학을 설명하는 용어들, 철학의 기원, 네 개의 주요 철학적 학파, 그리고 기본 신념과 실용적 이슈에 대한 그들 간의 입장 차이를 배울 수 있다.

철학은 질적 연구자들에 의해 어떻게 형성되어 왔는가?

질적 연구자들은 스스로 양적 연구자와 거리를 둘 필요를 느꼈고, 이 과정에서 자신의 연구방향을 결정하는 서로 다른 철학적 가정을 발전시켰다. 이 과정의 선봉자가 이본 링컨(Yvonna Lincoln)과 에곤 구바(Egon Guba)인데, 최초의 질적 연구 핸드북(Denzin & Lincoln, 1994)에 이 둘이 쓴 질적 연구에서의 철학 사용에 관한 챕터가 실렸고, 이후 개정판이 나올 때마다 지속해서 실리고 있다. 다른 학자들도 질적 연구의 철학에 대해 얘기하고 있지만, 우리를 포함한 많은 연구자들의 관점은 링컨과 구바의 관점에 영향을 받았다. 핸드북 4판에 이르기까지, 이들의 아이디어는 지속해서 발전해왔다. 가장 최근의 *SAGE Handbook on Qualitative Research*(Denzin & Lincoln, 2017) 5판에서도 질적 연구를 수행하는 근간이 되는 철학적 이해에 대해 논의하고 있다(Lincoln, Lynham, & Guba, 2011 참고).

이러한 철학적 가정은 무엇인가? 어떻게 불리며, 어떻게 시작되었나?

앞서 말한 저자들은 질적 연구 배후의 철학적 가정을 "패러다임"이라고 부른다. 이 용어는 철학적 가정에 대한 쿤(Kuhn, 1962)의 잘 알려진 책에서 온 것으로, 여기서 쿤은 기존의 패러다임적 사고에 대한 개인들의 도전과 새로운 패러다임의 발전을 통해 학계가 어떻게 진전해 왔는지를 논의하고 있다. 패러다임(paradigm)은 학계를 형성하는 개인적 신념이나 아이디어라고 볼 수 있다. 쿤은 패러다임에 대한 다양한 관점을 발전시켰는데, 그중에서도 연구자들이 자신이 속한 학문 공동체에 맞춰 사회화된다는 생각을 가장 선호한다. 해당 공동체는 연구자에게 탐구해야 할 중요한 문제가 무엇이고 이를 어떻게 연구할지를 제시한다. 교육학을 전공하는 사람들은 그들이 주로 선택하는 연구 문제의 종류와 연구방법에 영향을 미치는 패러다임, 혹은 신념을 가지고 있다. 간호학, 마케팅, 심리학, 그 외 학문분야의 연구자들도 자신들 고유의 패러다임을 가지고 있다.

종종 **패러다임**과 동일어로 쓰이는 용어가 **세계관**(Creswell & Creswell, 2018)이다. 나는 세계관(worldview)(또는 여러 학파의 세계관)이란 용어를 자주 사용하는데, 이 책에서는 두 용어를 모두 사용할 것이다.

어떻게 패러다임, 또는 세계관이 우리의 연구를 형성하는가?

패러다임이나 세계관이 어떻게 연구라는 큰 과정 속에 포함되는 지를 그림 6.1과 같이 개념화하면 도움이 된다. 이 그림은 크로티 (Crotty, 1998)의 도식을 적용했는데, 연구 부분들 사이의 위계적 관계를 보여준다. 가장 넓은 단계에는 연구에 영향을 미치는 철학적 가정들(또는 패러다임이나 세계관)이 있다. 링컨 등(Lincoln et al., 2011) 에 의하면, 연구자가 선택할 수 있는 서로 다른 패러다임이 있고, 각 패러다임 안에는 기본 신념 및 연구 과정과 관련된 실질적 이슈들이 포함된다(예. 탐구목적, 지식의 본질, 지식의 축적, 좋은 연구의 기준, 가치, 윤리, 목소리, 훈련, 탐구자의 자세, 수용, 주도권). 패러다임이나 세계관 은 개인적인 신념이며, 결과적으로 질적 연구에 사용될 이론에 영향 을 미친다. 이론은 다시 방법론이나 연구설계(예. 근거이론, 사례연구)

그림 6.1 철학은 어떻게 우리의 연구를 형성하는가?

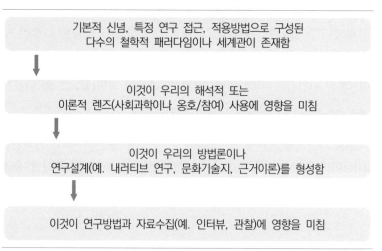

기본적 신념, 특정 연구 접근, 적용방법으로 구성된
다수의 철학적 패러다임이나 세계관이 존재함

이것이 우리의 해석적 또는
이론적 렌즈(사회과학이나 옹호/참여) 사용에 영향을 미침

이것이 우리의 방법론이나
연구설계(예. 내러티브 연구, 문화기술지, 근거이론)를 형성함

이것이 연구방법과 자료수집(예. 인터뷰, 관찰)에 영향을 미침

자료: Creswell and Creswell(2018)과 Crotty(1998)를 바탕으로 재구성

에 영향을 미친다. 이러한 방법론 안에서 연구질문에 답이 될 만한 구체적인 자료의 수집방법이 결정된다.

철학적 학파에는 어떤 것이 있는가?

링컨 등(Lincoln et al., 2011)에 의하면, 질적 연구자가 선택할 수 있는 4 종류(또는 학파)의 철학이 있다. 실증주의(postpositivism 또는 실증주의와 후기실증주의)에는 "자연과학" 연구자, 그리고 원인과 결과의 관점을 취하는 연구자들, 비판이론(critical theory; 예. 페미니즘, 인종이론)은 권력 아래서 억압받는 사람들이 혜택을 누릴 수 있도록 변화를 추구하는 연구자들, 구성주의(constructivism 또는 해석주의(interpretivist))는 참여자의 관점을 해석해서 이해를 추구하는 연구자들, 참여주의(participatory 그리고 포스트모던(postmodern))는 연구자와 참여자가 민주적으로 참여하면서 변혁을 추구하는 연구자들을 포함한다. 문헌을 보면 실용주의나 실재론 등 그 외의 학파도 많다. 앞서 언급한 네 가지는 사회과학과 의료과학 쪽 연구에서 가장 자주 볼 수 있는 철학적 학파다.

패러다임들(또는 세계관들)의 기본 가정은 무엇인가?

각 학파는 중심 신념에서 서로 다르다. 크레스웰과 그 동료들은 5개의 기본 신념에 대해 다음과 같이 설명한다(Creswell & Poth, 2018). 존재론(ontology)은 첫 번째 기본 신념이며, 질적 연구자들 사이에 무엇이 실재인지 또는 무엇이 존재하는지를 보는 관점이 서로 다름을 의미한다. 인식론(epistemology)은 우리가 아는 것과 우리가 보는 것(또는 연구자와 연구되는 대상) 사이의 관계에 대한 신념이다. 가치론

(axiology)은 연구에서 가치와 편견의 사용이 패러다임 간 어떻게 다른가에 대한 신념이다. 방법론은 연구의 과정과 관련되며, 이 과정은 고정된 것에서부터 프로젝트의 진행 속에서 출현하는 방식까지 다양하다. 수사학(rhetoric)은 언어 사용에 대한 신념으로 형식적에서부터 비형식적인 것까지(예. 1인칭 용어 사용) 다양하다.

이러한 신념은 네 개의 패러다임끼리 어떻게 다른가?

표 6.1은 존재론, 인식론, 가치론, 방법론, 수사학의 관점에서 네 패러다임 간의 차이점을 보여준다.

표 6.1 네 가지 패러다임 세계관의 주요 요소들

	후기실증주의 패러다임	비판이론 패러다임	구성주의 패러다임	참여주의 패러다임
존재론	하나의 실재가 존재	사회, 정치, 문화적 실재	개인이 자신의 현실을 구성	현실은 인종, 계급, 성별, 또는 이들의 조합으로 구성
인식론	연구자와 연구되는 대상은 독립적	주관적 의견이 중요. 그러나 사회, 정치, 문화적 맥락 고려	참여자의 주관적 관점이 중요	연구란 연구자와 집단 간의 협력
가치론	객관적/치우침 없는 가치	연구자의 가치가 드러남	연구자의 가치를 명확히 밝힘	참여자와 연구자의 가치가 모두 중요
방법론	연역적, "하향식" 연구	참여자와 연구방법을 타협	참여자 관점에서 시작하는 귀납적 연구	참여자에게 파워와 주도권을 주는 협력적 연구방법
수사학	과학적 언어	권력, 지배 등의 주제가 언어에 포함	개인적 스타일의 언어	참여자와 이해관계자들의 언어에 기반

후기실증주의(또는 실증주의) 연구자들은 하나의 현실이 존재하지만, 이를 완전히 알기는 어렵다고 믿는다. 그렇기 때문에 변수 간의 관계로 "인과관계"를 단정 짓기보다는 개연성 있는 인과관계라는 표현을 사용한다. 또한 연구자가 연구대상과 독립적이어야 한다고 생각하기 때문에 (주로 먼 곳에) 설문지를 보내서 자료를 수집한다. 가치적으로는 객관적이고 편견이 없어야 한다고 믿기 때문에, 결론을 내릴 때 개인적 관점이 들어가지 않았음을 보고한다. 연역적이고 "하향식" 방법론을 취하며, 이론을 검증하거나 특정한 측정과 관찰로 이루어진 고정된 접근을 사용한다. 수사학적으로는 정의 내려지고 정확한 과학적 언어와 용어를 사용한다.

비판이론(critical theory) 관점의 연구자들은 현실이 사회나 정치, 문화적인 사건들에 의해 형성된다고 본다. 이러한 사건들로부터 영향을 받은 주관적 관점으로부터 우리가 안다고 생각하는 무언가가 만들어진다. 연구자의 가치가 언급되고 연구에 드러나며, 연구방법은 참여자와 대화를 통해 타협된다. 연구에 사용되는 언어는 사회, 정치, 문화적인 규범에 의해 형성되고, 연구자는 개인이 억압당하는 데 영향을 미치는 권력의 문제를 언급한다. 구성주의(constructivist) (또는 해석주의) 연구자들은 개인들이 서로 다른 관점을 가지고 있으며, 연구자의 역할은 이러한 복수적 관점을 드러내는 것이라고 믿는다. 이를 위해 참여자에게 최대한 가깝게 다가가 자료를 수집하기 위해 현장으로 나간다. 구성주의자들은 연구에서 스스로의 가치와 편견을 전달하는 것을 중요하게 여긴다. 나아가, 참여자들이 전문가라고 여기기 때문에 참여자의 관점을 바탕으로 주요 테마를 구성한다. 따라서 연구방법론은 귀납적이고, 다양한 코드와 테마, 관점을

"상향식"으로 구축해간다. 연구결과를 보고할 때는 개인적인 언어를 사용한다. 마지막으로, 참여적(participatory) 신념을 추구하는 연구자들은 현실이란 정치적인 것이며 인종, 계급, 성별, 또는 이들의 조합에 의해 구성된다고 본다. 연구란 관심의 대상이 되는 집단과 함께하는 협력적이고 정치적인 것으로 간주한다. 참여자뿐만 아니라 연구자의 가치를 제기하고, 방법론에서는 참여자들을 연구 과정에 참여시켜서 이들의 힘을 키우고 변화를 가져오고자 한다. 수사학적으로는 참여자들이 주제에 대해 이야기하는 방식을 반영하기 위해 참여자의 언어를 사용한다.

자신의 질적 연구에 철학에 대해 기술하기

질적 연구에 철학을 기술할 때는 구체적인 독자를 염두에 두어야 한다. 학술지 아티클은 통상적으로 지면에 여유가 없기 때문에, "연구방법" 부분에서 한 문장이나 지나가는 말로 언급하는 것을 제외하면 "철학적" 논의를 찾기 어렵다. 학위 논문에서는 철학이 명시되며, 보통 문헌고찰이나 "연구방법"에서 별도의 부문으로 기술된다. 펀드를 위한 제안서의 경우 보통 방법론에서 "질적 연구의 가정"으로 철학이 언급된다. 학회에서 발표를 할 때에는 연구의 바탕이 된 철학을 언급해야 한다. 대개 질적 연구자들은 연구자가 어떤 입장을 취하며, 연구의 바탕이 된 철학적 신념이 무엇인지를 알기 원한다. 저자들은 수업시간에 학생들이 질적 프로젝트를 발표할 때, 보통 방법론에 철학을 명시하는 구절을 추가하도록 한다.

철학에 대한 구절에 무엇을 적어야 할까? 나는 여러분의 연구가

어떤 패러다임의 영향을 받았으며 왜 본인이 특정 입장을 취하였는
지 언급할 것을 제안한다. 독자들은 질적 연구의 철학이 낯설 수 있
기 때문에, 자신이 사용하는 패러다임의 주요 요소와 이 요소들이
실제 연구를 진행하는 데 어떻게 작용했는지를 간략히 언급한다. 예
를 들어, 자신이 복수의 관점을 어떤 면에서 가치 있게 여기는지(예.
존재론) 기술하고 각 요소를 설명한다. 철학에 대한 논의를 작성할
때 링컨 등(Lincoln et al., 2011)의 글을 가이드로 참고할 수 있다.

질적 연구에서 이론 사용하기

질적 연구에서 이론의 사용은 논쟁이 되는 영역이다. 질적 연구자
들은 이론 검증을 원치 않으므로 이론을 어떻게 사용할지 오랫동안
논의해 왔다. 일부 질적 연구 유형 안에서는, 가령 문화기술지에서
는 확실하게 이론이 사용된다. 또한 근거이론은 이론을 형성해가는
방법이므로 연구의 마지막 부분을 이론이 차지한다. 저자인 우리들
은 이론을 질적 연구에 영향을 미치는 해석적 렌즈(Creswell & Poth,
2018)로 보아왔다. 이처럼 이론은 연구의 시작 부분에서 소개되거나,
연구 과정에서 드러나거나, 연구의 마지막에 만들어질 수 있다. 질
적 연구에 사용되는 이론을 사회과학이론과 옹호이론, 이 두 종류로
생각해 보면 도움이 된다. 사회과학이론(social science theory)은 사
회과학분야에서(예. 심리학, 사회학, 경영학 등) 온 것으로 질적 연구에
서 연역적으로 사용된다. 즉 이론에서 연구가 시작하고, 연구질문의
형성과 어떤 결과를 얻을 것인지에 도움을 준다. 반면, 옹호이론
(advocacy theory)은 억압당하는 개인이나 그룹을 돕는 데 사용된다.

페미니스트 이론이나 민족 또는 인종 이론, 사회계층이론, 게이나 레즈비언 이론, 장애이론, 또는 이들의 조합이 여기 해당한다. 이러한 집단이나 개인들은 소외되거나 억압당하거나 주류에 속하지 않는 집단이나 개인들로서 질적 연구를 통해 도움을 받아 왔다.

사회과학이론

우리는 이런 종류의 이론을 연구의 시작에서 보게 된다. 연구자는 이론을 바탕으로 물어볼 연구질문을 만들고, 프로젝트의 마지막에 그 이론을 적용한다. 사회과학이론(social science theory)은 자신이 질적 연구에서 찾고자 하는 것에 대한 넓은 설명으로 볼 수 있다. 리더십 이론이나 정치이론, 심리학 이론, 마케팅 이론 등이 그 예다. 연구자는 문헌에서 이론들을 찾으며, 양적 연구에서 흔히 볼 수 있다. 서론(또는 문헌연구)에서 이론의 이름과 누가 몇 년도에 그 이론을 개발했는지, 사회과학현상을 설명하는 데 어떻게 사용되어왔는지를 언급한다. 이 경우 질적 자료와 결과를 사용해 실제로 검증을 하는 연역적 접근이 된다.

옹호이론

질적 연구에서의 해석적 옹호이론(advocacy theory)은 연구 과정 전체에 영향을 미치며 억압받아온 개인이나 집단의 변화와 개선을 주장하며 마무리된다. 앞서, 우리는 "비판이론"을 언급했는데, 이는 소외된 집단에 대해 잘못 알고 있는 생각을 다루는 이론적 경향이다. 비판이론은 연구에서 넓은 의미의 철학이 되거나, 연구에 사용되는 이론적 렌즈가 될 수 있다. 질적 연구에서의 옹호이론은 일반

적으로 연구의 전 과정에 관련되어 있다는 점이 사회과학이론과는
뚜렷이 다르다. 연구자는 서론에서 소외된 집단(예. 보수 면에서 차별
을 받는 여성)에 대한 이론적 이슈를 제기한다. 그런 다음 소외된 집
단과 관련된 이슈들(예. 권력의 부재, 변화를 도모할 권위의 부재)을 제기
한다. 연구의 목적이나 목적 진술에는 소외된 집단을 지칭하며 옹호
적이거나 방향성을 지닌 내용을 포함한다(예. "이 연구는 낮은 보수로
인해 여성들이 직면하는 불평등을 드러낼 것이다"). 목적 진술이나 연구질
문에서 억압받는 사람들의 상황에 직접적인 변화를 요구하기도 한
다. 그런 면에서 중립적이지 않으며, 소외나 억압이 존재함을 강조
하는 데 초점을 둔다. 중립적이며 넓고 비지시적 강조를 하는 일반
적인 질적 연구의 목적 진술과는 명확한 대비를 보인다. 옹호이론을
사용하는 초보 연구자는 종종 독자들이 이 이론에 익숙하다고 가정
하여 제대로 설명하지 않는 실수를 한다. 연구자 역시 옹호이론을
제대로 설명하기 위해서 많은 책을 읽어야 한다. 나아가, 연구자는
옹호이론을 사용한 행동지향적인 과정을 독자들이 모두 수용할 것
으로 가정하는데, 실제 독자는 보다 객관적이거나 양적인 접근을 선
호하며 옹호를 최소화하길 원할 수 있다.

옹호적인 연구질문의 예는 다음과 같다.

예시 #1.

일반적인 중심질문을 옹호적 질문으로 변경:

- 원래의 일반적인 질적 질문: "청소년들은 데이트 폭력을 어떻게
  묘사하는가?"
- 향상된 질문: "청소년 여성은 폭력적인 데이트 관계에서 어떻게

학대받는가?"

원래의 질문을 여성주의 시각으로 바꾸기 위해서 연구에서 소외된 참여자 집단인 "청소년 여성"을 추가하였다.

예시 #2.

옹호적 틀을 중심질문과 하위질문으로 사용한 예:

- 이 초상화기법의 목적은(Lawrence-Lightfoot & Davis, 1997) 이란 여성의 평등권을 위한 만 명의 서명 캠페인에 참가했던 8명의 활동가들(6명의 여성과 2명의 남성)의 권한부여를 이해하려는 것이다 (Badiee, 2011).

- 연구질문:

  1. 만 명 서명 캠페인 활동가들의 이야기는 권한부여에 대해 무엇을 말해주는가?
     - 하위질문: 그들이 캠페인을 하게 된 경위는 무엇인가? 주변 환경에 대한 주도권을 얻는 과정에서 그들이 취한 전략은 무엇인가? 활동 과정에서 어떤 개인적 변화가 있었는가?
  2. 이들은 더 넓은 만 명 서명 캠페인 활동 속에서 어떻게 서로 연결됨을 느끼는가?
     - 하위질문: 그들의 환경을 어떻게 이해하려고 하였는가? 이 운동 속에서 자원을 어떻게 활용하였는가? 이러한 자원은 어떻게 동원되었는가?

예시 #3.

호주에서 론 볼즈 게임을 할 때의 성별 위계에 대한 지시적이며 옹호적 방식의 목적기술서의 예:

"요약하면, 노인 남성과 여성이 게임을 할 때 질적이고 양적인 면에서 극명한 차이가 있다. 우리는 이러한 차이가 사회의 성별 위계에 의해 만들어지며 이를 통해 다시 위계를 재생산해 낸다고 제안한다(Boyle & McKay, 1995, p. 557)."

"성별 위계"라는 문구는 이 연구를 옹호나 참여적 연구로 방향 짓는다.

연구질문들에 이어서 실시되는 문헌연구에서는 연구 참여자들이 겪는 소외문제가 다뤄질 것이고, 이러한 문제가 존재하며 문서화되어 있다는 증거(예. 임금의 차별)가 제시될 것이다. 자료수집은 연구 참여자들이 더 이상 소외되지 않는 방식이어야 한다. 협력을 강조하면서 자료수집을 위한 "안전한" 환경을 조성하려 노력하고, 참여자에게 도움이 되는 전략들을 촉진한다(예. 자료수집을 위해 참여자의 도움을 얻는 것). 인터뷰 시에는 참여자들이 그들 자신의 문제를 언급하도록 한다(예. 직장 내에서의 임금 불평등에 대한 질문). 연구결과에는 불평등이 어떻게 참여자들의 일상에서 드러나는지를 강조하는 테마가 실릴 것이다(예. 직장 내에서의 존중의 결핍). 연구자는 풍성한 인용을 통해 소외된 참여자들의 목소리를 전달한다. 연구의 결론에서는 참여자들이 보다 평등하고 공정한 대우를 받기 위해 어떤 변화가 필요한지 강조한다. 이러한 "행동을 위한 주장"은 연구에 따라서 제안의 형태일 수도 있고(예. 임금의 불평등이 존재한다), 취해야 할 명확한 행동단계일 수도 있다(예. 리더들이 임금을 정하는 새로운 검증단계가 요구된다). 어느 경우든 연구의 결과로써 변화에 대한 요구가 핵심이다.

요약

명확히 드러내든 암묵적이든 철학적인 생각은 질적 연구에 영향을 미친다. 질적 문헌들에서는 몇 개의 신념(또는 패러다임이나 세계관)에 대해 방대하게 논의되어 왔다. 신념은 이론의 사용, 연구방법론이나 설계, 자료수집방법과 관련된다. 네 개의 철학적 학파(신념, 세계관)는 후기실증주의, 비판이론, 구성주의, 참여적 접근이다. 우리가 실재한다고 보는 것, 지식으로 간주하는 것, 가치의 사용, 연구방법, 연구에 대해 논의하는 언어가 모두 신념의 영향을 받는다. 이것을 글로 적을 때는 독자를 고려해야 하고, 연구자가 사용하는 주요 철학적 생각이나 신념체계를 명확히 전달할 필요가 있다. 질적 연구에서 이론이 쓰일 수 있지만, 그 사용방법은 질적 연구에 따라 차이가 난다. 이론의 사용은 두 종류로 나눌 수 있다. 사회과학이론은 질적 프로젝트를 하면서 연구자가 찾기를 바라는 것의 지침이 된다. 옹호이론은 연구질문을 어떻게 표현하는가에서부터 연구의 다양한 단계에 영향을 미치고, 변화나 연구대상의 처우 개선을 요구한다.

활동

옹호이론 관점에서의 여성주의 질적 학술지 아티클을 살펴보자.

Pohl, S. L., Borrie, W. T., & Patterson, M. E. (2000). Women, wilderness and everyday life: A documentation of the connection between wilderness recreation and women's everyday lives. *Journal of Leisure Research*, 12, 415-434.

이 아티클은 여성들이 황무지에서의 레크리에이션 활동을 통해 자신의 일상을 어떻게 이해하는지에 대한 것이다.

이 아티클에 대한 다음 질문에 답을 해본다.

• 처음에 어떤 이론적 이슈가 소개되고 있는가?
• 옹호이론은 연구질문에서 어떻게 쓰였는가?
• 이론적 이슈에 대한 문헌연구결과는 어떠한가?
• 자료는 연구 참여자에 대한 민감성을 반영하여 수집되었는가?
• 연구 속에서 저자들은 어떤 위치에 있는가?

• 연구의 마지막에 연구자는 어떠한 종류의 변화를 요구하는가?

다음의 아티클에서 사회과학이론의 사용을 살펴보자.

James, D. C. S., Pobee, J. W., Oxidine, D., Brown, L., Joshi, G. (2012). Using the health belief model to develop culturally appropriate weight -management materials for African-American women. *Journal of the Academy of Nutrition and Dietetics*, 112(5), 664-670.

이 아티클은 건강신념모델을 사용하여 미국 흑인 여성들을 위한 문화적으로 적절한 체중관리 프로그램 개발하는 것에 대해 탐색하고 있다.

이 아티클에 대한 다음 질문에 답을 해본다.

• 연구에서 사용된 사회과학이론은 무엇인가?
• 저자들은 이 이론을 연구에서 어떻게 사용하였는가?
• 연구의 결론 부분에서 저자들은 이론의 적용범위를 어떻게 정하고 있는가?

추가 자료

질적 연구에서 철학의 사용

Lincoln, Y. S., Lynham, S. A., & Guba, E. G. (2011). Paradigmatic controversies, contradictions, and emerging confluences, revisited. In N. K. Denzin & Y. S. Lincoln (Eds.), *The SAGE handbook of qualitative research* (pp. 97-128). Thousand Oaks, CA: Sage.

질적 연구에서 이론의 사용

Creswell, J. W., & Poth, C. N. (2018). *Qualitative inquiry & research design: Choosing among five approaches(4th ed.).* Thousand Oaks, CA: Sage.

옹호이론을 사용한 논문

Yakaboski, T. (2010). Going at it alone: Single-mother undergraduates' experiences. *Journal of Student Affairs Research and Practice*, 47, 463-481.

07

윤리적 이슈 예측하기

일곱 번째 노하우

질적 연구 시 발생할 수 있는 윤리적 이슈들을 예측하는 기술 개발하기

왜 중요한가?

질적 연구 커뮤니티에서는 연구 과정에서 발생할 수 있는 윤리적 이슈들을 인식하고 다루는 것의 중요성을 이야기한다. 미국 심리학회에서 출간하는 **APA 논문작성법**(2020)에서도 연구윤리는 중요한 주제이며, 질적 연구방법론 수업에서도 강조하는 부분이다. 더욱이, 연구를 시작하기 전, 기관윤리위원회(institutional review board, IRB)의 승인을 받아야 하기에 윤리문제를 잘 살필 필요가 있다. 질적 연구는 참여자의 감정과 연관된 사적인 정보를 가까이에서 수집하므로(4장 참고) 인권을 민감하게 고려해야 하고, 자신의 연구가 참여자에게

해가 되지는 않는지 확인할 필요가 있다. 윤리적 이슈에는 프로젝트를 함께하는 동료에 대한 존중과 질적 연구에 타인의 자료를 인용할 때의 주의점이 포함된다. 패튼(Patton, 2014)은 다음과 같이 윤리의 중요성을 강조한다.

> 질적 연구는 매우 개인적이고 해석적이기에, 자연주의적 탐구는 사람들이 살고 일하는 실제 세상 속으로 연구자가 들어가야 하므로, 그리고 심층 인터뷰는 사람들의 내면을 열어보기 때문에, 질적 탐구는 설문지나 측정, 기타 양적 접근보다 좀 더 거슬리고 강한 반응을 수반할 수도 있다(p. 407).

따라서 윤리적인 이슈들을 예상할 필요가 있고 적극적으로 이를 자신의 질적 연구에서 언급해야 한다. 이는 IRB 승인요청 시 어떤 대비를 해야 할지, 연구 과정에서 어떤 윤리적 문제가 일어날지, 다른 저자의 글을 연구에 실을 때 어떤 허가가 필요한지 아는 것을 의미한다.

질적 연구에서 참여자 보호하기

자료수집을 나가기 전, 연구 참여자의 권리 보호에 대해 IRB로부터 승인을 받는다. 대부분의 연구자는 교내에 있는 기관윤리위원회를 알고 있다. 위원회는 연구계획을 검토한 뒤 진행여부에 대한 허가를 내린다. 이는 연방정부의 지시이기 때문에 관련된 정보를 알고 있어야 한다. 간혹 학교에 기관윤리위원회가 없을 때에는 외부에 위탁한다. 요즘에는 위원회에 질적 연구를 이해하는 연구자가 점점 늘어나면서 질적 연구가 더 잘 받아들여지고 있다.

위원회는 검토 단계를 만들고, 위험도에 따라 프로젝트를 분류한다. 면제의 경우, 프로젝트의 위험도가 최소한보다 적음을 뜻하고, 신속처리의 경우, 최소한의 위험도 수준임을 의미한다. 위원회 모두가 검토하는 프로젝트의 경우는 참여자에게 최소범위를 넘어선 위험이 가해질 수 있는 것을 의미하며, 이런 경우는 보통 연구에 미성년자(18세 이하)나 민감한 참여자 집단(예. HIV 감염자)을 포함할 때이다. 대부분의 질적 프로젝트는 인터뷰나 관찰, 비디오 촬영 시 참여자를 잠재적인 위험에 놓이게 할 수 있는 정도의 최소한의 위험도를 포함한다.

질적 연구자들이 할 일은 (a) 프로젝트를 설명하는 신청서를 제출하고 (b) 연구 참여자와 함께 동의서를 검토하고 서명을 받는 일이다(미성년자의 경우, 법정대리인이 양식을 작성하도록 한다). 신청서 제출은 보통 온라인상으로 이뤄지며, 신청서에는 연구의 개요와 자료수집방법을 적는다. 일반적으로 연구의 목적, 자료수집과정(참여자의 역할과 참여 기간), 참여자가 원할 때 연구자에게 연락할 수 있는 연락처, 참여자에게 접근하는 방식, 참여자가 얻을 수 있는 혜택이나 이들에게 제공되는 보상, 연구동의서 받는 방법, 참여자의 사생활 보호 방법, 잠재적 참여자 선정방식, 자료 보관과 접근 등의 내용이 포함된다. 또한 질적 연구에 쓰일 프로토콜(인터뷰, 관찰, 측정 도구, 참여자 모집 전단지, 비밀보장 등의 진행방식을 적은 것)을 첨부한다. 연구동의서 초안도 첨부한다(13장에서 소개하는 동의서 양식과 구성요소 참고).

즉, 질적 연구를 하려면 위원회의 심사과정과 프로젝트의 위험성

정도, 승인을 위한 과정, 자료수집 시 동의서 확보에 대해 잘 알고
있어야 한다.

연구의 여러 단계에서 나타나는 윤리적 이슈들

기관윤리위원회에 적절한 답변을 제출하는 것 외에도 질적 연구
자는 연구 도중 발생 가능한 윤리적 문제들을 예측해야 하고, 이런
문제들을 어떻게 다룰 것인지(또는 다루었는지) 언급해야 한다. 윤리
적 문제는 연구의 여러 단계에서 발생하는데, 연구시작 전, 연구를
시작할 때, 자료수집 중에, 분석과정 중에, 자료 해석 중에, 그리고
연구결과를 보고하거나 학술지에 실을 때에 발생 가능하다. 일반적
으로 자료수집과정에서만 윤리적 문제가 불거질 거라 생각하는데
물론 이때 많은 문제가 발생하기도 하지만, 자료의 분석과정이나 보
고 등 다른 단계에서도 문제는 발생한다. 표 7.1에 나와 있듯 연구
의 여러 단계에서 발생 가능한 윤리적 문제들과 이를 어떻게 다룰지
고려해 보면 도움이 된다. 연구자들이 보통 연구 전과 연구 과정에
서 나타나는 윤리적 이슈들에는 익숙하지만 자료의 분석과 관련해
서(예. 참여자 편드는 것을 피하기)라든가, 결과보고(예. 참여자에게 피해
가 될 수 있는 정보 공개 피하기), 그리고 학술지 투고(예. 중복 게재나 쪼
개서 출판하는 것) 시 발생 가능한 윤리적 문제에는 덜 익숙한 편이다
(표 7.1 참고).

연구계획을 세울 때부터, 일어날 수 있는 윤리적 문제들과 이를
어떻게 다룰지 논의할 필요가 있다. 만일 자료수집 단계에서 문제가
발생하면 논문 "방법론" 장의 "자료수집" 부분에 기술한다. 펀드를

받기 위한 제안서의 경우, 예상되는 윤리적 문제와 해결방안은 별도의 장에 따로 기술한다. 학술지에 실린 아티클이라면 어떤 윤리적 문제가 발생했고 이를 어떻게 다루었는지를 "방법론" 부분에 기술한다.

표 7.1 질적 연구에서의 윤리적 이슈들

윤리문제 발생시점	윤리적 이슈 종류	이러한 이슈를 다루는 방법
연구 시작 전	• 학계의 기준 준수 • 대학 내 기관윤리위원회의 승인 • 연구장소와 참여자 동의 확보 • 연구결과의 기득권을 주장하지 않을 연구장소 선정 • 출판 저작권 타협	• 자신이 속한 학계의 윤리기준에 익숙해지기 • 기관윤리위원회에 연구제안서 제출하기 • 현지 승인받기, 문지기나 도움을 줄 핵심인물 찾기 • 연구자와 권력문제를 발생시키지 않을 장소 선정하기 • 프로젝트에 기여한 공 인정하기, 출판 시 저자 이름 순서 결정하기
연구 시작 단계	• 참여자에게 도움이 되는 연구 문제 선정 • 연구의 목적 명시 • 참여자의 자발적 동의 확보 • 토착민 사회의 규율과 권리 존중 • 취약한 대상의 요구에 대한 민감성(예. 아동)	• 요구분석을 하거나 참여자의 요구를 알기 위한 비공식 대화하기 • 참여자를 만나서 연구의 일반적 목적에 대해 알리기 • 참여자가 동의서에 서명하지 않아도 된다는 것을 알리기 • 존중되어야 하는 문화적, 종교적, 성별 그 밖의 차이점을 알아보기 • 적절한 동의서 받기(예. 아동뿐만 아니라 부모의 동의)
자료 수집	• 연구 현장 존중과 방해 최소화 • 참여자 속임 방지 • 잠재적인 권력 불균형이나 참여자 부당 이용 최소화	• 신뢰를 쌓기, 동의를 얻을 때 예상되는 방해의 범위 전달하기 • 연구 목적 및 자료가 어떻게 쓰일지에 대해 논의하기 • 유도질문 피하기, 개인적인 느낌의 공

	(예. 인터뷰나 관찰 시) ▪ 자료수집 후 현장을 떠나 버리는 식의 참여자 "이 용" 방지 ▪ 유해한 정보 수집 방지	유를 보류하기, 민감한 정보의 발설을 피하기, 참여자를 협력자로 대하기 ▪ 참여자에게 보상 제공하기 ▪ 프로토콜 내에서 질문하기
자료 분석	▪ 참여자 편드는 것(현지화) 방지 ▪ 긍정적 결과만 보고하는 것 방지 ▪ 참여자의 사생활과 익명성 존중	▪ 다양한 관점 보고하기 ▪ 상반되는 결과도 보고하기 ▪ 가명 사용하기, 합성된 참여자 프로파 일 만들기
자료 보고와 관리	▪ 저작권, 증거, 자료, 결과, 결론 변조 방지 ▪ 표절 방지 ▪ 참여자에게 해가 되는 정 보의 발설 금지 ▪ 명확하고 직설적이며, 적 절한 언어로 의사소통 ▪ 원 자료와 기타 문서 보관 (예. 연구 과정의 세부사 항, 측정 도구) ▪ 연구 자료가 누구의 것인 지 명시	▪ 정직하게 보고하기 ▪ 타인의 자료를 재표기하거나 인용할 때 미국 심리학회(APA, 2020) 지침 참고하기 ▪ 개인의 신분이 드러나지 않도록 합성 된 이야기 사용하기 ▪ 독자를 위해 적절하고 편견 없는 언어 사용하기 ▪ 연구 자료와 문서를 5년간 보관하기 (APA, 2020) ▪ 연구자, 참여자, 지도교수에게 자료의 소유권 주기
연구 결과 출판	▪ 자료를 다른 사람과 공유 ▪ 자료의 이중 출판, 또는 조금씩 나눠서 출판하는 것 방지 ▪ 요구된다면, 윤리적 기준 을 잘 따랐고 이해관계의 상충이 없다는 증거 제시	▪ 참여자와 이해관계자에게 보고서 사본 제공하기, 다른 연구자와 연구결과 공 유하기, 웹사이트상으로 자료 배포 고 려하기, 다른 언어로 출판하는 것 고 려하기 ▪ 동일한 자료를 한 번 이상 출판하지 않기 ▪ 펀드를 제공한 기관 밝히기, 연구에서 누가 이익을 얻을지 밝히기

자료: APA(2020), Creswell and Poth(2018), Mertens and Ginsberg(2009)를 참고로 새구성

질적 연구자로서 저자들이 직면했던 윤리적 이슈들

* 청소년 흡연에 대한 인터뷰 중 고등학생들이 불법 마약의 사용을 폭로한 일: 이 프로젝트는 고등학생을 대상으로 우울과 흡연의 관계를 살펴보는 연구였는데, 인터뷰 중 한 학생이 마약을 한다고 폭로했다. 존 크레스웰은 이 정보를 보고하지 않기로 했는데, 왜냐하면 이러한 행동을 보고할 의무가 있는 교사와 달리, 대학의 연구자로서 법적으로 이런 정보를 보고할 의무가 없기 때문이었다. 인터뷰할 때 학생들에게 흡연을 하는지 물었고, 마약을 사용하는지는 묻지 않았다.

* 연구팀과 함께 노숙인 쉼터와 무료급식소를 갔을 때, 한 남성이 여성 연구원 한 명을 쫓아온 일(그 사람은 칼을 소지했음): 이 노숙인 남성은 급식소에서 칼을 휘둘렀었고, 전에도 노숙인 쉼터에서 다른 사람들을 위협한 적이 있다고 했다. 존은 이 상황을 알고 나서 해당 연구원이 집에 갈 때 연구팀 동료와 함께 가도록 하였다.

* 취약한 참여자를 인터뷰하면서 연구의 전 과정에서 그들의 안전을 고려해야 함을 알게 된 일: 조한나는 부모 없이 홀로 국경을 넘은 미성년자들을 연구하면서 이들을 보호하기 위해 많은 고려와 계획이 필요하다는 것을 배웠다. 연구팀은 참여자와 함께 서로 지켜야 할 규칙을 정했는데 이는 포커스 집단을 할 때 지지적인 환경을 만드는 데 도움이 되었다. 예를 들어, 참여는 자발적이며, 질문에 답을 하지 않아도 되고, 집단 안에서 이야기한 내용은 여기서만 공유하기로 하였다. 나아가, 연구팀은 이들이

불편함을 호소하거나 추가적인 지지를 요청할 때를 대비해 정신건강과 관련된 지침을 작성했다. 정신건강의로서 연구팀은 취약한 참여자들에게 트라우마가 발생할 수 있음을 분명히 인지하고 준비하였다.

- 동료가 연구를 혼자 다 써서 몰래 출판한 일(존은 나중에 해당 연구가 출판된 사실을 알게 되었다): 존은 학술지에 실린 아티클을 보고서 이 문제를 발견했다. 동료는 존에게 연락하지 않았으며, 저자 이름에 본인의 이름을 적어 학술지에 제출했다. 이미 벌어진 문제를 언급하기가 어려워서, 존은 그 연구자와 다시는 함께 연구를 출판하지 않기로 하였다. 이 문제를 출판 전에 미리 발견했다면, 연구보고서의 철회를 요청했을 것이다.

- 참여자에게 인터뷰 녹음테이프를 주었는데 몰래 가져가 버려서 인터뷰 자료를 잃게 된 일: 이 참여자는 녹음 자료를 확인하고 싶다고 요청했고, 그대로 가져가버렸다. 확실한 것은, 인터뷰할 때 존이 그 참여자의 민감한 신경을 건드렸다는 점이다. 돌이켜 보면, 그 참여자가 인터뷰에서 철회하고 싶다는 구체적인 요청을 하지 않는 이상 원 자료를 테이프째 넘겨주지 않았어야 했다. 이런 상황에 어떻게 대처해야 할지 비싼 값을 치르고 배운 셈이다.

- 참여자가 인터뷰 대화 내내 자신의 일상에서 관심 있는 주제에 대해서만 끊임없이 이야기를 늘어놓는 바람에 필요한 정보를 얻지 못한 일: 이런 상황은 자주 발생한다. 인터뷰 중 참여자가 주제를 벗어나기 시작하면 존은 "인터뷰가 끝난 뒤에 그 중요한 주제에 대해서 이야기를 나누시죠."라고 한다. 이런 상황은 인터

뷰를 잘하는 방법과 관련된 내용이기도 하지만, 참여자가 의도
적으로 인터뷰 과정을 틀어버리려고 하는 건 아닌지의 문제도
야기시킨다. 연구자는 이러한 잠재적 문제를 예측할 수 있어야
한다.

- 동료 교수가 와서는 학생이 동료의 이름을 빼고 자신의 이름만 넣
어서 학술지에 논문을 실어도 되는지 물어본 일: 여기서 그가 말
한 동료란 그 학생의 지도교수였다. 만일 누군가가 자료의 수집
과 분석에 참여했다면 그 사람의 이름이 논문 저자명에 올라가
야 한다. 이 쟁점에 대한 해법은 학계마다 다를 수 있지만, 우
리는 만일 그 사람이 논문에 실질적 기여를 했다면 저자로 이
름을 올려야 한다고 본다. 여기서 해당 학생은, 지도교수가 연
구와 결과를 작성하는 데에 실질적인 역할을 했는지 가늠해봐
야 한다. APA(2020) 매뉴얼에는 이러한 상황에 대한 설명과 조
언이 들어있다.

- 미국 원주민 부족 위원회가 부족원이 아닌 연구자가 부족에게서
취합한 정보를 출판하는 것에 이의를 제기한 일(결과가 취합되기 전,
위원회로부터 허가를 받은 상태였음에도 불구): 참여자들은 초기에 연
구를 허가했더라도, 연구 과정에서 아무 때나 정보의 철회를
요청할 수 있다. 연구는 변화하며, 연구자와 참여자의 요구도
변화하기 때문에 그 과정이 유연해야 하고 연구 철회가 허용되
어야 한다. 이 사례에서 연구자는 원주민 부족에 대한 보고서
를 출판하지 못했다.

- 인터뷰 참여자인 수감자가 그날 밤 집단적인 "탈옥"이 있을 거라는
이야기를 한 일: 이런 "사적인" 정보에 연구자가 어떻게 대응해

야 한다고 생각하는가? 인류학자인 친구가 이런 상황에 직면했다. 수감자가 탈옥가능성을 언급했지만 인류학자는 그 정보를 교도소장이나 교도소 관리자에게 보고하지 않았다. 다행히도 그날 밤 탈옥은 일어나지 않았다. 인류학자가 수감자의 개인정보를 존중해 준 것은 좋은 생각이었다고 본다.

• 존이 학술지 편집자였을 때, 한 연구자가 이전에 다른 학술지에 실렸던 논문을 투고한 일: 이런 경우 우리는 동일한 논문이 다른 학술지에 실린 것을 찾았다고 저자에게 편지를 보낸다. 학술지 편집장으로서, 나는 항상 동일한 언어가 다른 데 실린 적은 없는지 배경조사를 한다. 이번 경우 저자는 우리 학술지에서 논문 투고를 철회하였다.

빌려온 자료 사용에 대한 허가

연구윤리와 관련된 이슈 중에는 빌려온 자료에 대한 허가가 포함된다. 질적 논문을 작성할 때에는 다른 곳에서 빌려온 자료를 사용할 때 허가가 필요한지 살펴봐야 한다. APA(2020) 매뉴얼에는 (출판물에 대한 저작권이 어디에 있는가에 따라) 저자나 출판사로부터 서면으로 허가 편지를 받아야 하는 자료의 종류가 다음과 같이 서술되어 있다.

• **다른 저자의 그림이나 표**를 그대로 다시 실을 때는 서면 허가가 필요하다. 학술지 아티클이나 북 챕터에서 3개 이하의 그림이나 표를 사용하는 경우, 또는 책 전체에서 5개 이하의 그림이나 표를 사용하는 경우에는 서면 허가를 받지 않아도 된다. 그러나

만일 저자나 출판사로부터의 서면 허가가 필요하다면 그림이나 표 아래에 "출처: 존스와 스미스(2014), Copyright 2014 by [출판사 이름]. 허가를 받아 재프린트 함"이라고 적어야 한다. 이 부분에 대해 출판사들마다 다른 양식을 요구할 수 있으나, 일단 출판사가 원하는 정확한 문구를 모를 경우에는 초안에 위와 같이 적어두면 된다.

- 다른 곳에 실린 **수치 자료**를 그대로 실을 때에는 허가가 필요하다. 하지만 재분석하여 새로운 수치를 도출하였을 경우에는 허가를 받을 필요가 없다.
- 다른 자료에서 긴 인용문 형태로 빌려온 **텍스트 자료**에는 허가가 필요하다. APA는 400단어가 넘거나 일련의 텍스트 발췌들이 모두 합해서 800단어를 넘을 시에는 허가를 요구한다. 요구 사항에 대해서는 저작권 소유자와 세부 확인이 필요하다.
- **검사나 측정문항들, 설문지, 일화** 등은 저자나 출판사의 허가가 필요하다. 특히 저작권이 있거나 상업적으로 제작된 자료의 경우 허가가 필요하다.

윤리에 관한 체크리스트

우리는 개인적으로 APA(2020, p. 26)에 나와 있는 "윤리 준수 체크리스트"가 도움이 된다고 생각한다. 여기에 기관윤리위원회의 조항들과 윤리적 이슈들, 이 장에서 논의한 허가에 관련된 사항들이 잘 정리되어 있다. 다소 수정을 거친 점검표의 예는 다음과 같다.

□ 다른 연구자가 자신의 것이라고 주장할 수도 있는 출판되지
않은 도구, 절차, 또는 자료의 사용허가를 받았는가?

□ 논문에 인용한 글의 출처를 정확히 밝혔는가?

□ 자신의 연구에 대한 위원회의 질문에 준비되어 있는가?

□ 참여자에게 연구동의서 및 연구 과정을 설명을 할 때 나올 수
있는 질문에 준비되어 있는가?

□ 논문의 모든 저자가 논문 사본을 읽고 내용과 관련된 책임에
동의하였는가?

□ 논문에 드러난 정보를 제공해 준 연구 참여자, 고객, 기관, 제3
자, 그 외의 사람들의 비밀보장은 철저히 하였는가?

□ 모든 저자들이 논문 저자의 순위에 동의하였는가?

□ 참여자 동의서에서 동의한 부분에 해당하는 자료만을 제시하
였는가?

□ 저작권이 있는 자료를 사용할 때 이에 대한 허가를 받았는가?

요약

질적 연구자는 연구 과정에서 발생할 수 있는 잠재적인 윤리 관련 이슈들을 인식하고 대처전략을 고안해야 한다. 우선, 기관윤리위원회의 심사과정을 알고 있어야 한다. 이는 연구 참여자의 인권을 보장하기 위해서다. 연구 시에는 참여자로부터 허가를 받아야 하고 연구동의서에 규정을 잘 기술한 뒤 서명을 받는다. 또한 연구자는 연구 과정에서 발생할 수 있는 윤리적 문제들을 예측하고 적극적인 조치를 취해야 한다. 윤리적 문제는 연구의 시작 전, 자료수집과정, 분석과정, 해석과정, 그리고 출판과정에서 모두 일어날 수 있다. 또한 다른 저자의 자료를 빌려와 사용할 경우 적절한 허가가 요구되며 이를 처리하는 지침을 따라야 한다.

활동

이스라엘 출신의 샤로나 레비(Sharona Levy)가 제기한 윤리적 딜레마를 살펴보자(개인적 대화, 2013). 여러분이라면 각각의 이슈에 어떻게 대응하겠는가?

• 교내에서의 인종차별에 대한 연구설계를 하고 있다. 연구자는 연구의 진짜 이유를 밝히지 않아야지만 학교의 허가를 받을 수 있다고 믿는다. 이 연구자의 접근법은 옳은가?

• 감옥의 교육 향상을 목표로 한 연구를 하는 과정에서 연구 책임자가 무작위로 수감자들을 두 명의 교사에게 배정했다. 이 두 교사는 서로 상반되는 교육방식으로 훈련을 받았다. 이 설계는 합법적인가?

• 장애를 가진 학생들의 교육 향상과 관련된 연구를 하는 과정에서 연구자는 한 중증 장애를 가진 젊은 사람을 소개받았다. 그 사람은 연구에 참여하겠다고 했지만 그의 부모는 참여에 동의하지 않았다. 연구자는 어떻게 대응해야 할까?

• 연구동의서란 무엇인가? 참여자는 무엇에 대해 알아야 할 필요가 있는가? 연구의 목적? 실행방식? 연구의 결과가 어떻게 보고될 것인가에 대해? 참여자는 이에 대해 알기만 하면 되는가, 또는 모두 이해해야 하는가?

- 한 대학원생의 연구에 지도교수 두 명이 관련되어 있다. 그 학생은 통계 전공자의 도움을 받아서 연구설계, 자료수집, 분석을 하였다. 결과를 작성할 때, 학생은 자신의 이름을 처음에 넣고, 그다음으로 두 지도교수의 이름을 적었다. 초안을 보여주고 난 뒤, 그 학생은 두 번째 지도교수가 자신의 이름을 맨 마지막 순서로 바꾸었으며, 두 명의 박사 후 과정 연구생의 이름을 저자명에 추가했음을 알게 되었다.
- 한 대학원생이 컴퓨터를 활용한 학습단위를 설계하는 데 많은 노력을 기울였다. 이 과정에서 설계에 관한 몇 개의 질문이 생겼고 문헌조사와 전문가 조언이 요구되었다. 일 년 뒤, 새로운 학생이 연구팀에 합류했다. 그는 첫 번째 학생이 한 방식과 동일하게 학습단위를 설계하였다. 새로 합류한 학생이 보고서를 작성할 때, 첫 번째 학생의 이름은 언급되지 않았다.
- 한 학생이 학교 관련 프로젝트의 일환으로 연구를 진행하였다. 그 학생은 참여자에게 동의서를 받은 후 자료를 수집하고 분석하였다. 일 년 뒤, 새로운 학생이 연구팀에 속하게 되었고, 지도교수는 수집된 자료가 다른 연구에 사용되어도 적절하다고 제안하였다.

추가 자료

Mertens, D. M., & Ginsberg, P. E. (2009). *The handbook of social research ethics*. Thousand Oaks, CA: Sage.

American Psychological Association. (2010). *Publication manual of the American Psychological Association* (6th ed.). Washington, DC: Author.

08

문헌지도 개발하기

여덟 번째 노하우

자신의 연구를 더 넓은 학계의 문헌에 위치시키는 문헌지도를 만드는 기술 개발하기

왜 중요한가?

문헌고찰은 연구에서 중요한 역할을 한다. 일단 문헌고찰은 **다른 학자들의 연구결과를** 공유하는 데 사용된다. 이를 통해 자신의 연구의 참조 틀을 제시하고, **자신의 연구를 학계에서 진행되는 더 넓은 대화와 연결**시킨다. 이는 자신의 연구를 이미 진행된 다른 연구들과 연결하면서 왜 **자신의 연구가 중요한지를 밝히는 토대를 제시하기** 때문에 중요하다. 이로써, 연구자로서 자신의 논문이 학계에서 타당하고 중요함을 증명하게 된다. 문헌고찰은 또한 자신의 **연구결과를 다른 연구의 결과와 비교할 기준점을 제공한다.** 기존의 문헌과 자신

의 결과를 비교하는 대화를 시작할 수 있고, 연구 주제가 나아갈 방향을 제시할 수 있다. 문헌고찰은 쉽지 않다. 여러 문헌에서 나온 다양한 주제를 서로 연결시킬 수 있는 고차원적 읽기 능력이 요구된다. 이 자체로 하나의 기술이다. 이 장에서는 질적 연구에서 문헌을 위치시키는 방법들, 문헌고찰 진행 방법, 우선적으로 검토할 문헌을 선정하는 방법, 문헌지도의 개발, 문헌들을 논의하고 기술하는 방법을 검토할 것이다.

문헌을 검토할 때의 도전과제

많은 연구들을 하나로 엮는 과정은 쉽지 않다. 다양한 문헌에서 나온 아이디어를 서로 연결하는 고차원의 읽기 기술이 요구된다 (Lacroix, 1999). 디지털 데이터베이스를 이용한 자료 검색 방법을 배워야 하고, 연구 주제와 관련된 논문을 찾기 위해 다양한 검색어를 시도해야 한다. 여러 디지털 데이터베이스에서 제공하는 자료의 종류에 익숙해지려면 시간을 들여서 검색해봐야 한다. 또 다른 이슈는 문헌검색을 언제 멈추는가이다. 어느 정도가 충분한가? 이에 대한 답변을 내리기가 쉽지 않지만, 저자들의 경우 문헌고찰 챕터가 대략 30~60페이지 분량이 되는 것을 기준으로 삼는다. 중복되는 아이디어도 기준이 된다. 더 이상 유용한 자료를 찾기 어렵거나 여러 저자가 인용한 자료가 중복된다고 생각될 때 문헌고찰을 멈춘다. 그 외에, 문헌고찰을 하면서 연대기적으로 배치하는 것이 그다지 효과적이지 않은 문헌들을 연대기적으로 기술하거나, 문헌들을 의미 있게 조합하지 못한 채 단순히 요약해서 합쳐놓는 것도 종종 발견되는 실수다. 마지막으로, 문헌을 검토하고 이를 질적 연구에 기술하는 것도 쉽지 않다. 바로 이 지점에서 질적 연구 시 언제 문헌을 사용하고 문헌지도는 어디에 넣는가에 대해 생각해 볼 필요가 있다.

질적 연구에 문헌을 배치하는 여러 대안들

질적 연구에서 문헌은 어떻게 사용될까? 표 8.1에서 볼 수 있듯 여러 선택지가 있다. 예전에는 질적 연구를 할 때 문헌고찰을 하지 않아도 된다는 생각이 있어 왔다. 왜냐하면 연구자가 참여자로부터 귀납적인 과정으로 무언가를 배우려 했기 때문이다. 이 시기에는 연구자가 연구 주제나 연구질문과 관련된 문헌들을 검토하지 않았었다. 시간이 지나고 질적 연구가 발전되면서 문헌고찰에 대한 생각도 변하였다.

질적 연구에서 문헌은 네 부분에서 언급될 수 있다. 우선 **"서론"**에서 연구 문제와 증거를 제시하는 틀로 사용된다. 두 번째로, 별도의 **"문헌고찰(선행연구)" 장**에서 탐구하려는 넓은 주제에 대한 하위 주제들로 요약해서 제시된다. 세 번째, 또 자주 사용되는 접근으로는 **"연구의 마지막"**에 비교의 근거로 문헌을 제시하는 방법이다. 마지막 대안으로, **연구 전반에 걸쳐 문헌을 배치**할 수 있다. 이 경우에는 "연구 문제", "연구방법", "결과", 그리고 "결론"에서 문헌을 찾아볼 수 있다.

질적 연구에서는 별도의 문헌고찰 챕터를 두는 것이 일반적인 방식은 아니다. 실제로 많은 질적 논문에서, 학생들은 별도의 문헌고찰 챕터를 쓰지 않는다. 개인적으로 이 책의 저자들은 연구의 시작

단계에서 문헌을 사용하여 연구 문제를 바라보는 틀을 제시하고, 연구 마지막에 결과를 비교하기 위해 문헌을 사용하는 접근을 취한다. 이렇게 하면 문헌이 연구질문과 사용할 이론에 영향을 미치지 않게 되는데, 질적 연구는 열린 연구질문을 유지해야 하기 때문이다. 물론 표 8.1에서 보듯 문헌고찰은 질적 연구에서 다양한 역할을 하며, 문헌고찰을 하는 단 하나의 올바른 방식이 있는 것은 아니다.

표 8.1 질적 연구에서 문헌을 사용하는 대안들

질적 연구에서 문헌의 사용	기준	적절한 전략의 예
서론에서 문제를 규정하는 "틀"로 문헌을 사용	가능한 문헌들이 어느 정도 존재해야 함	이러한 접근은 종류를 불문하고 모든 질적 연구에서 전형적으로 사용됨
"문헌고찰"이라는 별도의 장에서 문헌을 제시	주로 전형적인 양적 연구의 문헌고찰에 익숙한 독자에게 받아들여짐	이러한 접근은 문화기술지나 비판이론연구(30장 참고)와 같이 강력한 이론이나 문헌 배경을 사용하는 연구에서 사용됨
연구의 마지막에 문헌을 제시하여 질적 연구의 결과를 비교하고 대비하는 기준으로 삼음	"귀납적" 방법에 적절한 접근임. 문헌은 연구를 규정하거나 방향 짓지 않으며, 패턴이나 범주가 드러나면 이를 뒷받침하게 됨	이러한 접근은 모든 질적 설계에 사용되지만, 특히 연구자의 이론을 다른 문헌에서 도출된 이론과 비교하고 대비하는 근거이론에서 자주 사용됨
연구 전반에 걸쳐 문헌을 사용	문헌은 별도로 "추가되는 것"이 아니라 전체 연구를 구성하는 필수적인 요소로 간주됨	이러한 접근은 내러티브 연구처럼 논문 전체에서 개인의 경험 이야기가 세세하게 기술되는 방식에 적절함(30장 참고).

자료: Creswell, J. W., & Creswell, J. D. (2018). Research design: Qualitative, quantitative, and mixed methods approaches (5th ed.). Thousand Oaks, CA: Sage.

문헌고찰 단계

문헌고찰을 하는 첫 단계는 관련된 연구를 찾을 수 있도록 도와줄 **키워드를 결정하는 것**이다. 키워드는 연구와 관련된 단어들을 다양하게 조합하여 만들 수 있다. 예를 들어, 회복탄력성이 있는 GLBTIQA+ (게이, 레즈비언, 양성애, 성전환, 간성, 퀴어, 무성 등) 가족을 연구하고 싶다면, **게이, 레즈비언, 트렌스젠더, 회복탄력성 가족, 가족건강성** 또는 이 단어들을 사용한 다른 조합을 선택할 수 있다.

다음으로, 이 키워드를 사용해서 **디지털 데이터베이스를 검색**한다. 대부분의 도서관은 방대한 온라인 데이터베이스와 검색엔진을 가지고 있다. 검색엔진으로 도서관에서 학술지나 책을 보유하고 있는지, 혹은 디지털 카피본을 제공하는지 확인한다. 사회과학이나 보건학에서 공통으로 사용하는 데이터베이스로는 ERIC(Education Resources Information Center), Academic Search Premier, PsycINFO, PubMed, Sociological Abstracts 등이 있다. 또한 도서관 보유 자료를 검색해 본다. 만일 찾고 있는 책이 없거나 학술지를 구독하지 않는다면 타 도서관과 연계된 대출시스템으로 요청한다. 파트너를 맺은 기관은 책을 해당 도서관으로 보내서 빌려주거나 학술지 아티클을 스캔하여 이메일로 보내준다. 책이나 학술지 아티클에 있는 참고문헌을 훑어보면서 자신의 주제에 맞는 자료를 검색해야 한다.

문헌고찰을 철저하게 하기 위해서는 **아티클이나 책 등 50개 정도의 연구보고서**를 정하고 여기에서 시작한다. 이 책들과 연구보고서를 모두 연구에 사용해야 한다는 말이 아니라, 이 자료들이 문헌고찰을 시작할 실질적인 바탕이 되어준다는 뜻이다.

아티클과 책을 검색하였다면 이 자료들을 **복사나 스캔하고, 또는 컴퓨터에 저장**한다. 많은 학술지가 온라인 자료를 보유하고 있으며 연구자는 이러한 자료를 저장하거나, 프린트할 수 있다. 이렇게 해 두면 연구를 하는 과정에서 필요할 때 다시 찾아볼 수 있다.

많은 문헌에 압도당하지 않고 자료를 조직적으로 관리하려면 **관련된 논문을 요약**해 두는 게 중요하다. 주석을 단 참고문헌의 형태도 괜찮고 논문의 주요 내용을 단순하게 표로 정리해도 좋다. 요약을 해 놓으면 문헌들의 결과와 결론을 이해할 수 있고, 연구가 진행되는 과정에서 잘 정리된 참고문헌 목록을 갖출 수 있다.

관련 논문을 읽고, 이해하고, 요약한 다음에는, **중요한 개념에 따라 조직화하면서 리뷰한 결과를 글로 작성**한다. 앞서 이 장에서 살펴보았듯이, 질적 연구에서 문헌의 위치는 저자의 선택에 따라 다양하다. 문헌고찰의 마지막 단계는 **문헌지도를 설계**하는 것이다. 이는 자신의 연구가 주제와 관련된 문헌에 어떻게 그리고 어디에 기여를 하게 되는지를 스스로와 독자에게 시각적으로 전달하는 좋은 방법이다.

문헌을 검토할 때 우선순위

문헌지도를 설계하기에 앞서, 어떤 종류의 문헌을 검토해야 하며, 짧은 시간 안에 내용을 최대한 살펴볼 수 있는 방법을 간략히 살펴보겠다. 이 방법은 저자들이 문헌고찰을 위해 자료를 살펴보는 대략적인 순서다. 우선 검토할 새로운 주제가 생기면 이와 관련하여 컴퓨터로 자료를 검색하는데, 이때에는 넓은 범위의 문헌을 통합해서 보여주는 아티클이나 챕터, 책 등에 초점을 맞춘다. 백과사전도 도움이 된다. 또한 학술지 아티클 중에서 관심주제에 대한 문헌고찰을 살펴본다. 그다음으로는 주제와 관련된 가장 높은 수준의 학술지를 살펴본다. 보통 해당 분야 전문가들이 리뷰를 하는 국내외의 학술지가 여기에 속한다. 다음에는 주제와 관련된 책을 보고, 그다음으로는 학회 발표 논문을 검토한다. 그러니까 이제부터는 질이 조금 떨어지거나 리뷰가 제대로 되지 않은 문헌들을 살펴보기 시작하는 것이다. 마지막으로, 인터넷에 올라온 학생들의 논문이나 보고서를 살펴본다. 점점 리뷰를 거친 자료들이 인터넷에 올라와 있는 경우가 많으며, 몇몇 온라인 학술지는 높은 기준을 요구하고 있다.

문헌지도를 설계하는 방법

문헌지도의 특징

문헌지도(literature map)란 자신의 질적 연구가 기존 연구를 어떻게 확장하는지, 또는 재생산하는지를 독자(그리고 저자)가 이해하기 쉽도록 시각적으로 요약한 것이다. 이 지도에 요약 정리된 문헌은 개념적 논의일 수도 있고 자료를 수집해서 분석한 실증연구일 수도 있다. 양적, 질적 연구도 모두 포함될 수 있다. 일반적으로 문헌지도는 그림으로 표현된다. 그림의 형태는 다양할 수 있다. 플로우차트(흐름도) 형식으로 만들면 왼쪽에서 오른쪽으로 이동하며 문헌의 흐름이 제시되고, 가장 오른쪽 끝에서 저자가 제안하는 연구가 논의된다. 원을 그리는 방법도 가능한데. 각각의 원은 다수의 문헌을 의미하며 원이 겹치는 부분은 향후 연구가 필요한 영역임을 의미한다. 하향식으로 위계적인 조직도를 그려서 표현할 수도 있는데, 이때에

는 가장 밑에 본인이 제안하는 연구가 놓인다. 그 밖에도 자신에게
잘 맞는 다른 형식의 표현이 가능하다. 여기서 보여줄 예는 위계적
인 배열에 초점을 맞춘 것으로, 독자들이 위에서부터 아래로 내려갈
수록 넓은 주제의 설명으로부터 주제가 좁혀지는 것을 볼 수 있고,
가장 아래의 중심부분에 제안하는 질적 연구가 놓이는 방식이다.

문헌지도 설계과정

그림 8.1은 존의 수업을 들었던 한 학생이 조직에서의 공정성과
관련한 문헌을 조직화한 문헌지도의 예이다. 이 그림을 토대로 문헌
지도를 만드는 과정을 설명하고자 한다.

그림 8.1 문헌지도의 예

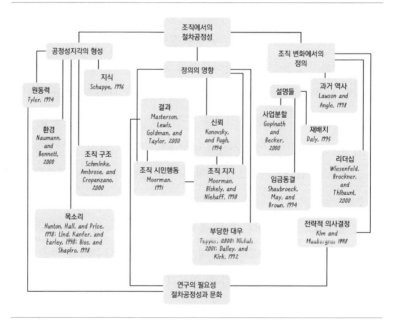

주제(중심현상)에서 시작하기

주제는 위계상 가장 위쪽에 놓이지만, 연구자가 선택하는 스타일에 따라 다른 장소에 배치될 수도 있다. 연구자는 **자신의 주제와 관련하여 넓은 하위주제들**을 찾아보았을 것이다. 이 단계에서는 자신이 모아놓은 연구들을 살펴보며 범주별로 묶는 것이 좋다.

연구와 관련한 넓은 하위주제들을 생각하였고 **충분한 숫자의 자료가 모였다면 지도를 그리기 시작**한다. 종이에 연필로 그리는 것이 편하다는 사람도 있고, 포스트잇에 적어서 이리저리 옮겨 보며 작업하는 걸 선호하는 사람도 있다. 워드나 파워포인트 같은 컴퓨터 프로그램을 이용하는 것이 쉽다는 사람도 있다. 어떤 방식을 선택하든 **넓은 하위주제에서 시작하여 좁혀가는 형식으로 그림을 그린다.** 반복해서 말하지만, 이 과정은 위계적인 방법으로는 하향식 접근이고, 플로우차트 스타일에서는 좌우로 배치하는 형식이 된다. 이 과정에서 **각 텍스트 상자에 제목을 붙이고 대략적인 참고자료를 기입한다.** 각 하위주제에 속하는 참고자료가 단 하나밖에 없는 경우도 있고, 보통은 여러 개의 자료가 존재한다. 문헌은 가능하면 최신의 것을 찾아본다(10년 이하가 적절하고, "고전"에 속하거나 매우 중요한 문헌의 경우는 오래된 것도 포함한다). 마지막으로, **텍스트 상자들을 화살표로 연결하여 문헌지도를 완성**해간다. 연구자가 제안하는 연구는 위계적인 배치로 보면 가장 아래에 놓이는 상자가 되며, 기존 문헌에 어떠한 기여를 하는지 보여준다. 마지막 단계는 이 문헌지도를 요약하는 단락을 작성하는 것이다.

문헌지도 설계와 관련된 추가 아이디어

- 구체적인 연구 주제로 축소하기 전에 우선은 넓은 하위주제들에서 시작한다.
- 지도를 완성하기까지는 시간이 걸리며 여러 번 수정이 필요하다.
- 시간이 지나면서 새로운 논문이나 연구를 발견하면 이를 문헌지도에 추가해나간다.
- 가장 위쪽의 시작하는 텍스트 상자에는 자신의 주제를 한두 단어로 줄여서 적는다.

문헌지도 기술의 예

문헌지도를 만든 다음에는 이 지도를 설명하는 글을 적는 것이 도움이 된다. 이 글은 프로포절이나 학회 발표를 시작할 때 사용될 수 있다. 이를 통해 청중들에게 자신의 학문적 신뢰를 높이고 연구의 독자적인 기여도를 전달할 수 있다. 다음과 같은 대본을 활용하면 글을 작성할 때 도움이 될 것이다.

저의 주제는 전반적으로 ____와 관련된 문헌에 속합니다. 문헌은 세 종류의 연구로 나뉩니다. 여러분은 각각의 주제가 어떻게 하위주제들로 나뉘는지 확인할 수 있습니다. 제 연구는 주제에 대한 여러 방식의 기여를 통해 두 번째 분야를 확장할 것입니다. 보시다시피 기존 문헌에서는 아직까지 제 연구와 관련된 논의가 이루어지지 않았습니다. 따라서 제 연구의 필요성은 다음과 같은 방식으로 문헌에 기여한다는 점입니다...

이제 위의 대본에 실제 프로젝트를 적용시켜 보겠다. 다음은 존의 학생 한 명이 위의 대본을 사용하여 문헌지도에 대한 설명을 작성한 것이다.

저의 주제인 GLBT 가족의 힘은 전반적으로 가족의 힘, 그리고 GLBT 가족의 생활과 관련된 연구에 속합니다. 관련 문헌은 측정, 국제출원, 그리고 특수 인구 등 세 종류의 연구로 나뉠 수 있습니다. 여러분은 문헌이 "특수 인구"라는 주제 아래에서 어떻게 게이와 레즈비언 가족, 동거 가족, 전통적 가족, 한 부모 가족이라는 하위주제들로 나뉘는지 보실 수 있습니다. 제 연구는 전반적으로 게이와 레즈비언 가족, 그리고 가족의 힘이라 명명한 문헌에 속합니다. 보다 구체적으로 게이와 레즈비언 가족이라는 하위주제에 다음과 같은 방식으로 추가됩니다. 보다시피 게이와 레즈비언 가족의 자녀들, 커밍아웃 과정에 대해서는 많은 연구가 되어 왔고, 게이와 레즈비언 커플의 관계의 질에 대해서도 일부 논의가 있어 왔습니다. 문헌에서 언급되지 않은 한 분야는 게이, 레즈비언, 양성애자, 성전환(GLBT) 가족이 가지는 힘과 그 안의 우수한 특성들입니다. 따라서 저는 연구를 통해 GLBT 가족의 힘에 관련된 이론을 만들어보고자 합니다(머린 토드(Maureen Todd), 개인적 대화, 2010. 12. 12.).

요약

문헌고찰은 다른 연구들의 결과를 공유하고, 자신의 연구를 학계의 큰 대화에 연결시키며, 연구의 중요성을 드러내고, 연구의 결과를 다른 결과와 비교할 수 있는 기준을 세우는 데에 도움이 된다. 문헌고찰을 제대로 작성하는 것은 도전과제다. 질적 연구에서 문헌을 어디에 배치할지(예를 들어 시작할 때, 별도의 장에서, 마지막에, 연구 전체에 걸쳐) 생각해 봐야 한다. 처음에는 디지털 데이터베이스를 활용해 연구 주제와 관련된 좋은 논문들을 검색하고 이를 요약하는 것에서 시작한다. 전문적 리뷰가 이루어진 학술지 논문부터 살펴보는 것도 하나의 방법이다. 다음으로는 주제와 관련한 논문과 책을 바탕으로 문헌지도를 설계한다. 이 지도는 주제와 관련된 문헌을 위계적으로 보여주며, 이 문헌들과 내가 제안하는 주제를 연결시킨다. 이렇게 함으로써 나의 연구를 더 넓은 학계의 문헌 속에 위치시키고 연구의 정당성을 얻게 된다. 이 장에서는 문헌지도를 설명하는 대본을 첨부하였는데, 자신의 문헌지도를 다른 연구자들에게 발표할 때에 유용하게 사용할 수 있을 것이다.

활동

자신의 질적 연구 주제와 관련된 문헌지도를 그려본다. 종이 한 장에 대략의 스케치를 그린 후 새로운 문헌을 찾을 때마다 여기에 추가를 해 나간다. 문헌지도는 시간이 지나면서 확장되는 것이다.

추가 자료

Creswell, J. W., & Creswell, J. D. (2018). Research design: Qualitative, quantitative, and mixed methods approaches (5th ed.). Thousand Oaks, CA: Sage.

Aveyard, H. (2019). Doing a literature review in health and social care: A practical guide (4th ed.). New York, NY: Open University Press, McGraw-Hill Education.

Hart, C. (2018). Doing a literature review: Releasing the research imagination (2nd ed.) Thousand Oaks, CA: Sage.

09

질적 연구로 쓰인
박사나 석사논문의 구조 살펴보기

아홉 번째 노하우

질적 연구의 큰 구조를 도식으로 표현하는 기술 개발하기

왜 중요한가?

연구 논문을 읽을 때 우리는 보통 저자가 주제에 대해 기술한 내용과 결과에 초점을 맞춘다. 연구의 바탕이 된 구조에 대해서는 따로 생각해보지 않는다. **길고 조용한 고속도로**(*Long Quite Highway*)라는 책에서 글쓰기 방법에 대해 썼으며 유명한 시인이자 화가이기도 한 나탈리 골드버그(Natalie Goldberg)는 시의 구조를 자세히 관찰한 후에 드디어 시를 어떻게 쓰는가에 대해 알게 되었다고 말했었다(Goldberg, 1993). 마찬가지로 논문이 어떻게 구성되고 주제들은 어떻게 흐르는지와 같은 큰 구조를 살펴보면 자신의 연구를 설계하

는데 도움이 된다. 사람들은 종종 저자들에게 찾아와 질적 논문을 준비하기 위해 어떤 양식을 사용해야 하는지 묻는다. 연구를 마친 후에 다시 찾아와서는 학술지에 논문을 투고하려면 주제들을 어떻게 구성해야 하는지 묻는다. 물론 질적 프로포절과 학술지에 실리는 논문은 구조적인 면에서 전통적인 양적 연구와는 다르다. 이 장에서는 박사나 석사논문의 프로포절, 그리고 질적 학술지에 실린 논문의 구조를 살펴볼 것이다. 이를 통해 자신의 질적 연구를 보다 잘 구성하고 생각을 발전시켜 나갈 수 있을 것이다.

질적 프로포절이나 계획서에 일반적으로 포함되는 내용들

질적 프로포절이란 특정 주제를 다루겠다는 연구계획이다. 대학원 지도교수마다 자신이 선호하는 프로포절 양식이 있으므로, 학생들은 과거에 지도교수가 지도한 프로포절의 사본을 요청해야 한다. 내용들을 어떻게 구성하는지를 아는 것은 논문 프로포절 심사를 성공적으로 통과하는 데에 필수적이다.

연구계획을 세울 때는 그림 9.1과 같은 과정을 고려한다. 이 과정은 연구 문제에서 시작하여 질문을 던지고, 자료의 수집과 분석을 거치며, 연구계획을 실행하고, 결과를 보고하는 것으로 이어진다. 이를 "과학적인 연구 과정"이라고 부를 수 있을 것이다. 이 과정은 양적·질적을 막론하고 사회과학, 행동과학, 보건연구 등 모든 형태의 연구에 적용될 수 있다.

그림 9.1   연구 과정

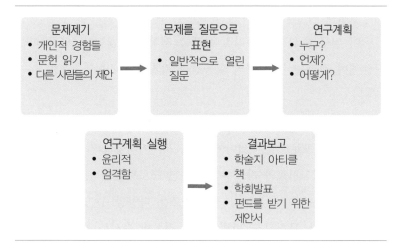

질적 논문 프로포절의 구조

질적 프로젝트를 계획할 때에는 일반적으로 제기되는 특정 논점들이 있다. 저자인 우리가 수년간 사용해 온 양식은 바로 맥스웰(Maxwell, 2013)이 명시한 9가지 논점이다. 맥스웰의 주장을 수정해서 정리하면 다음과 같다.

- 우리는 …를 더 잘 이해할 필요가 있다. (주제)
- 우리는 …에 대해 잘 알지 못한다. (주제)
- 이러한 이유로, 나는 이 연구를 제안한다. (목적)
- 연구장소와 참여자는 다음의 이유로 적합하다. (참여자)
- 내가 사용하려고 계획한 방법은 다음과 같다. (방법)
- 이 질문들의 답을 이끌어내기 위한 분석방법은 다음과 같다. (자료

분석)

- 결과의 타당도는 다음의 방법들로 검증된다. (타당도)
- 이 연구는 심각한 윤리적 문제를 제기하지 않는다. (연구윤리)
- 예비 결과는 본 연구의 실용성과 가치를 지지한다. (가치)

만일 학생들이 위의 9가지 논점에 답을 적을 수 있다면 프로포절은 완성된다. 프로포절은 짧아야 하고, 20페이지를 넘기지 말아야 하며, 적절한 참고자료와 자료수집을 위한 프로토콜을 첨부해야 한다.

질적 프로포절이나 논문의 최종 구조는 다양할 수 있다. 어떤 사람은 문제제기, 문헌고찰, 방법, 결과, 결론의 순서로 주제를 배치할 것이다. 어떤 사람은 내러티브 구조를 선택해 논문의 시작에서 마무리까지 이야기식으로 기술하면서 그 사이에 연구질문이나 자료수집 같은 연구 과정의 주요 요소를 넣을 수도 있다. 자문화기술지 형식으로 개인적 이야기를 말하는 것은 이런 접근법을 이용한 구조의 예다. 그 밖에도 창의적인 공연의 구조를 선택할 수도 있는데, 자신의 연구를 실험적인 시나 연극, 뮤지컬, 또는 기타 예술적 형식으로 발전시킬 수 있다. 이러한 다양성이 존재하는 만큼 질적 연구자들은 프로포절과 최종 논문의 여러 가지 구조에 대해 열린 자세를 취할 필요가 있다.

그럼에도 불구하고, 초보 질적 연구자는 일반적인 논문이나 프로포절의 구조를 아는 것이 도움이 된다. 존은 지난 몇 년 동안 몇 번의 수정을 거치면서 질적 연구를 할 때 사용해온 양식이 있다. 지도 학생들이 논문을 준비할 때에도 이 양식을 사용하도록 한다. 한때는 구성주의적 접근의 질적 연구 구조와 옹호나 참여적 접근의 질적 연구의 구조를 구별해서 사용했었다(Creswell & Poth, 2018). 하지만 결국 다양한 질적 연구를 모두 아우르는 적합한 하나의 구조가 있다고 느꼈다. 프로포절이나 질적 연구계획의 개요를 잡을 때 활용가능한 하나의 모델로써 다음의 구조를 고려해보길 권한다.

서론
- 문제 기술(연구 문제에 대한 기존 문헌과 연구의 중요성을 포함)
- 이론(만일 사용될 시)
- 연구 목적과 연구 범위
- 연구질문(중심질문과 하위질문)

질적 연구의 철학적 가정과 그 가정들이 현재의 연구에서 적용되는 방식

문헌고찰(선택사항)

과정
- 질적 연구설계(예. 문화기술지, 사례연구) 또는 기본적 질적 연구의 특성
- 연구자의 역할(성찰)
- 자료수집과정
- 자료분석과정
  - 타당도 전략
  - 연구의 글쓰기 구조

예상되는 윤리적 이슈들

예비 연구결과(가능한 경우)

예상되는 결과와 제안하는 연구의 의의

첨부자료: 인터뷰 질문, 관찰 양식, 연구기간, 예상되는 비용

위에서 보았듯이, 이 구조를 사용하면 철학적 가정과 이론적 모델의 제시, 성찰에 대한 민감성, 윤리적 이슈들에 대한 논의, 연구가 가능함을 증명할 수 있는 예비 연구 자료의 포함, 예상되는 결과, 연구 프로젝트를 진행하는 데 예상되는 시간과 비용 등을 다룰 수 있다. 이 구조는 유용하지만, 물론 학문분야와 지도교수가 요구하는 논점들에 맞춰서 수정될 필요가 있을 것이다.

질적 학술지 아티클의 구조를 보여주는 개념도

질적 학술지에 실린 아티클 속 논점들을 살펴보며 흐름도를 만들어 보면, 질적 연구를 설계하는 데 도움이 된다. 이 흐름도가 자신이 계획 중인 프로젝트에 영향을 주고, 연구 구조를 만드는 데 견본이 될 수 있다. 자신이 가장 좋아하는 질적 아티클의 개념도를 만들어 보길 권한다. 만드는 과정은 다음과 같다.

- 동그라미 안에 주요 개념의 흐름을 적는다.
- 동그라미들을 연결해서 연구가 어떻게 진행되는지 보여준다.
- 너무 세부적으로 그리지 않도록 한다.
- 저자가 붙인 소제목들은 주요 개념이 아닌 이상 무시한다.
- 한 페이지를 넘기지 않는다.

존이 가장 좋아하는 학술지 아티클은 보니 리(Vonnie Lee)라는 지체장애인에 대한 안그로시노(Angrosino, 1994)의 연구다. 존은 학생들에게 이 연구의 개념도를 그려보도록 하는데, 이 연구가 과학적인 접근이 아닌 이야기 형식을 따르기 때문이다. 학생들은 개념도를 그리며 연구 참여자에 관한 흥미를 불러일으키기 위해서 아이디어들이 어떻게 펼쳐지는지 보게 된다. 이 아티클의 저자는 이야기를 진행해가면서 그 안에 좋은 질적 연구의 구성요소들을 훌륭하게 통합시켜 놓았다. 그림 9.2는 이 아티클의 주제가 진행되는 과정을 그린 개념도다.

그림 9.2 보니 리(Vonnie Lee)에 관한 안그로시노(Angrosino, 1994)의 학술지 아티클에 나타난 아이디어의 흐름

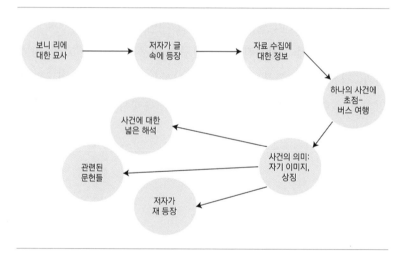

이 아티클은 지체장애를 가진 한 참여자(보니 리(Vonnie Lee))에 대한 이야기다. 보니 리는 정신장애와 정신질환을 모두 진단받았고 범죄기록이 있는 성인들을 수용하는 기관에서 살고 있으며, 아티클은 그가 집(기관)에서 자신의 직장인 배관기기 판매장까지 버스로 이동하면서 인생의 의미를 찾는 것에 관한 내용이다. 보니 리에게 버스로 이동하는 시간이란 권한의 부여, 탈출, 그리고 지위를 의미한다.

그림 9.2는 내러티브로 이루어진 문학적 스타일의 질적 학술지 아티클에서 주제가 어떻게 흐르는지를 보여준다. 이 개념도는 주인공 보니 리에 대한 논의의 장을 마련하는 묘사에서 시작한다. 다음으로, 보니 리를 도와주는 사람으로 저자가 등장한다. 이 시점에서 자료수집방법이 소개되고, 그다음부터는 연구의 핵심 장면인 보니 리에게 인생의 의미를 부여하는 버스 출퇴근길에 초점이 맞춰진다. 저자인 안그로시노는 이미지와 상징으로써의 버스 여행의 의미를 강조한다. 마지막 단계에서 저자는 한 명의 개인에서 더 넓은 해석으로 관점을 확대하고, 문헌을 참고하여 의미를 강화하며, 저자 자신을 다시 글 속에 등장시킨다. 이 연구는 연구 문제, 문헌고찰, 방법, 결과, 결론이라는 틀을 따르지 않았으므로 문학적인 접근의 글쓰기 방식을 취한다. 그럼에도 이야기의 흐름 속에서 이 모든 요소들을 찾을 수 있다.

요약

질적 논문이나 학술지 아티클의 구조를 살펴보는 것은 자신의 질적 연구를 설계하는 데에 도움이 된다. 이 장에서는 질적 프로포절의 일반적인 구조와 그 안에 포함되어야 하는 주요 논점들을 소개하였다. 연구에 관한 아홉 개의 질문에 답을 해야 하는 것을 모델로 제시하였다. 다음으로, 질적 학술지 아티클의 구조를 분석하는 방식을 검토하였고, 개인의 경험을 문학적 이야기로 표현한 연구를 중점적으로 살펴보았다. 학술지 아티클을 바탕으로 개념도를 그려보면 자신의 연구를 설계할 때 본보기로 활용할 수 있다.

활동

이 장에서는 맥스웰(Maxwell, 2013)이 제안한 질적 프로포절을 쓰는 9단계를 설명하였다. 관심 있는 주제를 하나 선택하여 9단계를 활용한 간략한 질적 프로포절을 구성해보자. 다른 학생들에게 발표를 하고 이에 대한 질문에 답변해보자.

추가 자료

질적 논문 프로포절 쓰기와 관련된 자료

Maxwell, J. A. (2013). *Qualitative research design: An interactive approach* (3rd ed.) Thousand Oaks, CA: Sage.

Bloomberg, L. D., & Volpe, M. (2018). Completing your qualitative dissertation: A road map from beginning to end (4th ed.). Thousand Oaks, CA: Sage.

시각적 디스플레이 관점에서 연구방법을 다루는 예

Wheeldon, J., & Ahlberg, M. K. (2012). *Visualizing social science research: Maps, methods, & meaning*. Thousand Oaks, CA: Sage.

PART
03

질적 연구 소개하기

10

질적 연구 제목과 초록 작성하기

열 번째 노하우

질적 연구에서 좋은 제목과 완전한 초록을 작성하는 기술 개발하기

왜 중요한가?

글레슨과 페쉬킨(Glesne & Peshkin, 1992)은 연구를 시작할 때부터 잠정적인 연구 제목을 작성하라고 제안했는데, 우리도 역시 이 점이 중요하다고 생각한다. 초기에 작성된 제목은 연구의 전반적인 지침이 되고, 다른 사람에게 연구를 설명할 때 방향과 초점을 제공하며, 연구자가(또한 함께 연구를 진행하는 팀 멤버들이) 목표에서 벗어나지 않도록 해주고, 조사할 문헌이 무엇인지 명확히 해준다. 연구가 진행되면서 제목은 수정될 수 있으므로, 초기 제목을 "초안"이라고 볼 수 있다.

초록 역시 시작 단계에서 연구를 기술하는 중요한 부분이다. 질적

연구자들은 종종 초록을 글쓰기의 마지막 단계로 남겨 둔다. 그러나 우리는 연구 제목을 미리 작성하듯이 초록도 시작 단계에 작성하라고 질적 연구자들에게 권한다. 초록을 쓰면서 프로젝트를 전반적으로 이해할 수 있고, 좋은 질적 연구에 필요한 주요 요소들을 다룰 수 있다. 물론, 연구결과와 같이 초록을 쓸 때 필요한 정보가 없을 수도 있지만, 추측해보고 원하는 결과가 무엇이든 종이에 적어보길 권한다. 연구를 시작할 때 초록을 적는 것은 연구의 방향설정을 돕는 도구다. 이 책에서는 초록이 어떻게 쓰여야 하는지에 관해 우리가 개발한 구조를 소개한다. 이 구조를 활용하면 좋은 연구를 위해 필수적인 요소를 모두 포함할 수 있고, 독자들은 연구의 핵심을 찾느라 혼란스러워하지 않아도 된다. 더 나아가, 초록을 쓰면 연구를 계획할 때 도움이 되는 주요 요소들을 처음부터 명확히 할 수 있다.

좋은 질적 제목

다음은 좋은 질적 제목을 쓰기 위한 몇 가지 아이디어다.

우리는 최대 10단어를 넘지 않는 **짧은** 제목을 선호한다. 가장 좋은 제목은 상당히 짧다. 물론, 우리는 토니 모리슨의 *Beloved*와 같이 한 단어로 된 책이나, *Titanic*과 같은 한 단어로 된 영화, 또는 *Hamilton*처럼 한 단어로 된 뮤지컬도 좋아한다. 물론 질적 연구의 제목에는 더 많은 단어가 필요하겠지만, 간략함이야말로 내가 강조하고픈 핵심 개념이다.

그리고 최대한 개방형 언어를 사용해서 다양한 관점이 드러나도록 한다. 자신의 논문 제목의 초안을 검토해보고, 혹시 불필요하게 연구를 한정시키는 단어를 사용하지는 않는지 살펴보라. 다음은 제목의 초안과 수정안의 예이다. 수정된 제목에서 방향을 제시하는 **지루함**이나 **소진** 같은 단어가 어떻게 삭제되었는지 살펴보라.

- 원 제목: "지루함 그리고 소진과 싸우기: 컴퓨터공학전공 중국인 박사과정 학생들은 여가시간에 무엇을 하는가?"(자오(R. Zhao), 개인적 대화, 2011. 12. 10.)
- 수정된 제목: "컴퓨터공학전공 중국인 박사과정 학생들은 여가시간을 어떻게 보내는가?"

우리는 또한 제목을 적을 때 다양한 **문학 형식**을 고려한다. 제목은 서술문일 수 있지만, 일반적으로 양적 연구에서 예상되는 제목과는 다르다. 제목은 질문의 형태로도 할 수 있다. 중심질문과 일부 중복될 수도 있지만 가능한 일이며, 특히 박사나 석사논문에서는 그러하다. 제목에 사용된 질문은 연구 목적을 적은 서술문과 중복되진 않을 것이다. 또한 콜론을 사용해서 두 부분으로 나눈 제목도 가능하다. 이 경우에는 중심현상을 포함한 부분과 다른 부분이 실제로 잘 연결되는지 확인해야 한다. 콜론을 두 개 쓰면(즉, 제목을 세 부분으로 만들면) 복잡해지기 때문에 하지 않는다.

좋은 제목을 쓰는 데 중요한 요소는 핵심 부분이 무엇인지 고려하는 것이다. 다음의 예는 우리가 제목에서 주로 드러나도록 고려하는 요소들이다.

- **동명사 사용**: "–ing"형을 사용하면 어떠한 일이 펼쳐지고, 출현하고, 진행되는 느낌이 암시적으로 전달된다. 이는 연구에 움직임과 추진력을 부여하기 때문에 좋은 질적 연구의 핵심이다.

"간이식수술 기다리기(Waiting for a Liver Transplant; Brown et al., 2006)"는 동명사로 시작하고 중심현상도 포함되어 있는 좋은 예다. 이 제목에는 참여자로서의 환자와 장소가 암시되어 있다(환자들이 아마도 집이나 병원 등에서 기다리고 있을 것이다). 좋은 질적 동명사의 예로 **개발하기**(*developing*), **이해하기**(*understanding*), **탐구하기**(*exploring*) 등이 있다.

• **중심현상** 언급: 중심현상은 연구에서 탐색하려는 하나의 개념이나 아이디어다. 중심현상은 학문적인 용어가 아닌 일상의 언어로 기술하는 게 좋다. 그렇게 했을 때, 인터뷰 참여자들에게 물어보거나 관찰한 현상을 직접적으로 반영하게 된다.

• **참여자** 명시: 연구 참여자들이 제목에 포함될 필요가 있다. 간혹, 연구의 초점이 사례일 경우에는 특정 개인보다는 사례를 언급하는 게 적절하다. 참여자를 언급할 때, 인원수까지 언급할지는 연구자의 판단에 달려있다. 만일 다수의 사례를 연구했다면, 사례의 수는 연구와 밀접한 관련이 있을 것이다. 참여자 수와 관련된 세부정보는 방법론 챕터에서 밝힐 수 있다. 중요한 점은 참여자가 누구인지에 대한 명확한 언급이다. 예를 들어, 잘 드러나지 않는 학생들이라는 표현보다 "라틴계 학생들"이 명확하다. 또는 수업을 듣는 대학생이라는 표현보다 "리더십 기술에 관한 수업을 듣는 대학생들"이라고 표현한다.

• **연구장소** 언급: 좋은 제목을 위한 마지막 요소는 연구장소를 언급하는 것이다. 어떤 연구 제목에서는 장소가 암시되어 있는데, 가령 "만성 통증치료를 받는 사람들"이라는 제목에는 연구장소로써 병원이나 클리닉이 암시되어 있다. 많은 경우 연구장소는

구체적으로 언급해야 하는데, 예를 들어 "중서부에 위치한 대도
시" 또는 "동부 해안가의 한 주에 있는 중학교 두 곳" 등이다.
어떤 경우에는 연구장소가 미국 전역이거나 다른 나라들일 수
도 있다. 만일 참여자에 대한 정보에 장소가 암시되어 있다면
지역을 따로 언급할 필요는 없다. 때로 가상의 장소일 수 있는
데, 이 경우에도 참여자에 대해 언급할 때 이 부분이 암시되어
있을 것이다.

위의 요소들을 배치하는 순서 역시 중요하게 고려할 부분이다. 우
리는 "＿＿＿(동명사) ＿＿＿(중심현상) ＿＿＿(참여자) ＿＿＿(연구장소)"
의 순으로 언급한다. 즉 동명사의 형태를 취하고, (제목에서 가장 중요
한) 중심현상을 설명하고, 참여자를 언급하며, 그들이 어디에 위치해
있는지(또는 연구가 어디에서 진행됐는지)의 순으로 기술한다.

마지막으로, 3장에서 언급했던 내용 - 연구를 흥미롭게 하기 위해
흔치 않은 대상, 보는 각도, 장소, 자료수집, 자료분석방법을 선택하
거나 시의적절한 주제를 선택하는 것 - 을 기억하라. 이 중 하나 또
는 그 이상의 요소를 주제에 넣는다. 이렇게 함으로써, 제목이 독자
를 끌어당기고, 독자들은 이 제목이 어떻게 마무리될지 이해하고 싶
은 마음에 끝까지 읽어보고 싶을 것이다.

향상된 제목

학생들이 작성한 제목의 초안과 수정안을 보면 제목이 어떻게 향
상될 수 있는지 잘 알 수 있다.

부수적인 단어를 제거하고 주요 요소의 위치를 새로 배열한 제목의 예

- 초안: "예술 맥락에 속한 창업 회사들 사이의 경쟁 시작점의 출현"(베스(E. Bass), 개인적 대화, 2011. 12. 10.)
- 수정 후: "댄스스포츠 스튜디오 창업자들 간 경쟁 시작점" 수정안에서는 중심현상을 우선적으로 배치했고, 참여자와 연구장소를 넣었다. 또한 부가적인 단어를 제거하고, "예술 맥락"이라는 표현은 실제 댄스스포츠 스튜디오로 좁혔다.

초록의 정의

초록(abstract)이란 질적 연구의 내용을 간략히 요약한 것으로, 독자가 재빠르게 논문의 내용을 훑어볼 수 있게 해준다. 초록은 연구의 시작부분에 위치하고, 제목에 바로 이어서 나오는 맨 처음 논의다. APA 매뉴얼(2020)에는 초록을 아티클에서 가장 중요한 한 단락이라고 명시하고 있다. 초록은 또한 정확하고, 평가적이지 않으며(예. 연구의 범위를 넘어서는 의견을 추가하지 않음), 일관되고, 잘 읽히며, 간결해야 한다고 되어있다.

초록의 단어 수

학술지 아티클에 적힌 초록의 길이는 다양하며, 종종 편집위원장들이 구체적인 길이를 제시한다. 마찬가지로, 박사나 석사논문 초록의 길이는 대학별로 그 기준이 다르다. 우리 연구기관에서는 초록이 250자를 넘을 수 없다. 존이 투고하는 학술지 중 한 군데는 초록이

50자를 이하여야 한다. APA(2020)에서는 대부분의 초록이 250단어를 넘지 않는다고 되어있다. 어떤 학술지에서는 개요의 형식("구조화된 초록")으로 된 초록을 요구하는데, 이 경우에는 "문제", "연구목적", "자료수집" 등의 제목을 달고 내용을 기술해야 한다. 주로 보건과학분야 학술지에 많다. 이 장에서 우리는 초록이 150단어를 넘을 수 없는 것으로 정하고 논의를 진행할 것이다.

잘 쓴 초록의 구성요소

초록에 포함되어야 하는 주요 내용들이 있다. APA(2020)에서는 연구보고서나 문헌고찰, 이론중심의 논문, 방법론 논문 등의 종류에 따라 초록의 내용이 다양하다고 말한다. 여기서는 실증연구의 초록에 초점을 맞출 것이다. 질적 연구의 초록에 포함되어야 할 몇 가지 내용들을 순서대로 표현하면 다음과 같다.

- 연구의 필요성을 드러내는 **이슈**나 **문제**에서 시작: 이러한 이슈에는 해당 주제에 대한 더 많은 연구가 필요하다는 지적도 포함되겠지만, 그보다도 저자들은 "실제 현실"의 문제, 가령 AIDS의 확산이나 십대의 임신, 대학생들의 자퇴, 특정 전문직종 내 여성인력 부족 등의 제시를 선호한다. 이러한 문제에 대한 참고자료를 인용할 수도 있지만, 일반적으로 초록은 많은 수의 인용을 하기에는 길이가 매우 짧다.
- **연구의 목적** 명시: 초록에서 **목적**이라는 단어를 사용하고, 탐구하려는 중심현상에 대해 이야기하며, 연구의 대상이 되는 참여자, 그리고 연구가 이뤄질 장소를 언급한다.

- **수집될 자료** 언급: 이 목적을 위해 수집될 자료의 종류, 참여자, 어디에서 자료가 수집될지를 밝힐 수 있다.
- 연구에서 드러날 **테마** 보고: 연구를 계획하는 이른 단계에서는 아직 어떤 주제가 드러날지 알 수 없으므로, 예측을 해봐야 한다. 4~5개 정도의 테마를 보고한다.
- 연구의 **실질적 영향** 언급: 연구의 결과로 도움을 받는 구체적인 독자와 그 이유를 설명하며 초록을 마무리한다.

초록의 예

다음은 세 가지 초록의 예다. 각 초록을 보면서 문제, 연구 목적, 방법, 주제와 실질적인 의의로 이어지는 흐름을 살펴보자. 세 개의 예시는 적절한 수준의 완성도를 갖추고 있다.

예시 #1. 추가적인 요소가 필요함

본 내러티브 연구의 목적은 보스니아, 크로아티아, 코소보, 그리고 세르비아 간에 있었던 유고슬라비아 분쟁 시의 강간 피해자의 관점에서 본 전쟁 중 일어난 강간의 대한 경험을 분석하는 것이다. 본 연구는 두 명의 보스니아인 강간 피해자의 법정 증언 내러티브를 탐구해 보는 독특한 방법론적 입장을 취한다. 전시의 강간 피해자들이 그들의 부당한 희생을 어떻게 바라보는지에 대한 연구는 많지 않다. 여성의 신체에 대한 침해는 장시간에 걸친 심리적인 영향과 육체적인 트라우마를 남기기 때문에, 피해자에게 도움과 치료를 제공하기 전에 이를 이해할 필요가 있다(Sharlack, 2000). 그러므로 본 연구

는 강간 피해자의 관점과 내러티브를 통해 전쟁의 악영향을 탐구한
다(조흐라(T. Zohra), 개인적 대화, 2010. 12. 12.).

위의 내용은 좋은 초록의 예시이지만, 내가 앞서 설명한 다섯 단
계의 순서를 따르고 있지는 않다. 이 초록은 목적에서 시작하고, 그
다음에 문제로 이동한다. 이 두 주제의 순서를 바꾼 덕에 연구에 대
한 독자의 흥미를 더 강하게 유발한다고 생각한다. 구체적인 절차나
테마, 독자와 관련된 연구의 의의를 추가한다면 이 초록은 더 향상
될 수 있을 것이다.

예시 #2. 하나의 요소가 더 필요함

미국 보이스카웃 연맹은 2009년 새로운 훈련 요건을 발표했는데,
이는 매년 미 전역에서 자원하는 백만 명이 넘는 리더들에게 영향을
미치게 된다. 이 강화된 훈련 요건에는 위험한 날씨 대처와 같은 신
규 코스 및 청소년 보호와 같은 수정된 코스 등이 포함되며, 이 과
정의 수료 없이는 리더들의 재등록이 불가능할 수 있다. 기존 연구
들을 보면 기관에서 자원자의 훈련 요건을 강화했을 시 회원수가 줄
어들고 자격요건을 갖춘 리더가 감소할 수 있다. 본 질적 연구는 새
로운 훈련 요건을 갖추려고 시도하는 지원자 리더들의 관점을 보여
준다. 12명의 중서부 지방자치위원회의 리더들에게 이러한 훈련 요
건이 개인적·직업적 경험, 그리고 온라인 훈련사이트를 검색하는 능
력에 어떤 영향을 미쳤는지에 관한 일대일 인터뷰를 실시하였다. 이
연구는 지원자들의 삶에 대한 풍부한 자기성찰적 정보를 제공하며,
필요한 훈련과 교육을 늘리면서도 최소한도의 참여자 헌신을 유지

하려는 비영리단체들에게 프로그램과 관련된 시사점을 제공한다(롤프(T. Rolfes), 개인적 대화, 2010. 12. 12.).

위의 초록은 처음 것보다 낫지만, 연구의 테마 부분이 빠져있다. 다른 부분들은 모두 있어야 할 부분에 적혀있다.

예시 #3. 명확한 연구 문제가 필요함

본 연구가 다루는 이슈는 무술 경기에서 여성의 부재이다. 이 문제를 다루기 위한 본 연구의 목적은 태권도 경기에 출전한 여성 선수들의 동기를 탐색하는 것이다. 자료수집을 위해 태권도 토너먼트에 출전한 4명의 여성을 인터뷰하였다. 인터뷰 자료는 전사하여 분석하였다. 자료에서 다음의 3개의 테마가 도출되었다. 사회적 지지, 자기효능감, 그리고 목적지향성이다. 이러한 테마는 향후 여성 무술인의 동기를 향상시키는 효과적인 방법을 이해하는 데 도움이 될 것이다(위트(Amanda Witte), 개인적 대화, 2010. 12. 12.).

위의 초록은 모든 요소를 포함하였다. 다만 연구 문제가 처음부터 명확하게 언급되지 않은 점이 아쉽다. 무술 경기에 참여하는 여성이 적을 경우 어떤 문제가 있는가? 가능한 몇 가지 "문제들"에는 성별 불평등, 최고의 영광을 위한 경쟁에서 여성의 부재, 여성의 힘을 강화할 기회를 놓치는 것 등이 있을 것이다. 우리는 "무술 경기에 참여하는 여성의 부재"에서 어떤 문제가 발생하는지 잘 모른다. 첫 문장에서 문제를 명료하게 밝히지 못했기 때문에 향상될 여지가 있다. 이를 제외한다면, 좋은 질적 초록을 위한 모든 요소가 갖춰져 있다.

요약

질적 연구를 시작하는 두 가지 중요한 요소는 제목과 초록이다. 이들에 주의를 기울여야 한다. 제목은 짧고, 열린 형태이며, 창의적이어야 한다. 나는 다음과 같은 구조를 권한다. 동명사 형태이고, 중심현상을 밝히며, 참여자와 연구장소가 추가되어야 한다. 다음으로 연구의 초록을 쓰는 것이 중요하다. 초록에 들어가는 핵심적인 요소들이 있으며, 다음과 같은 순서를 따른다. 이슈나 문제, 연구의 목적, 자료수집, 테마나 결과, 연구의 실질적 의의이다. 이 장에서는 예시가 될만한 몇 개의 연구 제목과 초록을 제공하였다.

활동

* 자신의 질적 연구의 제목을 적어본다. 이 장에서 제공한 지침을 따르고, 독자들의 흥미를 더하기 위해 추가할 만한 독특한 요소들이 무엇일지 생각해본다.
* 질적 학술지에 실린 아티클을 찾아서 초록을 평가해 본다. 다음의 질문을 던져본다. 문제, 목적, 방법, 테마, 의의 등을 대략 이들 순서대로 포함하고 있는가?

추가 자료

American Psychological Association [APA] (2020). *The Publication Manual of the American Psychological Association* (7th ed.). American Psychological Association. Washington, D.C.

Creswell, J. W., & Guetterman, T. C. (2018). *Educational research: Planning, conducting and evaluating quantitative and qualitative research* (6th ed.). Boston: Pearson.

11

좋은 서론과 첫 문장 쓰기

열한 번째 노하우

강력한 첫 문장을 포함해서 좋은 질적 연구 서론을 쓰는 기술 개발하기

왜 중요한가?

우리는 흔히 보고서나 에세이를 쓸 때, 글을 모두 작성한 다음 다시 처음으로 돌아와서 서론을 쓰며 내용을 요약한다. 연구의 서론을 쓰는 것은 그 자체로 기술이 필요한 일이며, 연구를 읽을 독자를 끌어들이도록 신중하게 쓰일 필요가 있다. 만일 서론에서 독자를 끌어들이지 못할 경우, 독자는 연구 전체를 읽지 않을 확률이 높다. 서론은 아무 생각 없이 쓰는 게 아니라 구체적인 구조를 갖추고 있다. 일단 이 구조를 익히고 나면 서론을 더 쉽게 쓸 수 있을 것이다. 존는 이 구조를 "결핍모델"이라고 부르며, 지난 20년 동안 책에서 소

개하였다(Creswell & Creswell, 2018 참고). 서론의 핵심은, 문제를 언급하거나 자신의 질적 프로젝트에서 연구하려는 이슈를 제시하는 것이다.

또한, 좋은 서론이 되려면 첫 문장을 잘 써야 한다. 처음부터 독자를 끌어들여야 하고, 그들이 이해할 수 있는 선에서 정보를 제시해야 하며, 학문적인 논조를 띠어야 한다. 이 장에서는 독자의 관심을 모으는 서론과 첫 문장을 쓰는 방법에 대해서 다룰 것이다.

질적 연구에서 서론의 위치

서론의 목적이 연구를 시작하게 만든 문제나 이슈를 전달하는 것이라고 가정한다면, 서론이란 프로젝트의 첫 단계에서 중요한 부분을 차지한다. 이미 앞에서 우리는 주제 선정 및 좋은 제목과 초록을 쓰는 것의 중요성을 설명하였다. 서론의 시작 부분에서는 연구를 하게끔 만든 문제를 소개한다. 그런 다음 문제를 실제 연구에서 다룰 수 있는 목표로 좁혀나가며 목적 진술문을 구성한다. 더 나아가 연구의 답을 제공해 줄 구체적인 질문을 제시한다. 마지막으로, 이 연구질문에 답이 되어줄 자료를 수집하는 연구설계를 밝힌다. 그림 11.1에서 볼 수 있듯이, 이러한 정보는 넓은 범위에서 시작하여 좁혀져 가는 위계적 단계로 표현된다.

그림 11.1 주제에서 연구방법으로 이어지는 위계적 단계

주제와 제목을 밝힘
↓
연구의 목적이나 전반적인 의도를 언급함
↓
목적을 좁혀서 답변되어야 할 구체적인 연구질문으로 만듦
↓
연구설계 방법을 밝힘(참여자 선정, 자료수집 등)

좋은 서론을 위한 다섯 개의 주요 요소

질적 연구에서 서론은 매우 중요하다. 서론을 잘 쓰기 위한 한 가지 방법은 잘 쓰인 서론을 살펴보는 것이다. 존은 **연구설계: 질적 및 양적 접근**(*Research Design: Qualitative and Quantitative Approaches;* Creswell, 1994)이라는 책의 초판에서 이러한 접근법을 사용했다. 그 책의 3장에서 테렌지니, 파스카렐라, 그리고 로랭(Terenzini, Pascarella, & Lorang, 1982)이 쓴 학술지 아티클의 서론 전체를 싣고, 중요한 요소라고 여겨지는 부분들을 표시하였다. 존은 이러한 접근을 서론 작성의 "결핍"모델이라고 부르고, 종종 양적·질적 연구를 막론하고 좋은 서론 작성의 표본으로 설명해왔다(물론 질적 서론에는 양적 서론과 차이를 만들어내는 다른 요소들이 있다). 존은 동일한 접근을 **교육학 연구**(*Educational Research;* Creswell, 2015)라는 책에서도 사용했다. 그 책에서 십대의 흡연과 고등학생들의 우울을 다룬 연구의 서론을 적고, 서론의 특정 부분에 사용된 요소들을 여백에 적어서 보여주었다.

표 11.1이 바로 그 내용이다.

표 11.1 질적 연구 서론의 예시

고등학교에서 십대의 흡연에 대한 인식과 오해 탐색: 복수 사례 분석	
주제와 연구 문제	흡연은 미국 사회에서 암 발병의 주된 원인이다(McGinnis & Foefe, 1993). 비록 최근에는 성인의 흡연율이 감소하고 있지만, 청소년의 흡연율은 실제로 증가해왔다. 질병통제예방센터에 의하면 고등학생의 흡연은 1991년 27.5%에서 1995년에는 34.8%로 상승했다(USDHHS, 1996). 이러한 추세가 극적으로 뒤집히지 않는 이상, 5백만 명으로 추산되는 미국 어린이들이 조기 사망에 이를 것이다(질병통제예방센터, 1996).
문제를 정당화하는 문헌 증거	청소년 흡연에 관한 선행연구는 네 가지 주요 논점에 초점을 맞추고 있다. 몇몇 연구는 처음 흡연의 시작을 탐색한 것으로, 중학교 시기에 흡연이 시작됨에 주목하고 있다(예. Heishman et al., 1997). 다른 연구들은 교내에서의 흡연 예방에 초점을 두고 있다. 이들 연구를 바탕으로 다양한 학교 기반 흡연 방지 프로그램이 나왔다(예. Sussman, Dent, Burton, Stacy, & Flay, 1995). 소수의 연구에서 청소년들 사이의 "금연의 시도" 또는 금연행동을 다루고 있는데, 이는 성인의 금연 시도에 관한 방대한 탐색과는 극명한 차이를 보인다(Heishman et al, 1997). 청소년 흡연에 관한 또 다른 연구들은 흡연에 영향을 미치는 사회적 맥락이나 영향력에 관한 것이다(Fearnow, Chassin, & Presson, 1998). 예를 들어, 청소년 흡연은 일터, 부모나 양육자 중 한 명 이상이 담배를 피우는 집, 청소년을 위한 사회적 행사, 또는 고등학교 근처에 담배를 피우기 "안전"하다고 정해진 장소에서 발생한다(McVea et al, in press).
증거의 결핍	청소년의 흡연을 탐색하는 장소로 고등학교라는 사회적 맥락을 다룬 연구는 거의 없다. 고등학생 사이에서는 흡연을 부추길 수 있는 또래 집단을 형성한다. 또래 집단은 종종 행동을 유발시키는 강력한 사회적 영향력을 행사하며, 스포츠나 음악, 그런지 스타일의 모임 등은 흡연에 대한 사고에 영향을 줄 수 있다(McVea et al., in press). 학교는 청소년이 하루 대부분의 시간을 보내는 곳이고(Fibkins, 1993) 연구의 주제로써 가능한 대상이다. 학교는 선생님과 관리자들이 금연의 롤모델이 되어

주고, 흡연과 관련된 정책을 시행할 수 있는 장소이다(OHara et al., 1999).

청소년 흡연에 관한 기존의 연구들은 대부분 결과나 초이론적 모델(Pallonen, 1998)에 초점을 둔 양적 연구이다. 그러나 질적 탐구는 학생들 스스로의 언어로 된 세부적인 이야기, 다양한 관점에 대한 복합적인 분석, 그리고 담배와 관련한 학생들의 경험을 형성하는 서로 다른 고등학교에서의 구체적 맥락을 제공한다(Creswell, in press). 더 나아가, 질적 탐구는 고등학생들이 동료 연구자로 참여하는 기회를 제공함으로써, 자료수집과정에서 성인의 관점에 의해 오염되지 않은 학생들의 관점에 타당도를 높여준다.

독자에게 이 문제가 중요한 이유	질적 접근과 학생들의 연구 참여를 통해 복수의 학교 맥락을 탐색함으로써, 우리는 청소년들이 가지고 있는 고등학교에서의 흡연에 대한 인식과 오해를 더 잘 이해할 수 있다. 이러한 이해를 바탕으로, 연구자들은 흡연행동에 관한 변인을 구분해내고 모델을 한층 발전시킬 수 있다. 학교 관리자와 교사들은 흡연방지를 위한 개입이나 흡연에 대한 태도변화계획을 세울 수 있고, 학교 관계자들은 금연 프로그램을 도울 수 있다.

자료: Creswell & Guetterman(2018)에서 발췌

좋은 "결핍" 서론에 포함되는 다섯 개의 주요 요소는 다음과 같다.

- 연구에서 탐색하려는 주제
- 연구 문제(들)
- 문제를 정당화하는 문헌 증거
- 문헌에서 결핍된 부분(그래서 이를 "결핍" 서론이라고 명명하였음)
- 이 부분을 연구에서 다룸으로써 도움을 얻게 되는 독자층

주제

처음 한두 문장에서 주제를 언급하는 것이 중요하다. 이는 말처럼 쉽지만은 않다. 주제는 독자들이 즉시 알 수 있도록 표현되어야 한

다. 너무 범위를 좁혀 말하면 독자들은 연구의 전반적인 방향을 이해할 수 없다. 반면, 너무 광범위하게 말하면 독자들은 이를 주제와 연결시키지 못한다. 존의 경우, 주제를 설명할 때 우물로 천천히 내려가듯 독자를 이끌지, 곧장 깊은 연구 프로젝트로 독자를 밀어 넣지 않는다. 우물 비유는 매우 효과적인데 우물에서는 밧줄을 손으로 잡고 천천히 줄을 내리며, 이때 반복적으로 한 손이 다른 한 손 위쪽에 놓이기 때문이다. 자신이 연구 주제를 적절한 수준으로 표현하고 있는지 알기 위해 수업을 같이 듣는 동기나 친구들에게 첫 문장을 읽어주고 주제와 연결시킬 수 있는지 묻는 것도 좋다. 전공 분야가 다른 사람들이면 더 좋다. 나아가, 주제를 소개할 때 수치나 통계자료 등의 문헌을 참고할 수 있으며, 단순히 "X에 대한 문헌이 부족하다"라고 말하기보다는 내용과 관련시키는 것도 좋다(구체적으로 ~한 상황에서 이러이러한 주제의 연구가 부족함을 부각). 표 11.1에서 흡연을 암 발병의 주요 원인과 연결시켜서 말한 것에 주목하라. 존은 이 질적 연구의 수준을 모든 독자가 이해할 수 있는 익숙한 주제에 맞추었다.

연구 문제

서론에서 두 번째로 전달해야 하는 것은 이 연구가 필요하다고 생각하게 만든 문제나 이슈에 대한 언급이다. 우리는 연구 문제(research problem) 또는 이슈란, 다뤄져야 하고 잠재적으로 해결될 필요가 있는 어떤 것이라고 생각한다. 말 그대로 "문제"다. 소설이 딜레마 상황에서 시작하고, 연극이 논쟁이나 특정 상황에서 시작하며, 음악이 불협화음에서 기분 좋은 화음으로 흐르고, TV 시트콤이 여러 문제 상황을 동시에 소개하는 전형적인 모습을 생각해보자. 연구도 다르지 않다. 문제나 이슈에서 시작한다. 연구자가 연구의 필요성을 처음부터 명확히 언급하지 않을 경우, 독자들은 계속해서 글을 읽을 필요가 없다고 느낀다.

또한 이러한 문제를 두 개의 관점에서 생각해 보는 것이 도움이 된다. 우선, 직장이나 집, 친구, 가족 등 실제 세상에서 발생하는 "실생활"의 문제가 있다. 요즘은 코로나 19 바이러스가 문제이고, 퍼져나가는 것 같다. 또한 십대의 임신도 문제다. 총기 규제 역시 다뤄져야 할 논란이 많은 이슈다. 여러분의 질적 서론에서 "문제"를 정의할 때, 연구 주제와 관련된 "실생활"의 문제를 언급해 본다. 두 번째로, 문헌과 관련된 문제가 있다. 흔히 "더 많은 연구가 필요하다"라거나 "이 주제에 대해 별로 연구된 적이 없다"라든지, "이 주제에 관련한 문헌이 거의 존재하지 않는다"라고 하는 것을 자주 듣는다. 물론 이러한 문제들로 인해 연구를 하게 될 수 있지만, 교육, 사회과학, 보건과학분야에서 실질적인 경험이 있는 나로서는, 문헌에서 간극이 존재한다는 표현은 문제에 대한 근거로서 다소 약하다고 생각한다. 물론 문헌이 부재하므로 연구가 필요하다고 볼 수 있지만, "그문제가 왜 아직까지 문헌에서 다뤄지지 않았을까?"라는 생각을 하게만든다. 아마도 서론에서 문제를 언급하는 최선의 방법은 "실생활"의 문제와 "문헌"의 문제를 조합하는 것이다. 연구의 기반을 설명하기 위해서 두 종류의 문제를 언급하는 것은 어려운 일이 아니다. 또한 문제가 존재한다는 자신의 주장을 지지해주는 문헌을 인용해야한다. 표 11.1에서 어린이들의 조기사망을 가져오는 흡연의 문제에 대해 이야기한 것을 살펴보라.

콜슨 화이트헤드(Colson Whitehead)는 2012년 7월 26일자 **뉴욕타임즈 일요판 북 리뷰**에 "글쓰기 방법(How to Write)"이라는 제목의 글을 게재했다. 그는 글쓰기의 몇 가지 법칙을 설명했는데, 그중 하나는 "언급되지 않은 것이 언급된 것과 마찬가지로 중요하다"는 것이다. "무언가가 잘못됐다. 그게 무엇인지 추측해볼 수 있는가?"라는 것이 글을 잘 쓰는 방법에 대한 그의 설명 중 핵심 생각이다. 문학적 글쓰기와 달리 좋은 질적 연구 글쓰기는 연구자가 정확히 무엇이 문제인지를 밝힌다는 점에서 차이가 있을 것이다. 독자가 추측하도록 놔두지 않는다. 하지만 여기서 더 큰 요점은 모든 종류의 글쓰기에는 "무언가가 잘못됐음"이 포함된다는 점이다. 이는 질적 연구를 위해 좋은 조언이다. 연구자는 초기에 "무언가가 잘못됐다"는 것을 명확히 할 필요가 있다. 이것이 문제정의이다.

문제에 대한 증거

서론에서 다음 단계는 그 문제에 대해 어떤 연구가 되어 있는지 증거를 제공하는 것이다. 이 증거는 주로 문제와 관련된 문헌과 연구들을 바탕으로 한다. 단, 문헌을 참고한다는 말은 문헌 리뷰를 하듯이 특정 연구들을 인용하거나 특정 연구의 결과를 보고한다는 말이 아니다. 대신, 자신의 연구를 위한 기초를 마련하기 위해 전반적으로 문헌을 검토한다. 주제를 넓게 선택함으로써 연구자는 특정한 연구가 아닌 전반적인 영역에서 어떤 연구들이 진행되어 왔는지를 보여줄 수 있다. 하지만 누군가는 "내 주제와 관련된 연구가 하나도 없는데요"라고 말할지 모른다. 물론, 자신의 연구가 특정주제에 집중되어 있을 수 있다(3장에서 다룬 것처럼 특정 인구집단이나 장소, 일반적이지 않은 관점 등). 이 경우에도 자신의 주제 너머로 범위를 확장시키면, 주제와 관련된 연구를 한 사람들을 찾을 수 있을 것이다. 여기서는 자신의 주제에 대해 행해진 연구를 요약하고 그 문헌들에서 부족한 부분을 지적한다. 양적, 질적, 그리고 혼합연구를 모두 참고할 수 있다. 표 11.1에서 내가 학교에서의 흡연과 관련된 네 개의 주요 주제에 대해 이야기한 것을 참고하라.

문헌에서의 결핍

그다음으로는 문헌에서 문제와 관련하여 결핍된 부분에 대한 자신의 의견을 언급한다. 예를 들어, 주제가 다뤄지지 않았다든지, 연구방법론과 관련된 이슈들이 적절히 포함되지 않았다든지, 실질적인 문제가 아직 완벽히 탐색되지 않았다든지, 또는 새로이 소수의 질적 참여자를 대상으로 반복적인 연구를 할 필요가 있다는 점 등을 언급할 수 있다. 연구자가 지적할 수 있는 결핍에는 여러 종류가 있고, 그중 몇 가지를 이야기하는 게 도움이 된다. 이 시점에서 질적 연구가 어떠한 기여를 할 수 있는지 생각해보는 것이 중요하다. 질적 연구는 참여자의 관점을 탐색하고, 그들의 관점을 듣고, 열린 질문을 던지는 등의 특징이 있다는 것을 기억하라(1장에서 다룬 질적 연구의 특징 참고). 지금까지의 문헌들은 대부분이 양적 연구이거나 중요한 질적 요소를 포함하지 않는 등의 결핍이 있을 수 있고, 그렇기 때문에 질적 연구를 하겠다는 논리를 펼칠 수 있다. 표 11.1에서 연구자는 학교 맥락에서의 이해, 또래 집단의 중요성, 청소년들이 대부분의 시간을 보내는 곳이 학교라는 관점에서 청소년 흡연과 관련한 기존 문헌의 결핍을 언급하였다. 더 나아가, 다수의 연구가 양적

연구이며, 이 문제를 이해하기 위해 질적 연구가 필요하다는 논의를
전개하였다.

독자

서론의 마지막 부분에서는 이 문제를 다룰 경우 혜택을 받는 개
인이나 집단을 언급한다. 자신의 질적 연구를 읽게 될 다양한 독자
를 생각해 보는 것이 좋다. 이들 중에는 동료 연구자, 정책 입안자,
현장 전문가, 리더들, 대학원생, 논문 심사위원이 있을 수 있다. 연
구자는 이들 중 연구를 읽음으로써 도움을 받게 될 몇몇 독자를 언
급하고, 이들이 구체적으로 어떤 것을 얻을 수 있는지를 밝힌다. 예
를 들어, 다른 연구자들은 인터뷰가 자연스럽게 진행되거나 그렇지
않은 상황에 대해 배울 수도 있고, 현장 전문가들은 사람들이 특정
문제에 대해 어떻게 이야기하는지 그리고 그 문제를 다룰 때 활용할
수 있는 잠재적인 전략을 배우며, 정책 입안자들은 특정 사람들에게
긍정적인 영향을 미칠 새로운 정책을 채택하거나 결정을 내리는 것
에 대한 지식을 얻을 수 있다. 그러므로 누가 이 연구에서 혜택을
받을지 이야기한다. 이를 통해 독자들은 연구의 중요성을 느끼게 되
고, 이들 중 일부는 혜택을 받는 입장에 해당하는 독자일 수 있다.
표 11.1에서는 연구자와 학교 관계자, 그리고 교사들에게 해당 연구
가 중요하다고 언급하면서 서론을 마무리했다.

서론의 처음 문장

우리는 앞에서, 좋은 질적 서론은 처음 몇 문장에서 주제에 대해

기술한다고 하였다. 이제는 처음 한 문장으로 범위를 좁혀보자. 영어 작문을 전공하는 지인들은 이것을 갈고리에 빗대어 "내러티브 훅 (narrative hook)"이라 부른다. 첫 문장을 잘 만들면 독자의 흥미를 유발하고, 연구에 관심을 갖게 한다. 어떻게 하면 이런 문장을 만들 수 있는지 그 방법과 다양한 형태를 살펴보면 도움이 된다. 시작하는 문장은 다음과 같은 내용을 전달한다.

- 연구자에 대한 개인적 이야기
- 이 주제에 대한 과거 연구
- 시의적절한 이슈
- 통계 자료
- 연구의 구체적 참여자나 장소에 대한 정보
- 질문
- 학문적인 무게를 더해 줄 참고자료

이 밖에도 다른 접근들이 있을 수 있지만, 이상은 우리가 수업시간에 자주 활용하는 종류들이다. 몇 개의 예시를 보면 다음과 같다.

예시 #1.

연구자에 대한 개인적 언급:

이 연구는 현장에서 종종 경험한 불편함에서 비롯되었다(Brown, Sorrell, McClaren, & Creswell, 2006).

나는 버지니아 주의 작은 언덕에 위치한 인구 삼천 명의 작은 마을에서 자랐고, 나의 부모님 역시 여기서 태어나고 자랐다(Ellis, 1993).

예시 #2.

연구의 핵심 참여자에 대한 언급:

보니 리 하그랫(Vonnie Lee Hargrett)이 29번째 생일을 축하하고 있을 당시인 1993년 여름, 나는 플로리다 주 도시에서 이 아티클을 쓰고 있었고, 이곳은 또한 보니 리의 부모님이 변두리에서 이주해 온 곳이기도 하다(Angrosino, 1994).

예시 #3.

이 주제를 다룬 과거 연구에 대한 언급:

과거의 연구들은 야외 여가활동이 성별과 그에 따른 고정관념을 해체하는 데 도움을 준다고 밝히고 있다(Pohl, Borrie, & Patterson, 2000).

예시 #4.

시의적절한 이슈 언급:

흡연은 미국 사회에서 암 발병의 주된 원인이다(Plano Clark et al., 2002).

예시 #5.

통계자료에 대한 언급:

1970~2005년 사이, 미국 거주자의 수감률은 700% 증가하였고, 향후 5년 내에 추가로 13% 증가할 것으로 예상되고 있다(공공 안전 수행 프로젝트, 2007; Shivy et al., 2007).

요약

좋은 질적 연구 서론은 몇 가지 아이디어로 구성된다. 우선 주제에서 시작하며 독자를 연구로 끌어들이기 위한 내러티브 훅이 포함된다. 그런 다음 다뤄질 필요가 있는 구체적인 문제나 이슈를 밝히고 그 문제에 대한 기존 연구를 논의한다. 문헌에서 결핍된 부분 혹은 질적 연구의 부족이나 질적 연구를 구성하는 주요한 요소들의 결핍 등을 언급한다. 마지막으로, 연구를 통해 혜택을 얻을 수 있는 잠재적 독자를 언급하며 마무리한다. 이들은 연구자나 정책 입안자, 현장 전문가, 리더 등 다양한 범주의 사람이 될 수 있다.

활동

표 11.1에서 찾을 수 있는 좋은 서론의 주요 요인들을 고려해본다. 이 요소들을 모델로 하여 자신의 연구 서론을 작성해 본다. 서론을 읽은 독자들이 연구의 문제를 명확히 알 수 있도록 작성한다.

추가 자료

학문적 연구의 서론작성을 위한 세부적인 예시

Creswell, J. W. (2014). *Research Design: Qualitative, Quantitative, and Mixed Methods Approaches* (4th ed.). Thousand Oaks, CA: Sage.

좋은 서론에 들어갈 요소들의 예를 보여주는 고등교육에 관한 아티클

Terenzini, P. T., Cabrera, A. F., Colbeck, C. L., Parente, J. M., & Bjorklund, S. A. (2001). Collaborative learning vs. lecture/discussion: Students' reported learning gains. Journal of Engineering Education, 90(1), 123-130.

내러티브 훅 관련 글쓰기

Sword, H. (2012). Hooks and sinkers. In *Stylish academic writing* (pp. 76−86). Harvard Univeristy Press.

12

목적 진술과 연구질문 작성하기

열두 번째 노하우

- 좋은 질적 목적 진술을 작성하는 기술 개발하기
- 질적 중심질문과 하위질문을 작성하는 기술 개발하기
- 목적 진술과 연구질문 안에 중심현상을 명확하고 이해하기 쉽게 언급하는 기술 개발하기

왜 중요한가?

스탠리 피쉬(Stanley Fish, 2011)의 책 **어떻게 문장을 쓰고 어떻게 읽는가**(*How to Write a Sentence and How to Read One*)는 논문, 특히 목적 진술을 쓰는 데에 도움이 된다. "문장은 논리적 관계의 구조"(p. 57)이므로 피쉬는 문장들이 어떻게 조합되는지 생각할 필요가 있다고 말한다. 그리고 명사나 동사, 직접 목적어 등의 부분에 초점을 맞추기보다는 생각의 연결에 주의를 기울이라고 한다. 피쉬는 문

장 안에 있는 내용을 진전시키는 "구성요소와 동력"(p. 121)이 무엇인지 묻는다. 목적 진술 속의 구성요소와 동력, 그리고 구조를 만드는 논리적 부분들이 무엇일까 생각하다가 우리는 목적 진술에 들어가는 주요 부분들을 빈칸으로 두고 연구자가 채워 넣을 수 있는 "대본"을 만들었다. 이 "대본"은 연구자가 질적 연구 프로젝트에서가장 중요한 부분인 목적 진술을 작성하고, 또한 연구질문을 설계하는 데 도움이 된다.

 이 장에서 여러분은 좋은 목적 진술의 "대본"을 살펴볼 수 있는데, 각 요소들은 연구의 목적이나 의도에 대한 아이디어를 개진시키는 논리적인 순서대로 배열되어 있다. 요약하면, 목적 진술은 신중하게 작성해야 하며 내용이 명확하고 간결해야 한다. 목적 진술이 불분명하면 독자가 연구를 제대로 이해하지 못한 채 중간에서 방향을 놓치게 된다. 목적 진술 다음으로 중요한 것은 연구질문인데, 이는 연구에서 답할 수 있는 질문의 형식으로 목적 진술을 좁혀 놓은 것이다. 연구질문 역시 목적 진술의 주요 요소를 전달할 수 있도록 신중하게 작성되어야 한다. 목적 진술과 연구질문 안에 모두 포함되어야 하는 것은 바로 탐구하려는 핵심 아이디어인 중심현상이다. 중심현상의 본질에 초점을 맞추면서 이를 일관성 있게 다루는 것은 좋은 질적 연구의 중요한 특성이다.

목적, 연구질문, 연구방법을 서로 연결하기

 목적 진술(purpose statement)은 연구의 전반적인 목적 또는 의도다. 어떤 프로젝트에서는 이를 "연구 목적(study aim)"이라고 부른다. 이는 질적 연구에서 가장 중요한 진술이며 프로젝트의 핵심을 전달한다. 중심질문(a central question)은 연구 목적을 구체적인 질문으로 재구성한 하나의 일반적인 질문이다. 중심질문은 가장 넓은 질문이다. 관련된 구체적인 변수들로 축소시키는 양적 연구질문과는 다르다. 스스로 "중심현상에 대해 물어볼 수 있는 가장 넓은 질문은 무엇일까?"라고 질문해 보면 도움이 된다. 중심현상은 질적 연구에서 탐구하려는 핵심 생각이다. '개인의 경험'처럼 너무 넓게 규정되어도 안 되며, '회사 내에서의 정체성'처럼 너무 좁게 규정되어도 안 된다. 개인의 '문화적 정체성'과 같이 중간쯤에서 정해질 필요가 있다. 중심현상은 목적 진술과 중심질문 안에 포함된다. 중심질문을 주제별로 나누면 다섯 개에서 일곱 개 정도의 구체적인 하위질문(sub-questions)이 만들어진다. 중심현상을 탐구하기 위해 연구 참여자들에게 어떤 하위질문들을 물어볼 것인가? 하위질문들은 다시 자료수집과정에서 활용될 주요 질문들이 된다. 이 질문들은 인터뷰를 할 때나, 관찰을 하면서 스스로 성찰을 할 때, 문서나 사진, 비디오 등 여러 형태의 시청각 자료를 탐색할 때 사용된다.

목적 진술

시중에 나온 연구방법론 책들 중에서 아마도 존이 가장 많은 부분을 목적 진술에 대해 기술했을 것이다. 존의 책 **연구설계**(*Research Design*; Creswell & Creswell, 2019)에서는 한 챕터 전체를 여기에 할애했다. 존의 접근은 상당히 응용적이고 실용적이다. 연구자들이 견본으로 활용하여 빈칸을 채우면 되는 목적 진술 "대본"을 제공하는 것이 중요하다고 여긴다.

좋은 목적 진술에 들어가는 요소들

좋은 질적 목적 진술을 작성하는 데 도움이 되는 몇 개의 주요 요소들은 다음과 같다.

- 독자에게 이 부분이 목적 진술이라는 것을 드러내는 **핵심 단어**를 사용한다. "본 연구의 목적은… (The purpose is…)"으로 진술문을 시작한다. 또한 연구의 "의도(intent)"나 "목표(objective)"에 대해 이야기할 수도 있다. 펀드를 받기 위한 많은 제안서에서는 '*purpose*'보다 장기적이고 큰 목적을 나타내는 '*study aim*'이라는 단어를 사용한다. 어떤 용어를 사용하든지 어떻게 하면 독자에게 가장 중요한 진술문이 시작되고 있음을 알릴지 고려한다.
- **동사의 시제**를 적절하게 사용한다. 앞으로 진행할 연구에서는 미래 시제를 사용하고, 이미 끝난 연구의 경우에는 과거 시제를 사용한다. 활동성과 역동적인 느낌을 전달하려면 현재 시제를 사용한다. 질적 연구에서는 이 세 가지가 모두 가능하다.
- 진술문은 **짧게 요점만 간단히** 한다. 불필요한 단어나 설명을 제거한다.
- 발견하다, 생성하다, 탐색하다와 같이 참여자의 열린 반응을 이끌어 낼 **탐색적 단어**를 사용한다. 양적 연구에서 자주 사용되는 **긍정적인, 성공적인, 효과적인, 유용한** 등의 단어를 쓰면 논의가 확장되기 어렵다.

- 다음 요소들을 진술문에 포함한다.
  - 자신의 연구가 질적 연구임을 언급한다. 연구에서 사용할 적절한 질적 설계를 결정했다면(30장 참고), 설계의 이름을 여기에 포함한다.
  - **이해하다, 묘사하다, 개발하다, 발견하다, 만들어 가다**와 같이 주제를 알아가는 방법을 전달하는 행위동사를 사용한다.
  - 중심현상을 언급한다. 중심현상은 탐구하려고 하는 핵심 아이디어다(예. 전문가가 된다는 것, 압박감에 굴복하는 것, 불확실성을 견디기).
  - 연구 참여자를 명시한다. 연구의 자료를 제공할 사람은 누구인가? 만일 문서나 시청각 문서를 자료로 수집한다면, 이를 구체적으로 밝힌다.
  - 자료를 어디에서 수집할지 연구장소를 명시한다. 가상의 장소라면 그 사실을 언급할 수 있다. 어떤 경우에는 장소를 익명으로 하는 것이 현명하다(예. "중서부 지역의 큰 공립 대학").
  - 중심현상에 대한 용어가 독자들에게 자명하지 않을 경우에는 이에 대한 일반적인 정의를 제공한다. 교과서에 나오는 정의를 사용하거나, 다시 새롭게 정의 내리거나, 학계에서 받아들여지는 정의 등을 제공할 수 있다.

질적 목적 진술을 작성하기 위해 제안하는 대본

다음의 "대본"에 자신의 연구에 기초가 되는 정보들을 채워 넣을 수 있다.

이 _____의 목적은(질적 접근)_____가(참여자) _____에서 (연구장소) _____을 하는지를(중심현상) _____하는(행위동사: 이해하다, 묘사하다, 개발하다, 발견하다 등) 것이다(현재, 과거, 혹은 미래형).

예시 #1.

그러므로 이 질적 연구의 목적은 [질적 접근] 지방에 거주하는 저소득층 가족이 [연구장소] 어린 자녀와 어떻게 여가시간을 보내는지를 [중심현상] 어머니의 관점에서 [참여자] 탐구하여 이론적 모델을 만들어가는 [행위동사] 것이었다(Churchill, Plano Clark, Prochaska-Cue, Creswell, & Ontai-Grzebik, 2007).

예시 #2.

따라서 이 다중(multi-site) 질적 사례연구의 목적은 [질적 접근] 청소년들이 [참여자] 학교와 가정에서 [연구장소] 어떻게 흡연에 대해 이야기하는지를 [중심현상] 탐구하는 [행위동사] 것이다(Plano Clark et al., 2002, pp. 1265-1266).

위의 두 예에서는 중심현상을 따로 정의 내리지는 않았다. 저자들은 "여가시간을 보내는 것"과 "흡연에 대해 이야기하는 것"에 대해 따로 정의 내릴 필요가 없다고 판단하였기 때문이다.

연구질문

연구질문은 질적 연구자가 자료를 수집하고 분석하여 이에 답을 할 수 있도록 목적 진술을 구체적인 질문으로 좁힌 것이다. 질적 연구에서는 가설을 세우기보다는 연구질문을 만든다. 가설은 일반적으로 탐구의 범위를 좁히는데, 질적 연구를 할 때에는 참여자들의 다양한 관점이 드러나게 하기 위해서 열린 질문을 유지하려 한다. 질적 연구에서는 두 종류의 질문이 있다. 바로 중심질문과 하위질문이다. 중심질문을 나누면 몇 개의 하위질문이 되고, 이 하위질문들에서 다시 인터뷰나 관찰 질문이 만들어진다.

중심질문

중심질문은 연구자가 주제에 대해 탐구할 때 물어볼 가장 넓은 질문이다. 의문문의 형식으로써, 양적 프로젝트를 암시하는 지시적 단어들(예. 긍정적인, 성공적인, 효과적인)은 포함하지 않는다. 또한 집단이나 변수 간 비교를 하지 않는다. 주로 넓은 독자층에게 친숙한 언어를 사용하며, 목적 진술에 있는 단어들의 일부를 반복하고, 논리적 부분들로 구성되어 있다. 이러한 논리적인 부분들은 다음과 같다.

- 중심질문은 **어떻게** 또는 **무엇** 등의 단어로 시작한다. 일반적으로 양적인 인과관계를 암시하는 **왜**라는 단어로는 시작하지 않는다.
- 질적 프로젝트를 통해 탐구하고 싶은 핵심 아이디어인 중심현상을 언급한다.

- 연구의 참여자를 밝힌다.
- 연구 현장이나 장소를 밝힌다. 때때로 이 부분은 목적 진술에 함축되어 있기 때문에 생략되기도 한다.

수정을 통해 중심질문의 향상을 보여주는 예시들

예시 #1. 중심질문 수정해서 더 흥미롭게 만들었음

원래 질문: 중서부 대학의 중국인 대학원 신입생들은 어떻게 적응하는가? (마(X. Ma), 개인적 대화, 2014. 11. 18.)

향상된 질문: 중서부 대학의 중국인 대학원 신입생들이 첫 해에 적응을 위하여 사용하는 대처전략은 무엇인가?

원래의 질문에도 핵심 요소는 모두 들어 있었다. 이 중심질문에 필요했던 것은 프로젝트를 좀 더 흥미롭게 하는 요소다(3장 참고). 예를 들어, 중심현상을 문화적 측면이나 학생들이 사용하는 대처 기술로 전환할 수 있다. 수정된 질문에서는 중심현상으로 대처 전략을 선택하였다.

예시 #2. 중심현상을 명확하게 하도록 질문을 수정하였음

원래 질문: 중부 대초원지대의 목장 주인들은 목장과 관련한 결정을 내릴 때 목장과 관련 없는 정보를 어떻게 활용하는가? (시리윈크시(M. Siliwinksi), 개인적 대화, 2014. 11. 18.)

수정된 질문: 중부 대초원지대의 목장 주인들은 자신의 땅을 운용하

기 위해 어떻게 지역 정보를 활용하는가?

원래의 질문을 보면 탐구하려는 중심현상이 모호했다. 수정본에서는, "정보활용"이라는 중심현상이 명확해졌다.

예시 #3. 질문에 중심현상을 추가하였음

원래 질문: 직원 자원그룹은 어떻게 운용되는가? (슈레터(S. Schlachter), 개인적 대화, 2014. 11. 18.)
수정된 질문: 직원 자원그룹은 어떻게 설립되며 그들의 사회적 정체성을 유지하는가?

연구질문 안에는 중심현상이 있어야 함에도 불구하고, 원래의 질문에서는 이 부분이 빠져 있었다. 원래의 연구 목적에 나와 있던 중심현상은 "직원 자원그룹의 내부 작업"이었다. 직원 자원그룹의 사회적 정체성으로 변경하면 중심현상이 더 잘 드러날 수 있을 거라 판단하였고 이를 수정된 질문에 추가하였다.

하위질문들

중심질문을 구체적인 여러 측면으로 축소하여 하위질문을 만들 수 있다. 하위질문은 너무 많지 않게, 다섯 개에서 일곱 개 정도로 작성하길 권한다. 질적 연구자로서 중심현상을 주의 깊게 관찰하고, 스스로 "이 중심현상은 어떻게 몇 개의 측면들로 나뉠 수 있을까?" 하는 질문을 던져보길 권한다. 이러한 부분들이 하위질문이 되며 이를 바탕으로 자료수집을 위한 인터뷰나 관찰 질문이 만들어진다. 그

림 12.1과 같이 중심질문은 몇 개의 하위질문으로 나뉘고, 하위질문
들은 인터뷰 프로토콜의 핵심 내용이 된다(15장 참고).

예를 들어, "다양성에 대한 캠퍼스의 분위기는 어떠한가?"(핵심 현
상은 다양성)라는 중심질문은 다음과 같이 몇 개의 하위질문으로 나
눌 수 있다.

- "캠퍼스에서 다양한 사모임을 형성하는 데에 관한 학생들의 태
  도는 어떠한가?"
- "다양성은 중앙행정기관에서 어떻게 장려되는가?"
- "다양성은 캠퍼스 내의 학부 수업에서 어떻게 장려되는가?"

그림 12.1 중심질문과 인터뷰 질문의 관계

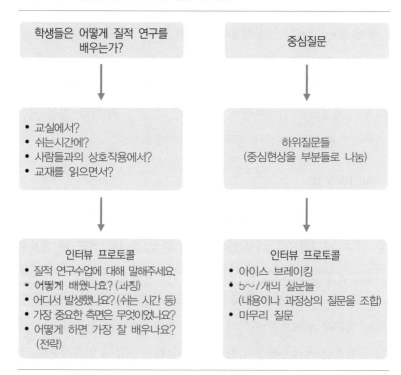

· "다양성은 캠퍼스 경찰에 의해 어떻게 장려되는가?"

중심현상

목적 진술이나 중심질문, 하위질문을 작성하는 데 가장 어려운 부
분은 중심현상을 명확히 하는 것이다. 자신이 연구에서 무엇을 알고
싶은지를 제대로 이해해야만 중심현상이 확실해진다. 중심현상을
알아내기까지 몇 차례의 시도를 할 수도 있으며, 다른 사람과 자신
의 생각을 공유하거나, 문헌이나 해당 주제에 대한 핵심 연구들을
재검토하거나, 자료를 일부 수집하여 분석하거나, 질문을 던졌을 때
어떠한 참여자들이 실제적인 답변을 하는지를 확인해 본 후에 최종
결정을 내릴 수 있다. 연구결과나 테마를 보고 연구의 중심현상을
명확하게 하고 있는 자신을 발견할 수도 있다. 중심현상을 밝히는
데 도움이 되는 몇 가지 제안은 다음과 같다.

· 중심현상을 두세 단어나 그 이하로 말해본다(예를 들어, "전문가
  개발", "기술의 통합", "육아" 등). 중심현상을 가능한 구체적으로
  표현한다.

· 중심현상은 자료를 수집하거나 분석을 하는 연구 과정에서 변
  할 수도 있음을 인지한다. 중요한 것은 처음에 중심현상을 확실
  히 결정하는 것이 아니라, 최종적으로 중심현상을 명확하게 하
  는 것이다.

· 중심현상을 작성했으면, 글 전체에 동일한 표현을 사용하며 일
  관성을 유지한다. 연구 중간에 중심현상과 관련된 단어를 변경
  하면 독자들은 혼란스럽다. 제목이든, 목적 진술이든, 연구질문

이든, 결론이든 간에 중심현상이 등장하는 곳에서는 동일한 이름을 사용한다.

중심현상이 변경된 예

연구에서 중심현상이 바뀐 다음의 예를 살펴보자.

연구의 초록: 이 연구의 목적은 백인 강사가 가르치는 다양성 수업에서 대학생들이 어떻게 상호작용하는지를 이해하는 것이다.

동일 연구의 서론: 이 질적 연구의 목적은 백인 강사가 다양성에 대해 강의하는 중서부 지역의 4년제 공립 대학 강의실에서 어떻게 학생들이 상호작용에 반응하는지를 발견하는 것이다.

위 예를 보면, 초록에서는 중심현상이 "학생들의 상호작용"이었는데, 목적 진술에서는 "학생들이 상호작용에 반응하는 것"으로 바뀌었다. 이런 식으로 중심현상이 바뀔 경우 독자들이 혼란을 느끼고, 탐구하려는 중심현상이 모호해지게 된다.

중심현상에 대한 다른 생각들

중심현상을 너무 광범위하거나 너무 협소하지 않게 정해야 독자들이 연구를 쉽게 이해할 수 있다. "경험"이나 "관점" 등은 너무 광범위하여, 무엇을 탐구하고 싶은지 제대로 전달하지 못한다. 반면 "바나나 먹기"나 "연필을 깎기" 등은 중심현상으로 보기에는 너무나 협소하여 탐구하려는 대상에 개념적인 흥미를 느끼기 어렵다.

더 나아가, 중심현상은 하나만 언급한다. '그리고'와 같은 접속사

를 사용하면 중심현상이 하나 이상임을 암시하게 된다(예. "어린 청소
년에게 감정 그리고 태도는 무엇을 의미하는가?").

요약

중심질문을 명료하게 작성하는 것은 중요하다. 행위동사나 중심현상, 참여자, 연구장소 등 질적 접근의 요소를 포함하는 "대본"을 활용하면 도움이 된다. 연구 목적에서 나온 중심질문은 자료수집을 할 때 사용될 일반적인 질문이다. 중심질문은 일반적이고 넓게 묻는데, 이는 참여자의 다양한 관점을 듣기 위해서다. 나아가 중심질문을 부분들로 나누어 하위질문을 만든다. 중심현상은 연구에서 탐구하려는 주요 생각이며, 이를 단순하고 명확하게 작성하는 것은 도전과제다.

활동

1. 다음 중심질문을 살펴본다: "양부모인 여성에게 육아란 무엇을 의미하는가?" 다음을 확인해본다.
   - 중심현상
   - 참여자들
   - 연구장소
2. 다음 중심질문을 살펴본다: "빈민가 환자들을 위한 의료 시설에서 일하는 교수/학생들에게 의료란 무엇인가?" 다음을 확인해본다.
   - 중심현상
   - 참여자들
   - 연구장소

추가 자료

Creswell, J. W. (2014). *Research design: Qualitative, quantitative, and mixed methods approaches* (4th ed.). Thousand Oaks, CA: Sage.

PART
04

질적 자료수집하기

13

질적 자료수집과정 이해하기

열세 번째 노하우

질적 자료수집과 관련된 다양한 단계들을 이해하는 기술 개발하기

왜 중요한가?

질적 연구를 처음 접한 사람들은 흔히 자료수집을 단순히 인터뷰나 관찰 진행으로 여긴다. 실제로 질적 자료수집과정은 장소 선정부터 정보기록 방식의 설계까지 몇 단계로 이루어진다. 완전한 자료수집 계획이나 논의는 여러 단계를 포함한다. 이 장에서는 이 모든 단계들을 완수하는 데 도움을 줄 체크리스트와 엄격한 질적 자료수집 시 필요한 내용을 설명한다. 자료수집의 중심은 당연히 연구자가 취합할 자료들이다. 질적 연구는 다양한 종류의 자료를 기반으로 하며, 디지털 시대인 오늘날, 가능한 자료의 종류는 상당히 늘어나고 있다. 이 장에서 우리는 취합할만한 자료의 종류를 검토하고 각각의

장단점을 살펴볼 것이다.

질적 자료수집의 부분들

존은 좋은 자료수집과정에 포함되는 다양한 요소들을 설명하기 위해 종종 수레바퀴의 예를 사용해왔다(Creswell & Poth, 2018). 이후 학술지 투고를 위해 질적 연구를 설계하는 사람들과 작업하면서, 자료수집절차에 대한 존의 리스트는 확장되었다. 학위논문이나 프로젝트, 또는 학술지 아티클의 질적 자료수집 부분을 쓸 때에는 다음의 내용을 고려해본다.

- 질적 연구를 하는 근거
- 연구장소
- 연구장소와 참여자에게서 받은 승인
- 참여자 모집 전략
- 목적 표집된 참여자들
- 참여자의 인구통계학적 자료
- 참여자를 위한 혜택
- 수집된 자료의 종류
- 자료수집 범위
- 프로토콜과 자료수집 시 물어볼 질문

근거

논문의 방법론 장은 주로 질적 연구를 하는 근거에서 시작한다. 10년이나 15년 전에는 대부분의 질적 프로젝트에서 이 부분이 필수

적으로 요구되었으나, 질적 연구에 익숙한 사람들이 늘어나면서, 근
거제시의 필요성은 점점 줄어들고 있다. 근거는 질적 연구의 장점과
특성들(이 책의 1장과 2장)을 언급하는 것으로 이루어진다. 질적 연구
는 주로 측정할 변수나 물어볼 질문을 모를 경우 탐색을 위해 사용
된다. 또한 중심현상을 최대한 잘 이해하기 위해 실제 참여자의 말
을 들어봐야 할 경우에도 중요하다. 질적 연구는 연구질문이 발생한
특정 장소에서 진행될 경우가 많은데 이것을 장소, 맥락, 또는 연구
를 둘러싼 환경이라고 부르고 연구에서 중요시된다. 또한 질적 연구
는 상황에 대한 복잡한 묘사와 함께 주제를 바라보는 개인들의 서로
다른 다양한 관점을 독자에게 보여준다.

연구장소

다음으로는, 연구가 진행될 특정 연구장소를 소개한다. 장소를 묘
사하고, 왜 이곳이 문제를 탐구하기 위한 이상적인 장소로 선정되었
는지 논의한다. 우선은, 넓은 관점으로 장소를 묘사한 뒤 점차 좁혀
가는 형식을 취한다. 예를 들어 무료급식소에 대한 존의 문화기술지
에서는, 급식소 건물과 이를 둘러싼 지형을 먼저 설명한 다음, 주방
을 설명하고, 그다음 구체적으로 테이블과 그 테이블에 앉아 있는
사람들을 논의하였다(Miller, Creswell, & Olander, 1998).

승인

질적 연구는 참여자의 집이나 직장에서 이루어진다. 또한 측정이
나 정확한 평가가 쉽지 않은 연구하기 어려운 주제나 감정적인 이슈
에 초점을 맞춘다. 이러한 이유로, 질적 연구자들은 승인받는 것을

매우 중요하게 여기고, 다수에게서 승인을 받는 것에 대해 논의한
다. 승인은 기관이나 기관윤리위원회(IRB)에게, 정보 수집을 위해 허
가가 필요한 장소의 "게이트키퍼(문지기 또는 수문장)"에게, 그리고 참
여자들과 혹은 참여자의 부모들(어린이를 대상으로 할 때)에게 받아야
한다. 다단계 승인을 받는 것은 질적 연구의 도전과제다. 7장에서
나는 IRB의 승인을 받는 과정을 설명했다. 자료수집과정 동안 질적
연구자는 참여자에게 자료수집을 위한 정보 제공을 허락받고 참여
자의 권리보장이 명시된 동의서를 제공해야 한다. 그림 13.1은 자료
수집기간에 사용된 동의서의 예다.

　이 형식을 잘 살펴보는 것이 중요하다. 여기에는 동의서에 들어가
야 하는 구체적인 요소들이 포함되어 있는데, 예를 들어

- 언제든 자발적으로 연구에서 철회할 수 있는 참여자의 권리
- 연구의 중심 목적과 자료수집 시 사용될 방법
- 참여자 비밀보장 확인
- 연구 참여와 관련해 알려진 위험성
- 연구 참여자에게 생길 수 있는 혜택
- 연구자와 참여자의 서명

　대안적으로, 이러한 요소들은 IRB 승인을 위한 질의응답 형식으
로 다뤄질 수 있다. 이때는 참여자의 관점에서 질문을 던져본다. 위
의 목록과 동일한 요소를 다루면서, 질문 형식의 연구동의서를 만들
면 다음과 같을 것이다(Agency for Healthcare and Quality, 2009).

- 이 연구를 하는 이유는 무엇인가?
- 만일 참여를 거절한다면 어떻게 되는가?

- 만일 참여한다고 했다가 나중에 마음이 바뀌어서 그만두고 싶어지면 어떻게 되는가?
- 참여한다고 말하면 어떤 일이 생기는가?
- 시간은 얼마나 소요되는가?
- 이 자료는 누가 보게 되는가?
- 연구 참여가 자신에게 어떤 식으로든 해가 될 수 있는가?
- 연구 참여가 자신에게 어떤 식으로든 도움이 될 수 있는가?
- 연구에 참여하면 금전적 보상을 받는가?
- 만일 질문이 생기면 어떻게 하는가?
- 연구에 참여하고 싶다면 어떻게 하면 되는가?

질의응답 형식은 때로 보건과학분야와 특정 IRB에서 선호된다(예. Agency for Healthcare Research and Quality의 웹사이트(http://www.ahrq.gov)). 자신과 관련된 기관의 IRB 승인 요구사항을 조사해본 뒤 동의서를 준비하길 권한다.

위의 요소들은 개인의 동의를 얻는 것과 관련이 있다. 이와 동일하게 중요한 것은 연구장소의 출입허가를 구하는 것이다. "게이트키퍼" 또는 연구장소에 들어올 수 있도록 허가를 하는 책임자에게 연구자가 연구장소에 있을 때 무엇을 하는지 알리는 것이 중요하다. 보그단과 비클렌(Bogdan & Biklen, 1992)은 다음 정보들을 현장 사람들에게 알리도록 제안한다.

- 왜 이곳이 연구장소로 선정되었는가?
- 연구기간 동안 이곳에서 무엇을 할 것인가?
- 연구자는 얼마 동안 이곳에서 시간을 보낼 것인가?

• 연구자의 존재는 이곳 활동에 방해가 되는가?
• 연구결과는 어떻게 보고될 것인가?
• 현장연구를 허가한 책임자, 참여자, 그리고 장소는 연구와 관련
  해 어떤 것을 얻게 되는가? (호혜)

연구자가 각각의 질문에 대한 답변을 글로 써서 연구장소에 있는
참여자에게 정보차원에서 제공해도 좋다.

그림 13.1 사람을 주제로 하는 참여자 연구동의서 형식의 예

"질적 연구를 배우는 경험: 질적 사례연구"

참여자님께

다음은 본 연구에 참여할 의향을 결정하도록 제공되는 정보입니다. 참여
여부는 자유롭게 결정할 수 있으며, 언제든 해당 학과나 강사, 또는 네브라
스카-링컨 대학과의 관계에 영향을 미치지 않고 참여를 중단할 수 있습니다.

본 연구의 목적은 대학원 박사 과목으로 질적 연구를 배우는 과정을 이
해하는 것입니다. 연구의 현 단계에서 "과정"이란 일반적으로 과목에 대한
인식과 함께 수업 진행단계 차이에 따른 질적 연구 이해도로 정의됩니다.

자료는 세 단계-학기 시작 시, 학기 중간, 그리고 학기를 마치는 시점-에
서 수집될 예정입니다. 자료수집은 문서(학생과 강사가 작성한 학술지 목록
들, 학생들의 수업과 연구 진행 정도 평가), 시청각적 자료(비디오 수업촬
영), 인터뷰(학생들 간의 인터뷰 전사자료), 수업 관찰과 현장노트(학생과
강사 작성)가 포함될 것입니다. 자료수집에 관여된 사람들은 강사와 수업
에 참여하는 학생들이 될 것입니다.

실분이 있다면 연구에 참여하기 전이나 혹은 참여하고 있는 중간에라도
주저 없이 말씀해주시기 바랍니다. 우리는 연구가 완료된 후 결과를 공유하
고자 합니다. 하지만 참여자의 이름은 연구결과와 어떠한 방식으로도 연계

되지 않을 것이며, 오직 연구자만이 참여자의 신분을 알고 있을 것입니다.

　본 연구와 관련된 알려진 위험이나 불편은 없습니다. 참여할 경우 예상되는 혜택으로는 질적 연구를 배우는 경험에 대한 정보, 질적 연구에 참여하는 기회, 세부적인 자료분석에 참여하는 학생들과의 공저입니다. 게재를 위해 논문을 투고할 시, 수업을 들은 모든 참여자의 이름을 적은 행이 명시될 것입니다.

　진행과정과 목적을 충분히 이해한 뒤 동의서에 서명해주시기 바랍니다. 서명된 동의서 한 부는 보관을 위해 여러분에게 주어질 것입니다.

참여자의 서명
날짜

존 W. 크레스웰, 교육심리학과, 네브라스카 링컨대학, 책임 연구자

자료: Creswell and Poth(2018)에서 발췌

참여자 모집 전략

　질적 연구자는 프로젝트 참여자를 모집해야 한다. 신문에 광고를 내거나, 연구장소와 접촉하거나(예. 지지집단), 편지를 보내거나, 또는 프로젝트에 대한 전단지를 붙이고 모집을 요청하는 등의 방법이 필요하다. IRB는 연구자가 참여자를 어떻게 모집했는지에 대한 정보를 요구하며, 실제 전단지나 공고문을 IRB에 첨부해야 한다. 요즘은 그래픽 디자인 사이트를 활용해서 손쉽게 전문적인 전단지나 인포그래픽을 제작할 수 있다(예. Canva (www.canva.com), 또는 Venngage (www.venngage.com)). 그림 13.2는 조한나가 로버트 우드 존슨 임상 학자 연구 프로젝트를 위한 이민자 청소년 모집 시 활용한 전단지의 예이며, 이 내용은 영어와 스페인어로 제공되었다.

때때로, 원하는 만큼의 참여자의 수를 채우기 위해서 다양한 모집 전략이 사용된다. 다수의 사람들과 연결되기 쉬운 방법은 리스트 서버(list server)와 같은 웹 기반 서비스나 이메일을 통해 초대장을 발송하는 것이다. 그림 13.3은 질적 인터뷰 참여자 모집을 위해 발송된 이메일 초대장의 예다. 다음 장에서 표집에 대해 보다 심도 있게

그림 13.2 참여자 모집 전단지의 예(영어 버전)

다루겠지만, 눈덩이나 체인(사슬)표집은 참여자 모집에 도움이 된다. 연구자는 이러한 전략을 사용해서 정보가 풍부한 참여자를 자신에게 연결시켜 줄 사람들을 찾는다. 게이트키퍼나 관련된 사람들 또는 연구 참여자를 통해 소개를 받을 수도 있다(Rossman & Rallis, 2012). 인터뷰 마지막 질문에 이 주제에 대해 더 알고 싶다면 누구와 이야기할 수 있을지 물어볼 수도 있다. 물론, 이러한 접근은 연구윤리나 참여자와의 관계에 대한 고려가 요구된다.

그림 13.3   인터뷰 초대 편지의 예(이메일)

친애하는 [이름]:

저희는 혼합연구 실행의 숙련도를 개발하는 데 필요한 기술을 연구하고 있습니다. 혼합연구를 실행하고 가르치는 분야에서 _____님의 전문성을 인지하여, 이러한 기술에 대해 이해를 높이기 위한 개별 인터뷰에 _____님이 참여해 주시기를 요청드리고자 합니다. 인터뷰는 약 45분 소요되고 전화로 진행됩니다.

연구와 참여에 관한 정보가 포함된 동의서를 첨부하였으니 확인 부탁드립니다. 참여를 원하시면, Tim Guetterman(tcguetterman@gmail.com)이나 John W. Creswell(jcreswell1@unl.edu)에게 연락주시기 바랍니다. Tim이 동의서 설명과 인터뷰 진행을 위한 계획을 논의드릴 것입니다.

고려해 주셔서 감사합니다.

Sincerely,
Tim Guetterman, 연구 조교
John W. Creswell, 교수

목적 표집

목적 표집(purposeful sampling)은 연구의 중심현상에 대해 잘 알려 줄 수 있는 개인들을 질적 프로젝트의 참여자로 선정하는 과정이다. 이것은 모집단을 대표하거나, 혹은 참여가 가능하다는 이유로 개인 이나 집단, 장소가 선택되는 양적 연구의 표집과는 다른 형태다. 목 적 표집에는 세 부분이 포함된다. 참여자(또는 장소) 결정, 사용할 표 집 전략, 표집 인원의 수이다.

자신이 탐구하고자 하는 현상에 대한 경험이 있는 개인을 연구의 참여자로 선택하는 것이 중요하다. 이것은 질적 연구의 기본 가정이 다. 다음으로, 연구에 참여할만한 인구의 범위가 상당히 넓을 수도 있으므로, 참여자를 선택하기 위해 사용할 표집 전략이 필요하다. 단 순히 목적 표집으로는 불충분하므로 계획하는 구체적인 표집 전략 을 명시할 필요가 있다. 이를 위한 몇 가지 선택들이 있는데 각각의 전반적인 목적을 표 13.1에 제시하였다.

표 13.1 질적연구 표집 전략의 유형

표집 유형	목적
최대 편차(Maximum variation)	다양한 차이를 기록하고 중요한 공통 패턴을 발견
동질성(Homogeneous)	초점에 맞춰 축소하고 단순화시키며, 집단 인터뷰를 촉진
결정적 사례(Critical case)	논리적 일반화 추구, 정보를 폭넓은 적용
이론 기반(Theory based)	이론적 구성요소의 예를 찾아 이론을 정교화 하고 검토

확증/비확증 사례(Confirming and disconfirming cases)	초기 분석을 정교화하고, 예외나 변이를 확인
눈덩이 또는 연쇄 (Snowball or chain)	풍부한 정보를 지닌 사람을 아는 누군가로부터 이들을 소개받아 관심 사례를 연구
극단이나 일탈 사례 (Extreme or deviant case)	매우 비일반적인 모습으로 드러나는 관심현상을 통한 배움을 추구
전형적 사례(Typical case)	일반적이거나 평균적인 것을 강조
강도(Intensity)	극단적이지는 않지만 현상을 강하게 드러내는, 정보가 풍부한 사례연구
정치적 중요성(Politically important)	원하는 관심을 끌기 위한, 또는 원치 않는 관심을 끄는 것을 피하기 위한 표집
무작위 목적(Random purposeful)	목적 표집의 대상이 매우 많을 때 표본의 신뢰성을 더하려는 목적
층화된 목적(Stratified purposeful)	하위집단을 드러내고 비교를 촉진
준거(Criterion)	특정 기준에 부합한 모든 사례를 연구, 연구의 질을 보장
기회적(Opportunistic)	새로운 단서를 따라감, 예상치 못한 부분을 잘 이용함
조합 또는 혼합 (Combination or mixed)	삼각검증을 하거나 유연한 표집 시 활용, 다양한 흥미와 요구에 부합
편의(Convenience)	정보와 신뢰성을 잃는 대신 시간, 비용, 노력을 절약

자료: Miles and Huberman(1994, p. 28). SAGE 출판사의 허가를 받아 다시 실음

표 13.1을 보면, 제일 먼저 최대 편차 표집(maximum variation sampling)이 나온다. 이것은 사전에 연구장소와 참여자에 대한 기준을 결정하고, 그 기준 내에서 최대한 다양한 장소와 참여자를 선택하는 것이다. 이 접근법은 표집 단계에서부터 다양한 관점이 드러나도록 설계

해서 질적 연구의 핵심 특징인 참여자 사이의 관점 차이를 알아보게 하는 장점이 있다. 또 다른 자주 사용되는 표집 전략으로 문제에 대한 구체적인 정보를 제공해주는 결정적 사례가 있고, 자원하거나 참여가 가능한 사람 중에서 참여자를 선택하는 편의 표집이 있다.

표집의 크기는 여러 가지 요인에 의해 결정된다(연구하려는 현상의 복잡성, 사용하는 질적 설계 방법(30장 참고), 자료의 풍부함과 방대함, 가능한 자원 등). 연구를 계획할 때 유사한 연구를 살펴보거나 자신이 유용할 수 있는 자원의 한계를 고려하는 것이 도움이 된다. 자료를 수집할 때, 참여자로부터 지속해서 같은(또는 유사한) 이야기를 듣게 되는 시점을 살펴본다. 이는 포화라고 불리는 개념으로 표본의 크기를 고려할 때 대략적인 범위를 제공한다. 질적 연구의 핵심은 주제의 깊이 있는 탐색이다. 만일 자료가 반복되기 시작하고 더 이상 새로운 정보를 듣지 못한다면 표집 크기가 적절하다고 볼 수 있다.

참여자의 인구통계학적 자료

질적 연구는 프로젝트에 실제 사람들이 참여하므로 현실적인 느낌을 준다. 참여자는 탐구하려는 중심현상에 대한 경험이 풍부한 사람을 선택한다. 또한 논문의 자료수집 부분에 연구 참여자의 개인적 세부 정보를 포함한다. 표를 만들어서 참여자의 성별, 인종, 지위, 지정학적 위치, 그리고 다른 요인들을 제공한다. 이를 보고 독자는 참여자의 인구통계학적 특징을 자세하게 이해할 수 있다.

참여자를 위한 호혜

질적 연구에 참여한 개인들은 상당 시간 인터뷰를 하고, 자신들의 삶과 관련된 문서를 공유하며, 자신들의 집이나 일터에서의 관찰을 허락해준다. 따라서 연구자는 참여자들의 시간에 대해 보상을 할 필요가 있다. 호혜(reciprocity)란 연구자가 참여자에게 어떤 형식으로든 작은 감사의 표시(예. 커피 한 잔 정도의 돈)를 하거나 이들을 지지하기 위해서 주요한 한 걸음을 제공하는 것이다(예. 무료급식소에 대한 문화기술지 연구에서 존은 기관을 돕기 위해 노숙자들의 권리를 지지하였다. Miller 외 연구, 1998 참고). 자료수집을 논의할 때, 프로젝트에 들어가는 참여자의 시간을 어떻게 보상할 것인지 밝힐 필요가 있다.

수집된 자료의 종류

질적 자료수집에서 가장 주목할 부분은 수집할 수 있는 자료의 종류를 검토하고, 연구를 위한 최선의 자료를 결정하는 것이다. 이는 각 자료원의 장점과 한계를 비교 검토하는 것을 의미한다. 더 나아가, 좋은 질적 연구의 특징은 다양한 자료(예. 인터뷰와 관찰)를 활용하고, 일상적이지 않은 자료(예. 문자 메시지)수집에 창의성을 발휘하는 데 있다. 연구에 다양한 자료원을 사용하면, 3장에서도 언급했듯, 개념에 흥미를 더하고 질적 프로젝트를 더욱 재미있게 만들 수 있다.

질적 자료의 종류는 네 가지 범위로 나뉜다. 관찰, 인터뷰, 문서, 그리고 시청각 자료다. 표 13.2에 나와 있듯, 각각의 자료원은 장점과 한계를 모두 포함한다.

표 13.2 질적 자료수집의 종류: 장점과 한계

자료 수집 종류	종류 내 선택들	장점	한계
관찰	▪ 완전한 참여자-연구자의 역할을 숨김 ▪ 관찰자이기도 한 참여자-연구자의 역할이 참여자에게 알려짐 ▪ 참여자이기도 한 관찰자-관찰이 우선, 참여는 부차적 ▪ 완전한 관찰자-연구자는 참여하지 않고 관찰함	▪ 연구자는 참여자와 직접적 경험을 가짐 ▪ 연구자는 정보가 발생할 때 기록할 수 있음 ▪ 관찰 도중 특이사항을 알아챌 수 있음 ▪ 참여자들이 논의하기 불편한 주제를 탐구하는 데 효과적임	▪ 연구자가 방해자로 비칠 수 있음 ▪ 연구에 보고할 수 없는 사적 정보가 관찰될 수 있음 ▪ 연구자가 세심하게 관찰하는 기술이 부족할 수 있음 ▪ 특정 참여자들은(예. 어린이들) 연구자와 신뢰를 쌓는 데 어려움을 겪을 수 있음
인터뷰	▪ 면대면-일대일, 개별 인터뷰 ▪ 전화-전화상으로 인터뷰 ▪ 포커스 집단(그리고 온라인 포커스 집단)-집단으로 참여자를 인터뷰함 ▪ 온라인 인터뷰(예. 이메일, 채팅방, 게시판, 문자 메시지)	▪ 참여자를 직접 관찰하기 어려울 경우 유용함 ▪ 참여자들이 역사적인 정보를 제공할 수 있음 ▪ 연구자가 질문의 흐름을 주도할 수 있음 ▪ 긴 시간 동안 질문을 할 수 있음 ▪ 개방적 의사소통을 장려 ▪ 비용과 시간 면에서 효율적	▪ 인터뷰 대상자의 관점으로 걸러진 비간접적 정보가 제공됨 ▪ 자연스러운 현장이 아닌 지정된 장소에서 정보 수집 ▪ 연구자의 존재로 인해 응답이 편향될 수 있음 ▪ 모든 사람들이 통찰력과 언어 표현력을 가지고 있지는 않음 ▪ 온라인 접촉은 사생활 관련 문제를 야기할 수 있음 ▪ 온라인 자료수집은 기술이 요구됨

문서	▪ 회의록이나 신문 같은 공문서 ▪ 다이어리, 일기, 편지와 같은 사적 문서	▪ 참여자의 언어와 글을 구할 수 있음 ▪ 연구자가 편한 시간에 자료에 접근할 수 있음 (참여자를 방해하지 않는 자료수집원) ▪ 참여자가 주의를 기울여 기록으로 남긴 사려 깊은 자료로 여겨짐 ▪ 글로 쓰여 있으므로 전사를 하는 데 드는 시간과 비용을 줄일 수 있음	▪ 모든 사람들이 통찰력과 언어 표현력을 가지고 있지는 않음 ▪ 보호된 정보는 공공이나 사적 접근이 불가능함 ▪ 찾기 힘든 장소에 있는 정보를 구하기 위해 노력이 듦 ▪ 컴퓨터에 입력하기 위해 전사를 하거나 스캔을 할 필요가 있음 ▪ 자료가 불완전할 수 있음 ▪ 문서가 진짜가 아니거나 부정확할 수 있음
시청각 자료와 소셜 미디어	▪ 사진 ▪ 비디오테이프 ▪ 예술품 ▪ 컴퓨터 프로그램 ▪ 영화 ▪ 웹사이트 ▪ 소셜 미디어 메시지 ▪ 이메일 메시지 ▪ 온라인 토론	▪ 참여자를 방해하지 않는 자료수집방법일 수 있음 ▪ 참여자가 직접 그들의 현실을 나눌 수 있는 기회를 제공함 ▪ 시각적 자료를 활용한 창의적 방법임	▪ 해석이 어려울 수 있음 ▪ 공공이나 사적 접근이 어려울 수 있음 ▪ 관찰자의 존재(예. 사진작가)가 방해가 되거나 응답에 영향을 미칠 수 있음

자료: Merriam(1998), Bogdan, Biklen(1992), and Creswell(2018)의 자료를 포함함

확실히, 인터넷과 디지털 수단을 이용한 자료수집으로 인해 점점 더 많은 질적 자료가 가능해지고 있다. 존은 질적 연구에 대한 책에서 질적 자료원에 대한 "개요(compendium)"를 실어왔고, 꾸준히 리스트를 확장해 왔다. 최근의 목록은 디지털 정보 수집과 관련된 것이다. 가장 최근에 업데이트된 리스트는 그림 13.4에 나와 있다.

그림 13.4 질적 연구의 자료수집 접근에 대한 개요

질적 자료원의 개요

관찰
- 참여자로서 관찰을 실시
- 관찰자로서 관찰을 실시
- 참여자에서 관찰자로(그리고 반대) 역할을 변경하며 관찰을 실시

인터뷰
- 일대일 인터뷰 실시
- 포커스 집단 인터뷰 실시
- 온라인 인터뷰 실시: 이메일, 채팅방, 인터넷 대화, 리스트 서버(list servers) 문서

문서
- 연구하는 동안 연구수첩에 기록
- 연구하는 동안 참여자에게 일기나 일지를 기록하도록 함
- 참여자의 개인적 편지를 수집
- 공문서 분석(예. 공적 메모, 회의록, 기록, 보관된 문서들)
- 자서전과 전기 검토
- 참여자가 사진을 찍거나 비디오 촬영을 하도록 함(예. photo elicitation, 인터뷰 등에 사진을 추가해서 보다 효과적으로 의미를 이끌어내는 방법–역자)
- 차트 검토 실시
- 의료 기록 검토

시청각 자료
- 물리적 흔적을 증거로 검토(예. 눈길의 발자국)
- 사회적 상황이나 개인 또는 집단을 비디오나 영화로 촬영
- 사진이나 비디오 검토

- 웹사이트 메인 페이지 검토
- 소리 수집(예. 음악적 사운드, 아이들의 웃음소리, 차의 경적)
- 이메일이나 전자 메시지 수집
- 전화나 컴퓨터상 문자 메시지 수집
- 소지품이나 의례에 쓰이는 물건 검토
- 트위터 메시지 수집
- 페이스북 메시지 수집

자료: Creswell and Poth(2018)를 바탕으로 재구성

자료수집의 범위

질적 연구에서는 연구자가 자료수집 범위를 언급하는 것을 볼 수 있다(예. "이 프로젝트를 하면서 연구자는 6개월 동안 30번의 관찰, 15번의 인터뷰, 100개가 넘는 문서를 수집하였다"). 이러한 언급은 자료수집의 범위와 깊이를 보여준다. 다양한 형태의 자료와 수집된 정보의 양을 표로 정리해서 연구에 싣기도 한다. 이러한 정보는 연구가 엄격하게 진행되었고 장시간 현장연구에 할애했음을 강조하는 데 도움이 된다.

프로토콜과 자료수집 시 사용된 질문

자료수집 부분에서는 자료를 어떻게 수집했고 기록했는지 그 방식을 언급한다. 프로토콜(protocol)을 준비하면 질적 자료를 기록하고 질문을 하는 데 도움이 된다. 전형적인 프로토콜은 관찰 프로토콜(14장 참고)과 인터뷰 프로토콜(15장 참고)이다. 연구자는 최종 보고서에 프로토콜의 사본을 첨부해서, 취합된 정보의 종류를 전달한다. 방법론 챕터에서 자료수집방법에 대해 기술하면서 마지막에 구체적

인 인터뷰 질문이나 관찰을 하며 스스로 던졌던 질문을 나열하는 경
우가 많다. 이 질문들은 프로토콜에 언급된 것일 수 있다.

질적 자료수집 체크리스트

그림 13.5는 질적 연구를 준비하고 있거나 논문 투고를 앞두고 있
을 경우, 질적 자료수집과 관련한 중요한 요소들을 모두 검토하였는
지 확인하기 위한 체크리스트다.

그림 13.5 질적 연구 자료수집 체크리스트

_____ 질적 연구를 하는 근거 논의
_____ 연구장소(들)을 논의
_____ 허가받은 것을 명시(IRB 승인을 포함)
_____ 사용한 목적 표집의 종류 논의(기준을 포함)
_____ 연구 참여자 모집방식 명시
_____ 참여자의 인구통계학적 표 제시
_____ 연구로부터 참여자가 받을 혜택 명시(호혜)
_____ 수집된 자료의 종류 명시(자료수집 관련 표 등)
_____ 자료수집의 범위 명시
_____ 자료를 기록하고 질문을 하는 데 사용된 프로토콜(인터뷰, 관찰, 기록자료)의 사용 언급

요약

엄격한 방식으로 자료수집절차를 밝히는 것은 질적 연구에서 매우 중요하
다. 우선 연구자는 프로젝트에 질적 연구를 사용하는 근거를 진술한다. 다
음으로 연구장소는 어디인가와 현장 및 참여자에게 접근 허가받았다는 단
계별 승인서를 명시할 필요가 있다. 또한 참여자 모집 전략을 설명해야 한
다. 이후 연구에서 사용하려는 구체적인 목적 표집의 종류(예. 최대 편차
표집)를 밝힌다. 참여자들의 인구통계학적 정보를 언급하는 것은 독자들에
게 연구 프로젝트의 참여자와 장소에 대한 현실적인 그림을 제공할 수 있
으므로 도움이 된다. 다음으로, 연구 참여자들에게 보상을 어떻게 할 계획
인지 논의한다. 자신의 연구를 흥미롭게 만드는 데 도움이 될 수 있도록
창의성을 발휘하고 일상적이지 않은 자료를 사용해본다. 자료의 종류를 선
택한 후에는 참여자와 자료 종류를 나열한 표를 만들어서 자료수집의 범
위를 보여준다. 관찰이나 인터뷰에서 사용될 프로토콜을 첨부한다. 프로토
콜에는 자료수집 시 참여자에게 또는 연구자 스스로에게 물어본 구체적인
질문들이 명시되어야 한다.

활동

- 자신의 연구 프로젝트를 위한 자료수집방법을 적어본다. 이 장에서 언급
  한 모든 요소가 들어갔는지 확인하고, 이 장의 마지막에 있는 체크리스
  트를 사용해서 검토한다.
- 이 장에서는 자료수집 전에 참여자가 검토할 연구동의서 양식에 포함되
  는 요인들을 논의했다. 질적 프로젝트에 사용할 동의서 양식을 직접 작
  성해본다.

추가 자료

질의응답 형식의 연구동의서 양식 샘플

Agency for Healthcare Research and Quality. (2009, September). The
AHRQ informed consent and authorization toolkit for minimal
risk research. Retrieved from www.ahrq.gov/funding/policies/
informedconsent/ icform1.html

14

관찰하기

열네 번째 노하우

관찰을 잘하는 기술 개발하기

왜 중요한가?

관찰은 참여자가 인터뷰에서 스스로를 표현할 수 없을 때, 인터뷰를 원치 않을 때, 인터뷰가 불가능할 때, 그리고 질적 연구자가 관심 주제와 관련된 장소를 실제로 방문할 수 있을 때에 이상적인 질적 자료의 형태이다. 관찰은 인터뷰의 보조 역할로도 좋은데, 연구자가 인터뷰 결과와 관찰 결과를 비교해볼 수 있기 때문이다. 자료원들 간의 삼각검증은 해석의 정확성을 점검하는 데 중요하다. 관찰을 하면 토론이나 문서에서는 누설되지 않을 세부정보가 얻어질 수도 있다. 인터뷰나 포커스 집단을 하는 방법에 대해서는 많이 알려져 있지만, 관찰을 잘하는 방법에 대해서는 일반적으로 덜 알려져 있다.

자신이 수집할 질적 자료에 관찰을 추가할 경우 행해야 될 관찰의 종류, 관찰 과정과 기록방법, 좋은 관찰을 하는 데 있어서의 도전과 제들을 알아보자.

개발된 기술로서의 관찰

관찰은 질적 자료수집에서 중요한 도구 중 하나다. 우리는 관찰이 개발될 수 있는 기술이라고 본다. 관찰에 능한 개인 직업군을 생각해보면, 경찰과 사설탐정이 머리에 떠오른다. 그들은 대부분 고도로 개발된 관찰기술의 보유자다. 순찰차를 탄 경찰들은 사방을 관찰하고, 비일상적인 행동을 알아보고, 막 발생한 사고를 발견하는 데 능숙하다. 존의 조카의 남편은 수년간 사설탐정으로 일했는데, 심문하고 있는 사람의 목에 튀어나온 정맥을 관찰하면서 그가 진실을 말하는지 아닌지를 판단한다는 이야기를 한 적이 있다. 언젠가 함께 워싱턴 D.C.에 있는 모텔 현관에 앉아 밖을 보고 있을 때였다. 그가 존에게 "저거 봤어요?"라고 물었다. 차 한 대가 길에서 벗어나 한 블록 위쪽에서 기울어져 있었다. 존은 방금 일어난 일에 대해 어떠한 조짐도 알아차리지 못한 반면, 이미 그는 사건을 모두 "듣고", "보았던" 것이다.

관찰은 질적 연구에서 오랫동안 주요한 자료수집방법이었다. 주로 관찰 도구, 그리고 관찰자의 오감을 활용해 현장에서 발생하는 현상을 알아차리고, 그것을 과학적 목적을 위해 기록하는(Angrosino, 2007) 행위이다. 관찰은 중심현상을 알 수 있는 장소를 찾는 것에서 시작된다. 물리적인 장소, 참여자, 활동, 상호작용, 대화를 관찰할 수 있고, 또한 그 과정에서의 연구자 자신의 행동에 대해 관찰할 수 있다. 좋은 관찰자는 시각, 청각, 감각, 후각, 미각을 포함한 자신의 모든 감각을 사용한다. 관찰할 때, 보이는 모든 것을 기록하기는 어렵다. 일반적으로 질적 관찰자는 폭넓은 관찰로부터 시작해서 연구질문에 답을 줄만한 정보로 관점을 좁혀나간다.

관찰의 본질

해치(Hatch, 2002)에 의하면, "관찰의 목적은 연구하려는 문화, 장소, 또는 사회적 현상을 참여자의 관점에서 이해하는 것"(p. 72)이다. 관찰(observing)에는 장소를 정하고, 정보를 기록하기 위한 프로토콜을 개발하고, 사건에 초점을 맞춰나가고, 중심현상을 파악하는 데 도움이 되는 행위들을 찾아보고, 관찰자로서의 적절한 역할을 결정하고, 관찰 프로토콜에 보고 느낀 현장노트(field notes)를 기록하고, 관찰에 응해주고, 연구자가 현장에 머물도록 허가해 준 사람들에게 존중과 감사를 표하며 천천히 현장에서 철수하는 것이 포함된다. 이러한 부분들은 내가 권장하는 일련의 단계별로 진행될 수 있다.

관찰 과정

1단계: 연구장소 정하기

연구의 중심현상을 가장 잘 이해할만한 **장소**(*site*)를 고르고 결정한다. 현장 접근에 필요한 승인을 얻는다. 몇 단계의 승인이 필요할 수도 있고, 이 과정에서 게이트키퍼가 도움이 될 수 있다.

2단계: 관찰 프로토콜 개발하기

현장에 나갔을 때 관찰노트를 기록하기 위한 방법으로 관찰 프로토콜을 설계한다. 프로토콜에는 무슨 일이 일어났는지를 기록하는 묘사를 위한 부분과, 연구자의 경험, 직감, 또는 벌어진 일에 대한 생각을 적는 성찰적인 부분을 모두 포함한다. 프로토콜에는 잊지 말고 관찰한 날짜, 장소, 그리고 시간과 같은 정보를 기록한다(Angrosino, 2007). 그림 14.1은 관찰 프로토콜에 들어가는 정보의 일반적인 예다.

그림 14.1 관찰 프로토콜의 일반적인 형태

머리말: 시간, 장소, 관찰자	
묘사적 기록	성찰적 기록
▪ 스스로에게 물어볼 질문들(종종 연구의 하위질문들이 이러한 질문에 포함됨) ▪ 연대기를 포함하는 경우가 있음 ▪ 관찰을 진행할 특정 관찰 시간대를 정할 수 있음 ▪ 기본적으로 눈에 보이는 것을 묘사	▪ 연구자 자신을 위한 기록들(관찰하면서 경험한 문제나 눈에 띄는 점들) ▪ 예비단계의 결과를 적을 수도 있음(관찰하면서 연구 문제와 관련해서 배우게 된 초기 생각을 기록으로 남김)

그림 14.2는 존의 수업에 초청 강사로 방문했던 고(故) 해리 월코트(Harry Wolcott) 교수의 질적 연구 강의를 관찰할 때 개발한 관찰 프로토콜의 예다. 이 예에서 묘사적이고 성찰적인 기록과 더불어 수업 장소를 묘사한 스케치 그림을 볼 수 있다.

그림 14.2 묘사적이고 성찰적인 기록을 포함한 관찰 프로토콜의 예

총 시간: 90분	
묘사적 기록	성찰적 기록
일반적 질문: 교실에서 질적 연구를 배우는 대학원생들의 경험은 무엇인가?	
교실의 배치와 물리적 환경에 대해서는 이 페이지의 마지막 부분을 참고	날개판이 달린 OHP: 교실의 뒤쪽에서 잘 읽을 수 있을지 의심스러움
대략 오후 5시 17분, 크레스웰 박사가 학생이 가득 찬 교실에 들어와서 월코트 박사를 소개함. 수강생들은 안도한 모습임	수업 초반에 OHP가 전원에 연결되지 않음: 이것이 주의를 산만하게 만들지 않을까 생각이 듦(전원에 연결하는 데 추가 시간이 소요됨)
크레스웰 박사는 초대손님의 배경을 국제적인 경험에 초점을 두고, 간단히 소개함: "교장실에 있는 남자(The man in the principal's office)"라는 교육학적 문화기술지에 대한 언급을 함	크레스웰 박사와 월코트 박사의 늦은 도착. 학생들은 다소 걱정되는 모습. 아마도 오후 5시로 시작시간이 변경된 것과 관련이 있을 듯(몇몇 학생들은 6시 30분에 다른 수업이 있거나 다른 약속이 있을 것임)
월코트 박사는 현재 교육학적 문화기술지에 대해 집필하고 있다는 이야기로 수업을 시작하였고, 자신의 주요 업적으로 대표적인 두 권의 책 *Transforming Qualitative Data*와 *The Art of Fieldwork*을 언급함	크레스웰 박사와 월코트 박사 사이에 오간 수차례의 짧은 대화를 볼 때, 서로 간 좋은 라포가 형성된 듯함

월코트 박사가 지친 목소리에 대해 양
해를 구하며(명백히, 하루 종일 이야
기를 한 탓에) 강의를 시작하였고, 크
레스웰 박사는 강연자의 OHD 슬라
이드를 가져오기 위해 교실에서 나감

이 활동은 세 부분으로 볼 수 있음
1. 순수한 문화기술지적 방법론들
   을 발견하는 수업에 대한 강사
   의 도전
2. 교육학에서 질적 연구의 다양한
   전략들과 하부전략을 보여주
   는 "계보(tree)"에 대한 강사의
   발표
3. 잠재적 연구 프로젝트와 월코트
   박사가 이전에 쓴 연구들에 대
   한 학생들의 질문을 재치 있게
   받아넘기는 여유로운 "원로 전
   문가"

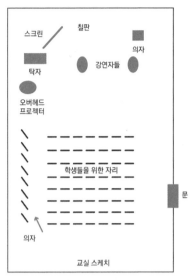

첫 번째 질문은 "여러분은 질적 연구
를 어떻게 보십니까?"와 "문화기술지
는 어떤 면에서 질적 연구로 적합한가
요?"였음

자료: Creswell and Poth(2018)

3단계: 관찰에 초점 맞추기

처음 몇 분 동안은, 적지 말고 조용히 관찰한다. 무엇이 관심을
끄는지 생각한다. 평범한 것과 평범하지 않은 것을 관찰한다. 전체
장면을 받아들인다. 볼 것이 상당히 많을 것이다. 그리고 나서, 자
신의 중심 연구질문과 중심현상을 이해하는 데 도움이 될 것 같은
하나의 양상에 집중한다. 나는 이것을 넓게 시작해서 하나의 초점

으로 렌즈를 좁혀가는 것이라 생각한다. 처음에는 까다롭거나 복잡하지 않은 단순한 측면에서 시작한다.

4단계: 자신의 역할을 결정하기

자신이 어떤 관찰자 역할을 할지 결정한다. 역할의 범위는 완전한 참여자(현지사람이 되는 것)부터 완전한 관찰자까지 있다. 관찰하는 동안 자신의 역할이 어떻게 변화할지도 고려한다. 처음에는 외부인으로 있다가 시간의 흐르면서 내부자가 되어 가는 것도 좋다. 가정할 수 있는 관찰자의 역할은 다음과 같이 네 가지가 있다.

- 완전한 참여자: 연구자는 자신이 관찰하는 대상에 완전히 관여한다. 이럴 경우 관찰하려는 사람들과 라포를 쌓는 데 도움이 될 수 있다(Angrosino, 2007).
- 관찰자이기도 한 참여자: 연구자는 현장에서의 활동에 참여한다. 참여자 역할이 연구자 역할보다 더 두드러진다. 이럴 경우 연구자가 내부자 관점과 주관적 자료를 획득하는 데 도움이 될 수 있다. 그러나 연구자가 활동에 참여하고 있을 때에는 자료를 기록하는 데 주의를 기울이기 힘들 수 있다.
- 참여하지 않거나, 또는 참여자이기도 한 관찰자: 연구자는 관찰하려는 집단의 외부인으로 있으면서, 거리를 둔 채 관찰하고 현장노트를 작성한다. 현지의 활동이나 사람들과 직접적인 관여를 하지 않은 채 자료를 기록할 수 있다.
- 완전한 관찰자: 연구자는 주의를 끌지 않은 채 관찰만 한다. 뒷자리에 앉아 있거나 쉽게 눈에 뜨이지 않는 장소에 있어야 할지 모른다. 연구자는 아무 말도 하지 않은 채 단순히 현장노트

를 기록한다.

5단계: 현장노트 기록하기

관찰 프로토콜에 있는 것을 관찰하고 기록한다. 이것을 현장노트 (field notes) 작성이라고도 부른다. 무엇을 기록할까? 우선, 관찰 프로토콜의 묘사적 부분을 고려한다. 다음에 있는 묘사적 기록을 위한 몇 가지 대안들을 프로토콜 아래에 적어놓고 참고해 볼 수 있다.

- 오감으로 경험한 것: 본 것, 들은 것, (문자 그대로) 만진 것, 맛본 것, 냄새 맡은 것, "느낀" 것, 또는 자신의 주변에서 일어나는 움직임을 적는다.
- 일어난 일에 대한 연대기 순 정리: 사건이 일어난 순서대로 기록한다. 시계를 보고 사건이 일어난 시간을 명시할 수 있다.
- 연구의 하위질문에 대한 답: 인터뷰를 할 때에는 참여자에게 질문을 던지지만, 관찰을 할 때에는 연구자 스스로에게 질문을 던지고 이에 대한 반응으로 자신이 관찰한 것을 기록한다.
- 현장의 모습: 그림으로 그려둔다.
- 이야기 구성: 중심현상과 관련해서 자신이 관찰한 것을 이야기로 만들어 적는다. 이렇게 하면 연구자가 내러티브를 작성하는 데에 도움이 된다.
- 관찰과 현장노트를 적으면서 가졌던 문제, 이슈, 또는 고민들에 대한 성찰: 이러한 기록은 연구방법, 윤리적 문제들, 그리고 최종 보고서의 한계를 기술할 때 중요할 수 있다. 또한 연구결과에 들어갈 테마들을 적어놓는다. 테마는 질적 자료를 분석하면서 도출되는 넓은 의미의 구성개념들이다. 테마는 앞으로 연구

자가 써나갈 내러티브를 조직화하는 데 도움을 준다. 테마는 질적 보고서의 "결과" 부분에서 제목들이 된다.

6단계: 서서히 철수하기

관찰을 마친 후, 참여자들이 내어준 시간에 감사하며 서서히 현장에서 철수한다. 만일 참여자들이 요청한다면, 연구결과의 요약본을 보내주겠다 약속하고 이행한다(자료를 보낼 이메일 주소를 받아 둔다).

관찰 시 도움이 되는 추가 지침들

현장노트를 적을 때 도움이 되는 몇 가지 지침들은 다음과 같다.
- 세부적인 것을 잡아내려고 노력한다. 세부적인 방식으로 글을 쓰는 것은 쉽지 않으며 연습이 필요하다.
- 시간이 있다면, 완전한 문장으로 기술한다. 시간이 한정적이라면(어쨌든, 현장을 너무 많이 방해하지 말아야 한다), 노트를 간략하게 쓰고, 관찰이 끝나면 바로 자리에 앉아서 좀 더 완전한 메모를 작성한다.
- 현장에 있는 참여자들이 당신을 받아들여줄 경우 그들과 이야기 나눌 수 있다. 이런 방식으로 현장노트에 대화내용을 기록할 수 있다. 이런 대화는 나중에 연구의 최종 보고서에서 인용할 수 있다.
- 관찰 후에는 묘사적 노트를 정리해서 무엇을 보았고 관찰로부터 출현한 잠재적 테마들은 무엇인지에 대한 한두 문단의 글을 적어본다. 질적 연구에서는 자료수집활동, 자료분석, 그리고 해

석(글로 서술한 이야기)은 종종 동시에 발생하며, 양적 연구처럼
분리된 활동이 아니다.

관찰에서의 도전과제

관찰에서는 인내력과 관찰기간 동안 발생할 수 있는 도전과제를
예상하고 조율하는 능력이 요구된다. 일반적으로 초보 연구자는 관
찰장소에서 수집 가능한 정보의 양에 압도되는 반응을 보인다. 우선
은 노트에 적지 않고 단순히 주변을 돌아보면서 관찰을 시작하는 것
이 도움이 될 것이다. 어느 정도 지나서는 중심현상을 탐구하는 데
도움이 될 활동, 사람들, 그리고 사건에 관찰의 초점을 맞춘다. 초보
연구자는 또한 관찰과 기록을 병행하는 데 어려움을 겪는다. 우선
짧은 문장으로 노트를 적은 후, 일단 관찰 현장을 벗어나면 시간을
들여 길게 작성하면서 세부사항을 채워가는 것이 도움이 된다. 때로
관찰당하는 것을 원치 않는 사람들을 마주치기도 한다. 이런 상황이
발생하면 일단 장소로 이동하여 다른 사람이나 사건들로 관찰 대상
을 변경할 수 있다. 종종 초보 연구자는 개인의 동의 없이 공공장소
에서 관찰을 할 수 있는지 궁금해한다. 우리는 그곳이 확실히 공공
장소이며, 관찰이 진행되고 있는 활동을 방해하지 않는 한 문제가
없다고 본다.

초보 연구자는 관찰대상자를 잠재적으로 속이는 것에 주의해야
하고(Hammersley & Atkinson, 1995), 가능하다면 참여자에게 연구동
의서를 받아야 한다. 연구는 다양한 정도의 속임수를 포함할 수 있
다. 그 한쪽 끝은 우리가 참여자에게 모든 세부 정보를 공유하지 않

을 때 발생하는 사소한 속임이다(Rossman & Rallis, 2011). 예를 들어, 연구자의 해석적 틀이나 가정에 대한 전체적인 세부사항을 공유하지 않는 것은 사소한 형태의 속임이라 할 수 있다. 연구의 목적이 연구 과정에서 점진적으로 발전되는 경우에도 비슷한 형태가 발생할 수 있다. 물론, 이는 참여자에게 불필요한 세부 내용을 면하게 해 주는 것이라고 여겨질 수 있다. 다른 한쪽 끝은 참여자에게 연구의 진짜 의도를 숨기는 것과 같은 좀 더 고의적인 속임이다. 이러한 형태의 속임은 특히 관찰과 관련이 있다. 흔히 사람들은 자신이 관찰되는 것을 알면 행동을 바꾼다. 예를 들어, 연구자가 성차별주의자의 상호관계와 같이 민감한 주제에 초점을 맞추고 있음을 참여자들이 알게 될 경우, 평소와 다르게 행동할 수 있다. 로스만과 랠리스(Rossman & Rallis, 2012)의 말대로, 연구의 진짜 목적을 드러낼 때보다, 숨겼을 때 연구의 잠재적인 혜택이 더 클 수 있다. 그러나 연구자의 신분을 드러내지 않는 등의 속임을 사용하기 전에, 윤리적인 부분을 신중히 고려하고, 이러한 속임수가 위험을 감수할 가치가 있을지에 대해 경험이 많은 연구자와 상의하기를 권한다. 나아가, 사실을 숨기는 것에 대한 자신의 계획과 근거를 연구윤리위원회 승인서에 기술해야 할 필요가 있다.

관찰 체크포인트

그림 14.3은 관찰의 모든 부분이 완수되었는지 확인하는 데 사용할 수 있는 체크리스트다.

그림 14.3 관찰 체크포인트

_____ 현장관찰에 대한 연구 승인
_____ 관찰자로서의 자신의 역할 이해
_____ 관찰기록을 위한 도구(관찰 프로토콜)
_____ 가장 먼저 관찰할 내용 인지
_____ 방해하지 않도록 서서히 현장에 들어가고 나올 계획
_____ 시간의 흐름에 따른 다양한 관찰 계획
_____ 현장 사람들과의 라포 형성 여부
_____ 포괄적인 것에서부터 좁은 것으로 이동하는 초점화된 관찰
_____ 초기의 메모 작성 방법
_____ 묘사적인 것과 성찰적인 메모 작성
_____ 세부적인 현장노트를 위해서 완전한 문장으로 기술
_____ 참여자들에게 감사 표시
_____ 관찰하는 동안 의도적으로 참여자들을 속이는 것 자제

요약

관찰은 중요한 질적 자료수집원이며, 사람들이 인터뷰를 할 수 없거나 원치 않을 때, 그리고 중심현상에 대한 세부 정보를 수집할 필요가 있을 때 유용한 방법이다. 관찰은 구조화되지 않고, 열린 형태로 사람들과 연구장소를 살펴보면서 직접적인 정보를 얻는 과정이다. 관찰은 여러 단계로 이루어져 있다. 장소를 정하고, 정보기록을 위한 프로토콜이나 도구를 개발하고, 전체를 조망하며 천천히 시작해서 점차 중심현상을 탐구하는 데 도움이 되는 정보로 초점을 맞추고, 연구자가 하나 또는 그 이상의 관찰자 역할을 맡고, 묘사적이고 성찰적인 메모를 작성하며, 다시 천천히 현장에서 빠져 나오는 것이 포함된다. 수집되는 정보의 양, 쓰면서 관찰하는 이중적 작업, 세부적 메모를 써야 할 필요, 공공장소에서 관찰을 하고 사람들을 속이게 될 가능성 등의 관점에서 볼 때, 관찰은 도전과제가 될 수 있다.

활동

우리는 여러분이 관찰을 실제로 해보길 권한다. 다음을 시도해 볼 수도 있다. 관찰하는 방법을 배우도록 하기 위해 존은 초보 연구자들에게 관찰 프로토콜을 적용해서 현장노트를 기록할 공공장소를 정하도록 한다. 존이 가장 선호하는 곳은 캠퍼스에 있는 "인공암벽"으로, 수업을 듣는 학생들에게 암벽을 오르는 사람들을 관찰하도록 한다. 이것은 많은 사람들이 공감할 수 있는 육체적인 활동으로 보인다. 우선 학생들에게 관찰 프로토콜을 작성하도록 한다. 다음으로 학생들은 체육관의 인공암벽에 가서 관찰 허가를 받는다. 학생들은 천천히 시작해서 점차 암벽등반과 관련된 한 가지 측면에 초점을 맞춘다. 학생들은 현장노트를 적기 시작한다. 존은 학생들에게 등반하는 사람들과 대화를 해보도록 일러둔다. 때때로 학생들은 실제 참여자가 되어서 등반 장치를 두르고 연습을 한다. 약 삼십 분쯤 후, 관찰을 마친다. 학생들은 현장노트를 문서로 작성해 와서 다른 학생들과 공유한다. 이 활동은 관찰자들이 마주치게 되는 많은 도전과제들 — 예를 들어 관찰되기 싫어하는 사람들을 관찰하는 일, 세부적인 메모를 적는 방법, 자극이 많은 환경에서 일어나는 활동량에 압도당하는 경험, 그리고 관찰하며 노트를 적는 일-을 보여준다.

추가 자료

Angrosino, M. V. (2007). *Doing ethnographic and observational research*. Thousand Oaks, CA: Sage.

Emerson, R. M., Fritz, R. I., & Shaw, L. (2011). *Writing ethnographic fieldnotes* (2nd ed.). Chicogo and London: University of Chicago Press.

15

인터뷰 프로토콜을 설계하고 실행하기

열다섯 번째 노하우

좋은 질적 인터뷰를 실시하는 기술 개발하기

왜 중요한가?

인터뷰(interviewing)는 질적 연구 자료수집의 보편적 형태이며, 참여자에게 개방형 질문을 하는 것으로 이뤄진다. 인터뷰 질문은 연구의 하위질문들을 중심으로 구성된다. 연구자는 인터뷰를 통해 참여자들의 개인적 관점을 들을 수 있다. 이를 바탕으로 연구자는 후속 질문을 하며 세부 관점을 더 탐색한다. 일대일 인터뷰에서는 참여자가 자유롭게 개인적 관점을 공유할 수 있다. 인터뷰를 통해 연구질문에 관한 유용한 정보를 얻을 수 있지만, 인터뷰는 엄격한 방식으로, 그리고 세부 진행과정을 지키며 제대로 진행될 필요가 있다. 종종 연구자는 "전문가"이며 동시에 학습자가 된다. 이 과정은 가능한 인터뷰 종류를 이해하는 것에서 시작하여, 인터뷰 실시에 관련된 단계들을 배우고, 자료수집에 필요한 완전한 인터뷰 프로토콜을 개발하고, 실행방식을 충실히 지키는 것을 포함한다.

인터뷰의 종류

앞서 13장에서는 질적 자료수집의 종류를 살펴보고, 각각의 장단점을 언급하였다. 질적 연구자는 인터뷰 종류별 장점을 이해해야 한다. **일대일**(one-on-one) 인터뷰는 참여자의 개인적 관점을 듣고 싶을 때, 그리고 이러한 관점이 집단에서는 공유되기 어려울 때 사용된다. 일대일 인터뷰에서 연구자는 참여자의 바디랭귀지를 살펴볼수 있고, 목소리의 어조를 직접 들을 수 있으며, 참여자와 개인적 유대를 쌓아 솔직한 이야기를 들을 기회를 얻을 수 있다. 이 접근법의단점은 연구자가 개인적 인터뷰가 진행될 장소에 접근이 가능해야한다는 것이다. 전화 인터뷰는 참여자가 지리적으로 먼 곳에 있을때 이상적이다. 물론 참여자와의 전화연결이 가능해야만 한다. 이경우 연구자는 참여자의 얼굴 표정을 볼 수 없어서 중요한 통찰을놓칠 우려가 있다. 대안으로는 Skype나 FaceTime, 그리고 Google + Hangouts과 같은 화상통화가 가능하다. 이러한 서비스는 멀리떨어져 있는 연구자와 참여자가 서로 얼굴을 보면서 인터뷰를 할 수있기 때문에 호응을 얻고 있다. 단, 자료를 녹음할 때는 통신법에 어긋나는 것은 없는지 확인하는 게 중요하다.

포커스 집단(focus groups)은 인기 있는 인터뷰방식이다. 일반적으로 대략 여섯 명 정도의 사람이 집단에 포함되는데, 구성원 간에 시너지 효과가 발생하여 참여자들이 자신의 의견을 표현하는 데 도움이 되고, 다양한 사람들이 주제와 관련해서 의견을 내기 때문에 아이디어가 확장될 수 있다(Krueger & Casey, 2009). 포커스 집단은 주제가 민감할 경우, 참여자들이 개인적 관점을 공유하지 않을 수 있기 때문에 비효율적이다. 또한 나중에 전사할 때, 누가 이야기하는지 확인할 수 있어야 하기 때문에 정보를 녹음할 때 신중할 필요가 있다. 포커스 집단을 실시할 때 참여자들이 자신의 이름을 순서대로 말하는 것으로 시작하면 전사할 때 참여자들의 목소리를 구분할 수 있어서 도움이 된다. **개방형 인터넷 인터뷰**(*open-ended Internet interviews*)는 질적 자료를 수집하는 또 다른 방식이다. 이러한 방식은 인터뷰 프로토콜을 사용하며, 참여자들이 개방형 질문에 글로 써서 대답을 한다. 인터넷상에서 대화를 하고 정보를 저장할 수 있는 프로그램을 사용하여 실시간으로 진행될 수도 있다. 이 접근법은 참여자들이 지리적으로 흩어져 있을 때 유용하다. 이때는 참여자들이 인터넷 사용에 친숙하고 온라인상으로 정보를 제공하는 데 편안함을 느끼는 게 중요하다. 또한 참여자들에게서 인터뷰 동의서를 받아야 한다.

질적 자료수집을 위한 최선의 방식을 결정할 때 다음을 고려한다

- 우선적으로, 일대일 인터뷰를 고려한다. 가장 많은 정보를 얻을 가능성이 높다.
- 지리적 거리가 문제라면, 인터넷이나 전화 인터뷰를 고려한다.
- 시간과 자원이 문제라면, 더 많은 사람들과 한 번에 접촉할 수 있는 포커스 집단을 고려한다.

인터뷰의 시행 단계

다음은 좋은 인터뷰를 시행하기 위한 일련의 단계다. 인터뷰를 하다 보면 이 순서대로 정확히 실행되지 않을 경우도 있지만, 일반적으로 우리가 따르는 과정이다.

1단계: 인터뷰가 적합한지 결정하기

우선 인터뷰가 해당 연구에 적합한지 결정한다. 사람들이 인터뷰에 참여하는 데 익숙하며, 인터뷰를 통해 세부 정보를 구할 수 있어서 좋은 질적 연구에서 자주 사용된다. 인터뷰가 도움이 되지 않을 때는, 사람들이 이야기하거나 의견을 공유하는 것을 꺼릴 경우, 그리고 탐구하려는 중심현상이 민감해서 인터뷰보다는 문헌조사나 단순 관찰이 더 적절한 경우이다. 질적 인터뷰는 일반적으로 반구조화되고 개방적이다.

2단계: 인터뷰 종류를 정하기

다음으로는 종류별 장단점을 따져본 후 실행할 인터뷰를 결정한다. 이 종류들에는 일대일 인터뷰, 전화나 이동전화 인터뷰, 포커스 집단, 그리고 인터넷 인터뷰가 있다. 인터뷰를 어느 정도 구조화할지도 결정한다. 우리는 주로 인터뷰 프로토콜을 준비한 다음 유연하게 진행하는 반구조화 인터뷰를 권한다.

3단계: 참여자 초대하기

목적 표집 전략에 따라(13장 참고), 적절한 참여자에게 연락을 하고 인터뷰에 초대한다. 연구동의서를 보내서 참여자가 인터뷰 전에 검토하고 사인을 하도록 해도 좋다. 또한 초청 편지를 보낸 때 질문할 주제들을 언급해서 미리 참여자들이 질문을 알 수 있도록 한다. 인터뷰에 참여하여 얻는 혜택과 연구 참여의 결과로 받게 될 보상도 언급한다. 만일 참여에 승인이 필요할 경우, "게이트키퍼"에게 편지를 보내서 인터뷰에 참여자를 포함할 수 있도록 승인을 구한다. 인터뷰는 조용한 장소에서 하도록 하며, 각각의 참여자에게 인터뷰 내용이 녹음될 것이라고 알려야 한다. 뿐만 아니라 인터뷰에 소요되는 대략적 시간을 알린다.

4단계: 인터뷰 프로토콜 개발하기

이 단계에서 인터뷰 프로토콜을 개발한다. 프로토콜은 물어볼 질문들의 목록과 인터뷰 진행 중 연구자의 생각을 기록할 도구라고 할 수 있다. 프로토콜을 설계하기 위한 형식은 이 장의 다음 부분에서 논의될 것이다.

5단계: 녹음 장비 준비하기

인터뷰를 녹음할 장비를 미리 준비한다. 가능하다면, 인터뷰 종류(예. 일대일, 포커스 집단)나 형식과 상관없이 모든 인터뷰를 녹음한다. 디지털 녹음기나 스마트폰과 같이 품질이 좋은 녹음기기를 사용한다. 인터뷰 진행과 녹음을 위해서는 성능이 좋은 마이크가 필요하다.

6단계: 인터뷰를 위해 조용한 장소 마련하기

인터뷰를 하려면 방해되는 것이 없는 조용한 장소가 필요하다. 때

로 자신의 일터나 집에서 인터뷰하기를 원하는 참여자도 있기 때문
에 타협이 필요하다. 일터나 집도 좋지만, 우리는 참여자에게 인터
뷰를 위해 조용한 장소를 고려하도록 권한다. 윤리적인 이유로, 그
리고 참여자가 자유롭게 이야기하기 위해서 사생활 보호가 가능한
장소를 고려한다.

7단계: 인터뷰 실시하기

인터뷰를 시작하기 전에 녹음 장치가 잘 작동되는지 확인한다. 우
리는 보통 인터뷰를 짧게 한다. 삼십 분을 많이 넘기지 않는 편인데,
물론 연구질문에 따라, 참여자에 따라, 그리고 어떤 연구를 하느냐
에 따라 인터뷰 시간은 달라진다. 삼십 분 정도 인터뷰는, 행간 여백
없이 약 20장 정도 분량의 자료를 만들 수 있고 참여자의 시간을 존
중해 줄 수 있다. 인터뷰할 때에는, 질문을 잘 이끌어가고, 옷차림을
적절하게 하며, 예의를 지킨다(이 장의 뒷부분에 나오는 추가논의를 참
고). 질문하는 동안 참여자가 주제에서 벗어나지 않도록 돕는 것도
필요하다.

8단계: 인터뷰 후 추가 조치하기

인터뷰를 마치면 내용이 잘 녹음되었는지 확인한다. 참여자에게
감사 편지를 보내고, 그들의 요청사항(예. 최종 연구의 요약본 요청)을
이행한다. 어떤 경우에는 자료를 보충하거나 요점을 명확히 하기 위
한 추가 인터뷰를 요청하기도 한다. 인터뷰 녹음내용은 모두 전사해
서 문서로 만든 다음 분석을 할 수 있게 준비한다.

인터뷰 프로토콜

인터뷰 프로토콜은 약 두 장 정도의 분량으로 한다. 인터뷰 중 녹음기가 제대로 작동하지 않는 경우에 짧은 메모나 인용을 적을 수 있도록 질문 사이에 여백을 둔다. 질문의 수를 명확히 제시할 수는 없지만 다 합쳐서 약 5개에서 10개 정도로 한다. 프로토콜은 인터뷰 전에 미리 준비하며 모든 인터뷰를 진행하는 동안 일관되게 사용한다. 인터뷰 질문은 미리 암기하여 프로토콜을 보고 따라 읽지 않는게 좋다. 인터뷰 프로토콜에는 인터뷰에 대한 기본 정보, 소개, 내용 질문과 탐색 질문, 그리고 마무리 지침이 포함된다.

인터뷰에 대한 기본 정보

프로토콜에 인터뷰의 기본 정보를 기록해 두면 나중에 자료를 정리할 때 도움이 된다. 여기에는 인터뷰 시간과 날짜, 인터뷰를 실시한 장소, 연구자와 참여자의 이름이 들어간다. 인터뷰에 소요된 시간, 저장된 녹음 자료의 이름을 적어 두기도 한다.

소개

이 부분에는 연구자를 위한 지침을 적어두어서 인터뷰할 때 연구자가 긴장하여 유용한 정보를 빠트리지 않도록 대비한다. 연구자는 자신을 소개하고 연구의 목적을 설명해야 한다. 연구의 목적은 미리 적어두고 그냥 읽으면 된다. 참여자에게 연구동의서의 서명을 받는 지침도 포함할 수 있다(대안으로, 참여자가 미리 서명한 동의서를 연구자에게 보낼 수도 있다). 연구자는 일반적인 인터뷰의 구조(예. 시작되는 방식, 질문의 수, 소요되는 시간)를 이야기하고, 인터뷰 시작 전에 궁금한 질문이 없는지 참여자에게 물어본다. 마지막으로, 인터뷰에 사용될 중요한 용어들이 있다면 미리 그 뜻을 명확히 할 필요가 있다.

시작 질문

인터뷰의 처음 단계에서 중요한 것은 참여자를 편하게 하는 것이다. 우선 긴장을 풀어주는 종류의 질문으로 시작한다. 참여자들이 자신에 대해 이야기하면서 연구자와의 거리를 좁힐 질문을 던진다. 그들의 직업이나 역할, 또는 하루를 어떻게 보냈는지 등에 대해 물어볼 수 있다. 사적인 질문(예. "소득이 얼마입니까?")은 묻지 않는다. 사람들은 자신에 대해 얘기하는 것을 좋아하며, 이렇게 시작하면 편안한 분위기가 조성될 수 있다.

내용 질문

내용 질문은 연구의 하위질문들을 참여자에게 친숙한 형태의 문장으로 만든 것이다. 내용 질문 안에는 중심현상의 다양한 양상을 물어보는 내용들이 포함된다. 마지막 질문으로 연구의 중심질문을 재언급하여야 하는지에 대해서는 논란의 여지가 있다(12장 참고). 바람직한 것은 모든 하위질문에 대한 답을 얻음으로써 연구자가 중심질문에 답을 제시할 수 있을 정도로 중심현상을 충분히 이해하게 되는 것이다. 그러므로 참여자가 많이 이야기할 수 있도록 열린 질문을 한다. 주로 **무엇**(*what*)이나 **어떻게**(*how*)라는 단어로 시작하는 질문이 여기 해당한다. 반대로, "예" 또는 "아니오"로 답할 수 있는 닫힌 질문은 많은 정보를 이끌어내지 못한다.

탐색 질문

내용 질문에는 탐색하는 질문이 포함될 수 있다. 탐색(probes)은 인터뷰를 하면서 추가적인 정보를 물어보거나, 참여자의 생각을 보다 자세히 설명해달라고 요청하는 것이다. 다음과 같이 질문할 수 있다(그리고 연구자가 떠올릴 수 있도록 이러한 표현을 인터뷰 프로토콜에 적어둘 수 있다).

- "좀 더 말씀해 주세요." (추가 정보를 요청)
- "보다 자세히 말씀해 주세요." (추가 정보를 요청)
- "예를 들어, 어떤 게 있나요?" (추가 정보를 요청)
- "선생님이 어떠한 반응을 했는지 좀 더 설명해주시겠어요?" (설명을 요청)
- "'그다지'라는 것은 어떤 의미인가요?" (설명을 요청)

때로 초보 질적 연구자들은 인터뷰 질문 수가 적으면 불안해하고, 단지 몇 개의(5~10개) 질문만으로는 인터뷰가 너무 짧다고 느낀다. 물론 몇몇 참여자들은 할 말이 별로 없을 수 있다(또는 중심현상에 대해 제공할 정보가 거의 없을 수 있다). 하지만 탐색 질문을 추가하게 되면, 인터뷰 시간이 늘어나고 유용한 정보를 얻을 수 있다.

내용 질문의 예

내용 질문은 다음과 같이 물을 수 있다.

"선생님의 가족들은 라틴계 여대생인 자녀의 대학생활에 어떠한 지원을 하시나요?" (탐색 질문: 자녀를 칭찬하는 것이 본인에게 무엇을 의미하는지 좀 더 말씀해 주세요. 자녀를 지원하는 것이 선생님께 무엇을 의미하는지 좀 더 설명해 주세요.)

후속 질문

인터뷰 마무리 시점에서는 "이에 대해 더 알고 싶다면 누구와 연락해야 하나요?" 또는 "우리가 다루지 않은 것 중에 혹시 공유하고 싶은 추가 정보가 있으신가요?"라고 물을 수 있다. 이러한 후속 질문은 인터뷰의 마무리를 알리고 연구자가 인터뷰 주제에 대해 더 알고 싶다는 호기심을 보여준다.

마무리 지침

참여자가 내어 준 시간에 감사를 드리고 그들의 마지막 질문에 답변을 하는 것이 중요하다. 인터뷰 비밀보장에 대해 다시 한번 참여자를 안심시킨다. 특정 요점을 명확히 할 필요가 있을 경우 추가 인터뷰를 할 수 있는지 묻는다. 때로 참여자는 프로젝트 결과를 어떻게 알 수 있는지 연구자에게 묻기도 한다. 결과 공유는 연구자의 시간과 자원이 들어가야 하기 때문에, 잘 생각하고 답변한다. 참여자에게 정보를 제공하는 한 가지 편리한 방법은 최종 연구의 초록을 보내주겠다고 제안하는 것이다. 그러면 간결하게 요약된 결과를 주고받을 수 있어서 대부분의 연구자에게 효율적이고 편리하다.

인터뷰 프로토콜의 예시

그림 15.1은 존이 대학 캠퍼스 내에서 총기를 소지한 사람에 대한

질적 사례연구를 할 때 사용한 인터뷰 프로토콜의 예시이다(Asmussen 과 Creswell의 1995년 연구에서 발췌).

그림 15.1 인터뷰 프로토콜의 예시

인터뷰 프로토콜 프로젝트: 총기 사건에 대한 대학의 반응

인터뷰에 대한 기본 정보
- 인터뷰 시간:
- 날짜:
- 장소:
- 인터뷰한 사람:
- 인터뷰 대상자:
- 인터뷰 대상자의 직위:
- 인터뷰 자료의 녹음/보관:

소개
- 연구자 자신 소개
- 연구의 목적 설명
- 연구동의서에 서명 받기
- 인터뷰 구조 설명(녹음, 노트필기)
- 참여자에게 질문이 있는지 묻기
- 필요한 용어 정의

인터뷰 내용 질문
- 사건 발생 시 어떤 역할이었습니까? (편하게 시작하는 질문)
  탐색 질문: 좀 더 말해주세요. 설명 부탁드립니다.
- 그 사건 이후 어떤 일이 있었나요? (내용 질문)
  탐색 질문: 좀 더 말해주세요. 설명 부탁드립니다.
- 그 사건이 대학 생활에 미친 영향은 무엇인가요? (내용 질문)
  탐색 질문: 좀 더 말해주세요. 설명 부탁드립니다.
- 혹시 있다면, 그 사건으로 인해 어떤 영향을 받았나요? (내용 질문)

탐색 질문: 좀 더 말해주세요. 설명 부탁드립니다.
- 그 사건에 대한 대학의 반응에 대해 더 알고 싶다면 저희가 누구와 이야기해야 할까요? (추가 질문)
  탐색 질문: 좀 더 말해주세요. 설명 부탁드립니다.

마무리 지침
- 참여해 준 사람에게 감사를 전함
- 비밀보장 확인
- 필요시 추가 인터뷰 요청
- 물어본다면, 연구결과를 어떻게 보내줄지에 대해 답변

자료: Asmussen and Creswell(1995) 연구를 바탕으로 재구성

추가적인 인터뷰 아이디어들

다음은 좋은 인터뷰를 준비하는 데 도움이 되는 추가적 아이디어들이다.

상황에 맞는 옷차림

인터뷰 시 적절한 옷차림을 하여 참여자가 편안하게 느끼도록 한다. 참여자가 인터뷰 시 어떻게 옷을 입을지 고려하고 그들의 복장과 잘 어울리도록 옷을 입는다.

옷깃에 꽂는 마이크 사용

일대일 인터뷰 시 마이크를 하나는 참여자의 옷에, 다른 하나는 연구자의 옷에 부착하면 녹음이 깨끗하게 된다. 또한 원치 않는 소음으로 녹음에 방해가 되지 않도록 주의한다. 전화나 화상 인터뷰를

할 때에는 마이크의 위치와 소리의 성능을 미리 테스트하는 것이 매우 중요하다. 녹음 장치는 사전에 미리 검토해 둔다. 만일 녹음장비가 작동하지 않을 시에는 대안으로 인터뷰 프로토콜에 메모를 작성한다.

인터뷰를 하는 사람으로서의 역할 고려

중립적인 질문을 던진다. 인터뷰 프로토콜을 보면서 질문을 읽지 말고 미리 내용을 암기하려고 노력한다. 이렇게 하면 질문이 더 자연스럽게 들릴 수 있다. 또한 참여자가 대답할 시간을 준다. 생각하는 동안 정적이 흐르는 것은 매우 자연스러운 일이다. 연구자는 잘 듣고 적게 말해야 한다. 인터뷰 도중 (긍정적이든 부정적이든) 평가적 발언은 삼간다. 인터뷰의 의도는 참여자로부터 배우려는 것이지, 연구자의 관점을 공유하려는 것이 아니다. 개인적 의견을 전달해야만 한다면 기다렸다가 인터뷰가 완전히 끝난 후 시간을 내도록 한다. 프로토콜을 사용할 경우 아이디어를 간략하게 적기 위해서 몇 가지 속기를 개발하는 것도 도움이 된다. 인터뷰 중간에 인용할 만한 핵심내용이 나오면 기록해 두는 것이 좋다. 참여자와 시선을 맞추는 것도 중요하기 때문에 메모를 적으면서도 적절하게 시선을 맞출 필요가 있다. 마지막으로, 연구자가 잊어버리지 않도록, 프로토콜에 연구의 목적, 녹음 허가, 그리고 동의서 승인받기 등을 적어둘 수 있다. 마무리 지침도 여기에 미리 적어둔다. 프로토콜에는 이러한 지침들과 인터뷰 질문을 명확히 구분해 둔다. 따로 네모 박스 속에 적어 두면 시각적으로 구분하는 데 도움이 된다.

인터뷰 체크리스트

그림 15.2는 인터뷰할 때 연구자 스스로에게 물어봐야 하는 주요
질문들이다.

그림 15.2 좋은 인터뷰를 위한 체크리스트

_____ 인터뷰에 참여할 사람은 누구인가?
_____ 어떠한 종류의 인터뷰를 실시할 것인가?(예. 일대일, 포커스 집단,
      전화)
_____ 인터뷰하기에 편안하고 조용한 장소를 마련하였는가?
_____ 인터뷰 프로토콜에 모든 부분을 잘 포함해 두었는가?
_____ 인터뷰 질문은 개방적인가? 유도질문은 아닌가?
_____ 질문들은 연구의 하위질문을 반영하는가?
_____ 인터뷰 프로토콜에 추가적 탐색을 위한 질문들이 포함되어 있는가?
_____ 녹음장치의 작동이 잘 되는지 확인했는가?
_____ 인터뷰 참여자와 공유할 동의서를 준비했는가?
_____ 인터뷰 시 잘 듣고 말을 적게 하였는가?
_____ 참여자들에게 구체적인 세부정보를 제공했는가?
_____ 연구자의 개인적 의견 표현을 자제했는가?
_____ 참여자에게 정중한 태도로 감사 표시를 하고 인터뷰를 마무리했는가?

인터뷰 시의 도전들

좋은 인터뷰를 하기 위해서는 연습이 필요하므로, 예비 인터뷰를
통해 기술을 연마하도록 권한다. 초보 연구자가 인터뷰 시간을 너무
길게 −삼십 분 이상− 잡는 것은 쉽지 않은 도전이다. 짧은 인터뷰

를 통해서도 얼마든지 많은 정보가 전달될 수 있음을 알지 못할 때 이런 일이 발생한다. 연구자와 참여자는 주어진 상황 속에서 최선의 결과를 원한다. 바쁜 참여자를 배려하여 인터뷰를 짧게 할 수 있고, 이를 전사하면 많은 양의 정보를 얻을 수 있다. 또 다른 어려움은 참여자들이 연구자가 궁금해하는 중심현상에 대해 이야기를 하지 않을 때 발생한다. 나이가 어린 참여자들과 인터뷰할 때도 이런 일이 발생한다(예. 존은 예전에 중학생들을 인터뷰했는데 학생들이 습관적인 추임새만 쓰는 바람에 결과적으로 별로 얘기한 내용이 없었다). 하지만 연구자는 탐색 질문의 힘을 잘 모르고 있다. 만일 적절한 시점에서 추가 질문을 하게 되면 사람들은 이야기를 시작하고 자신의 생각을 설명한다. 더불어, 긴장을 풀어주는 질문을 잘 사용하면 참여자가 편안하게 느끼면서 적극적으로 정보를 공유할 것이다. 인터뷰 프로토콜을 가지고 예비 연구를 해보면, 참여자로부터 정보를 잘 이끌어낼 수 있을지에 대한 아이디어를 얻을 수 있다. 연구자에게 또 다른 도전과제는 개인적 의견을 자제하는 것이다. 물론 인터뷰가 진행됨에 따라 연구자도 주제에 대한 개인적 의견을 갖게 되지만, 만일 참여자가 묻는다면 "인터뷰를 마치고 그 점에 대한 제 개인적 관점을 공유하겠습니다."라고 말할 수 있다. 참여자가 질문에서 벗어나지 않도록 하는 것도 중요하다. 연구자가 1번 질문을 물었는데 참여자는 3번 질문을 대답하는 경우가 종종 발생한다. 참여자는 자기가 좋아하는 주제나 그날 머릿속을 꽉 채우고 있는 생각을 늘어놓기도 한다. 존이 만났던 한 인터뷰 참여자는 그날 하루를 꼬박 예산안 공청회와 관련된 일로 보냈는데, 존이 물어보는 모든 질문을 예산과 관련된 문제들로 바꿔버린 적이 있다. 결국 참여자가 질문에서 벗어나

지 않도록 하기 위해 지속해서 인터뷰의 전반적인 목적을 재확인시
켜야만 했다.

요약

개방형 질문으로 인터뷰하는 것은 질적 자료수집의 대표적 형태이다. 이것은 참여자에게서 중요한 세부정보를 얻게 해주는데, 일대일, 전화, 포커스 집단, 인터넷 인터뷰 등 다양한 종류가 있다. 각각의 종류는 장단점을 갖는다. 인터뷰를 실시할 때 질적 연구자는 몇 단계를 거친다. 인터뷰가 적절한지 결정하고, 사용할 인터뷰 종류를 정하고, 참여자를 초청하고, 인터뷰 프로토콜을 개발하고, 장소와 오디오 장비를 준비하고, 인터뷰를 실시하고 마무리한다. 인터뷰 프로토콜은 이 과정의 중요한 부분으로써, 인터뷰의 기본정보, 소개, 내용 질문과 탐색 질문, 그리고 마무리 지침을 포함한다. 인터뷰는 도전과제이므로, 길지 않게 시간을 잡고, 참여자들이 편하게 이야기를 시작할 수 있는 질문과 탐색 질문을 하고, 인터뷰 동안에는 연구자의 의견을 삼가고, 참여자가 연구의 중심현상에서 벗어나지 않도록 하는 것이 도움이 된다.

활동

인터뷰 프로토콜을 설계해 본다. 이러한 시나리오를 가정해 보자. 당신이 인터뷰를 실시하는 목적은 참여자들이 질적 연구 수업에서 가장 잘 배울 수 있는 방법을 알아보는 것이다. 다음의 내용을 넣는다.

- 머리말 넣기
- 인터뷰에 대한 기본적 정보와 소개 적기
- 분위기를 편하게 할 처음 질문 적기
- 중심질문에서 나온 4~5개의 하위질문 적기(각각의 질문에 탐색 질문 추가하기)
- (a) 빠진 질문은 없는지와 (b) 더 많은 것을 알려면 누구와 얘기해야 할지를 묻는 질문 적기
- 마무리 지침 적기(두 명씩 짝을 지어서 인터뷰를 진행한다. 실제 인터뷰를 진행함으로써 자신의 인터뷰 프로토콜을 테스트한다. 인터뷰 시간은 대략 15분에서 30분 정도로 한다.)

추가 자료

Barbour, R. (2018). Doing focus groups (vol.4). Thousand Oaks, CA: Sage.

Holstein, J., & Gubrium, J. F. (Eds.). (2003). *Inside interviewing: New lenses, new concerns*. Thousand Oaks, CA: Sage.

James, N., & Busher, H. (2009). *Online interviewing*. Thousand Oaks, CA: Sage.

Kvale, S., & Brinkmann, S. (2015). Interviews: Learning the craft of qualitative research interviewing (2nd ed.). Thousand Oaks, CA: Sage.

Rubin, H. J., & Rubin, I. S. (2011). *Qualitative interviewing: The art of hearing data* (3rd ed.). Thousand Oaks, CA: Sage.

16

소외된 대상으로부터 자료수집하기

열여섯 번째 노하우

- 소외된 집단을 정의 내릴 수 있는 기술 개발하기
- 소외된 집단을 대상으로 연구할 때 발생하는 도전과제를 다루는 전략을 사용하고, 정확한 자료를 수집하는 기술 개발하기

왜 중요한가?

자료수집은 관심 있는 문제에 대한 정보를 체계적으로 수집하는 과정이다. 전공을 불문하고, 정확한 자료수집은 연구의 진실성을 유지하는 데 필수적이다. 부적절한 자료를 수집하게 되면 연구질문에 답을 할 수 없고, 결과가 왜곡되거나, 공공 정책 결정이 위태롭게 되거나, 참여자에게 해를 끼칠 수 있다.

소외된 참여자를 대상으로 연구를 진행할 경우 많은 이점이 있다. 수집된 정보는 정책을 향상시키거나, 교육 프로그램을 개발하거나,

건강상의 격차를 줄이는 데 활용될 수 있다. 하지만 서로 다른 사회
적 집단 사이에서 자료를 수집할 때에는 권력의 불균형이 발생될 수
있음을 인지해야 한다. 소외된 대상의 요구는 미묘하고 다양하다.
따라서 연구자는 참여자를 연구에 끌어들이는 모든 과정과 분석방
법을 주의 깊게 고안해야 한다. 소외된 집단과 작업을 할 때의 도전
과제들이 어떻게 자료수집과 해석, 실행에 영향을 미치는지를 반드
시 이해해야 한다. 여러 가지 우려와 어떻게 이를 적절히 다룰지를
이해한다면, 소외된 참여자를 대상으로 연구를 설계하고 자료를 수
집할 준비가 되었다고 할 것이다

소외된 집단

소외된 인구 층이라는 용어는 주류의 사회, 경제, 문화, 정치적 환
경에서 배제된 집단을 의미해왔다(Cook, 2008). 여기에는 수많은 하
위집단에 속하는 개인들, 그리고 인종, 종교, 정치, 문화, 나이, 성별,
경제적 지위나 건강상태, 또는 이들의 조합으로 만들어진 배제된 집
단을 포함한다. 어느 집단이 소외되었는지 아닌지는 구체적 맥락과
주관적 판단으로 결정된다. 소외된 집단(marginalized groups)은 민감
하거나, 별로 연구된 적이 없다거나, 드러나지 않는 대상으로 분류
될 수도 있다.

가령 연구자는 평등에 관해 고려하면서, 이들 집단이 다른 집단과
비교하여 어느 정도 소외되고 있는지에 초점을 맞추고 싶어질 수 있
다. 예를 들어, 정신질환을 진단받은 사람들과 그렇지 않은 사람들
간, 혹은 어느 정도의 교육을 받은 사람과 그런 교육을 받지 못한

사람들 간의 일반적인 불평등을 알아보는 식이다. 하지만 이럴 경우 자칫 각각의 집단이 동일하다고 잘못 일반화시킬 수 있고, 집단에 속한 개인들에 대해 잘못된 가정을 할 수 있다. 이렇게 집단에 초점을 맞추는 일은 피해야 하며, 불평등은 다양한 요인들의 결과로 발생됨을 알아야만 한다. 여기에는 지리적 위치, 인종, 나이, 사회경제적 지위, 성별, 그리고 그 외의 다양한 것이 포함될 수 있다. 예를 들어, 고령화, 장애, 정신건강은 각각이 모든 부분에 서로 영향을 미치는 "교차적 요인"(Rpgers et al., 2012)으로 기능할 수 있다. 이러한 요인들은 생애에 걸쳐 더해지면서 이미 존재하는 불평등을 더 확대시킬 수 있음을 알아야 한다. 그래야 소외된 계층이 경험하는 불평등의 여러 양상을 이해하고, 이들이 직면한 문제에 초점을 맞출 수 있다.

소외된 집단에게서 자료를 수집할 때의 우려들

소외된 대상과의 작업은 다양한 기회를 제공한다. 하지만 자료수집이 쉽지 않다. 표 16.1에 표집과 접근, 불신, 문화와 언어, 그리고 윤리적 우려들에 대한 논의를 요약하였다.

표 16.1 소외된 집단에게서 자료를 수집할 때 우려사항과 실용적 제안

우려	우려사항	이 문제를 다루기 위한 제안
표집과 접근	관심을 갖는 참여자와 현장에 접근하는 것이 도전과제일 수 있음	▪ 공동체 구성원들을 연구팀의 일원으로 초대 ▪ 참여자를 선정하기 전에 공동체에서 시간을 보냄 ▪ 참여자에게 주어지는 혜택을 알림

불신	연구자와 연구 과정에 대한 신뢰가 부족하면 참여를 꺼리고 자료의 신뢰도가 떨어짐	▪ 공동체의 게이트키퍼와 협력관계를 만들어감 ▪ 가능할 때마다 참여자들을 개인적으로 접촉함 ▪ 연구결과를 보여주기 위해 공동체로 돌아감
문화와 언어	참여자의 문화나 언어에 민감하지 않을 경우, 불신과 부정확한 자료수집 문제가 지속될 수 있음	▪ 공동체 구성원이 모든 프로토콜을 검토하도록 함 ▪ 모든 양식은 참여자의 모국어로 가능함을 알림 ▪ 관심을 갖는 집단의 대표자가 자료수집을 돕도록 함
일반적인 윤리적 문제들	강요, 사생활 누설, 연구동의서 취득의 문제로 인해 연구 목적이 손상될 수 있음	▪ 공동체의 자문위원회를 만들어서 사생활을 보장하는 프로토콜 개발과 적절한 보상을 결정하는 데 지침을 제공하도록 함 ▪ 문화적으로 적절한 맞춤형 연구동의서를 제작 ▪ 연구 참여 동의를 받을 때 참여자의 친인척이나 다른 이해관계자를 포함시킴

표집과 접근

소외된 대상을 상대로 연구할 때에는 표집에서 어려움을 겪을 수 있다. 우선, 소외된 집단의 구성원들이 모두 유사할 것이라는 잘못된 신념을 주의한다. 그리고 관심 대상의 규모나 범위가 잘 알려져 있지 않기 때문에, 연구자가 이들을 대표하는 목적 표집을 하는 것이 어려울 수 있다(Shaver, 2005). 또한 특정 집단의 구성원임이 알려질 경우 개인들이 위협을 느낄 수 있다. 낙인 찍히거나 불법적 행동에 관여되었을 수도 있고, 예전에 박해를 당했기 때문일 수도 있다.

어떤 경우든 이들은 사생활을 보호하려고 연구 참여를 거부할 수 있다.

불신

연구자에게 큰 장벽 중 하나는 소외된 집단 구성원에게서 신뢰를 받지 못하는 것이다(Jones, Hadder, Carvajal, Chapman, & Alexander, 2006). 불신(mistrust)은 문화적 오해, 이전의 잘못된 진단, 또는 경제적 어려움 등에서 기인한다. 연구자와 연구 과정에 대한 신뢰가 부족하면 참여자들은 자신들에 대해, 또 그들이 속한 공동체에 대한 질문에 신뢰도가 낮은 응답을 할지 모른다. 예를 들어, 사회적으로 용인된다고 여기는 대답을 할 수도 있어서 자료가 부정확하게 된다. 이들은 공동체의 구성원이 아닌 사람은 누구도 신뢰하지 않을 수 있고, 이러한 불신의 결과로 스스로와 공동체 구성원들의 정체성을 보호하기 위해 협조를 거부함을 이해해야 한다.

문화와 언어

소외된 집단과 작업을 한다는 것은 참여자들의 언어로 의사소통하기가 어려움을 의미할 수도 있다. 참여자 자신의 경험을 전달할 적절한 용어가 없을 수도 있고, 번역과정에서 중요한 정보가 누락될 수도 있다. 이렇게 되면 궁극적으로 자료를 잘못 이해하게 되고, 프로젝트와 공동체 전체에 심각한 영향을 미칠 수 있다. 자료수집과정에서 사용되는 도구가 영어로 되어 있다면, 영어권이 아닌 지역의 사람들은 참여가 어렵고(Jones et al., 2006), 궁극적으로 연구에서 얻은 정보를 소외된 집단에게 적용하는 데에 영향을 미칠 수 있다. 게다가 비영어권 참여자들은 연구자의 바디랭귀지나 몸짓, 억양 등에 의미를 잘못 부여할 수 있다. 모든 상호작용을 해석할 때 문화가 어떠한 역할을 하는지 제대로 이해하지 못하면, 연구 과정 전체에 걸쳐 수집된 자료의 정확도를 떨어뜨린다.

연구 과정에서 문화적 이슈가 방치된다면 연구 문제를 철저하고 효과적으로 다룰 수 없다. 소외된 집단이 갖는 관습, 신념, 가치 등을 이해하고 존중하지 않으면 이들 집단에 접근하기 어렵게 된다. 문화를 철저하게 고려하지 않으면, 질적 연구설계의 모든 면에서 심각한 결함이 생긴다.

일반적인 윤리적 문제들

연구자들은 연구의 모든 단계에서 윤리적 문제에 직면할 수 있다 (7장 참고). 윤리 문제는 진실성, 비밀 유지, 그리고 참여자 보호를 포함한 여러 상황에서 발생한다(Shamoo & Resnik, 2009). 소외된 대상을 연구할 때와 관련된 윤리적 문제는 주로 지나친 유인책, 참여자의 사생활과 비밀보장의 유지, 연구동의서 확보 등과 관련된다. 경제적으로 소외된 개인들에게 연구 참여의 대가로 금전적인 상환을 하는 것이 유인책으로 여겨질 수 있고 궁극적으로 자발적 참여원칙에 의문이 제기될 우려가 있다(Davidson & Page, 2012).

어떤 연구에서도 사생활 보호는 윤리적으로 중요하겠지만, 특히 소외된 대상들은 낙인 찍히거나 불법적인 행위에 가담돼 있을 수 있으므로 사생활 보호와 비밀 유지가 필수적이다. 소외 집단에 속한 개인을 대상으로 연구를 진행할 경우, 연구동의서를 받는 것이 다른 집단 사람들보다 더 오래 걸릴 수 있음을 고려한다. 로저스 등(Rogers et al., 2012)은 정신질환이 있는 노숙자를 대상으로 한 연구에서의 이러한 어려움을 언급했다. 연구동의를 받는 과정에서 연구자는 연구에 참여하는 것이 무엇을 의미하는지를 각 개인들이 이해하고 있는지 반드시 확인해야 한다.

잠재적 우려들을 다루기

이러한 우려들은 질적 연구를 설계하는 과정에서부터 고려해야 한다. 소외된 대상과의 연구를 진행하기 전에 주의 깊게 다뤄야 할 부분은 연구자의 성찰, 공동체의 관여, 연구 프로토콜, 연구동의서 등이다.

성찰

소외된 대상에 대한 질적 연구를 할 때, 연구자가 갖는 개인적 편견들이 연구에 어떤 영향을 미칠지 이해하기 위해서는 반드시 자기 성찰 과정을 갖는다. 심도 있는 성찰 과정을 통해 자신의 가정들에 도전하고, 이론적 경향을 밝히고, 사회·문화적 편견을 드러내고, 자신의 행동에 의문을 던져볼 수 있다. 성찰을 통해 전에는 생각지 못했던 문화적인 미묘한 차이들을 고려할 수 있어서 연구의 엄격성을 향상시킬 수 있다. 이로써 참여자와의 신뢰를 향상시키고 연구결과의 신뢰도와 타당도도 높이게 된다.

공동체의 관여

접근이 쉽지 않은 소외된 대상을 연구할 때, 참여자를 구하기 위해서는 목적 표집, 눈덩이표집, 그리고 참여자 주도의 표집 기법을 병행하여 사용한다(Benoit, Jansson, Millar, & Phillips, 2005). 접근 허가와 관련해서, 소외된 집단 구성원들은 연구 과정에 관여하고 있는 내부자들에게 보다 긍정적으로 반응한다는 것을 알 수 있다. 한 예로, 주 감옥의 수감자들을 대상으로 한 연구에서 이런 경향을 볼 수 있었다(Freshwater, Cahill, Walsh, Muncey, & Esterhuizen, 2012). 내부자들의 역할이 도움이 되기 때문에, 공동체를 기반으로 한 참여연구 (community-based participatory research: CBPR)에 대한 요구가 높아지고 있다. 참여연구는 실행을 바탕으로 한 연구방법으로, 관심의 대상이 되는 참여자들이 연구의 전 과정에 관여하는 것이다. 이런 종류의 연구는 연구기간과 공동체 구성원과의 협상 과정에 오랜 시간이 걸린다는 도전에도 불구하고, 많은 장점이 있다. 공동체 구성원과의 협조가 이뤄지면 참여자에게 접근이 가능해진다. 또한 파트너십이 이뤄지면 연구팀이 소외 집단 구성원들의 관점을 더 잘 이해할 수 있게 되며, 수집된 자료의 신뢰도를 높일 수 있다(Rogers et al., 2012). 이런 종류의 연구를 하게 되면, 참여자들이 관심 주제에 관해 진정한 전문가로 여겨지기 때문에, 보다 쉽게 접근을 허용하고 자신들의 문화가 오해받는 것에 대한 우려를 덜 수 있다.

소외된 대상과 연구를 진행할 때, 또 하나의 중요한 측면은 투명성이다. 공동체 기반 참여연구 접근을 사용하든 아니든, 연구자는 모든 중요한 연구 과정을 참여자와 공동체가 볼 수 있게 해야 한다. 투명성을 높이기 위해서 연구설계과정을 참여자와 논의하고, 그들이 검토를 하게 하거나, 결과를 보여주기 위해 현장에 되돌아 갈 수 있다.

프로토콜

세세하게 개발된 프로토콜은 연구자가 신뢰와 윤리적 우려들을
다루기 위해 적절한 단계를 거쳤음을 보장해준다. 예를 들어, 성매
매업 종사자들에 대한 쉐이버의 연구에서는(Shaver, 2005) 프로토콜
이 참여자의 신뢰와 존중을 얻는 데 도움을 주었다. 프로토콜은 또
한 연구에 참여한 모든 사람에게 감사를 전하고 마무리 인사를 잊지
않도록 해준다. 비록 이것이 사소한 것처럼 보이겠지만, 신뢰를 쌓
는 추가적인 기회가 될 수 있다. 프로토콜을 만들 때에는 언어를 고
려해서 참여자들이 그들의 모국어로 대화할 기회를 제공해야 한다.
만일 연구자의 언어가 다를 경우에는 모든 노력을 동원하여 연구팀
에 통역이 가능하도록 훈련받은 팀원을 충원한다. 무엇보다도, 소외
된 집단에게서 자료를 수집할 때에는 연구자가 전문가로서의 역할
과 학습자로서의 역할을 모두 수행할 필요가 있다. 전문가로서 연구
자는 민감한 질문을 던지는 것이 정당화되는 특권을 가진다. 하지만
학습자로서는 늘 참여자의 요구를 존중해야만 한다.

연구동의서와 윤리

연구자는 윤리적인 우려들을 개선할 여러 단계를 취할 수 있다.
먼저 연구동의서를 얻을 때에는 자발적 참여임을 명확히 한다. 이를
위해서 연구에 참여를 할지에 대한 결정을 내릴 때 참여자의 친인척
이나 다른 이해관계자를 참석시킬 수 있다. 특정 하위집단을 대상으
로 연구할 경우, 예전에 진행된 비윤리적 연구와 관련한 잠재적 우
려를 어떻게 다룰지 준비하면 도움이 된다. 마약중독자를 대상으로

한 연구에서 연구자들이 이런 문제를 맞닥뜨린 경우가 있다(Fisher et al., 2008).

연구동의서에는 세부사항을 기재하고 문화적 차이를 민감하게 고려한다. 하지만 이것만으로는 소외된 대상으로부터의 자료수집과 관련된 윤리적 문제를 해결할 수 없다. 때로 공동체 자문위원회에게 연구설계와 실행에 대한 조언을 얻는 방법도 가능하다(Davidson & Page, 2012). 공동체 자문위원회는 연구 참여자에게 제공할 적절한 보상을 정하거나 참여자의 비밀보장을 확실히 하기 위한 프로토콜의 실행 등 핵심적인 윤리적 문제들을 다룰 때 중요한 역할을 한다.

마지막으로, 문화와 윤리 사이에 교차하는 지점이 있음을 고려한다. 각각의 집단은 사회와 문화적 신념을 바탕으로 나름대로 어떠한 것이 윤리적인 실행인지를 정의 내리며, 이는 연구자의 생각과 다를 수 있다. 따라서 윤리적인 이슈들은 연구 과정 내내 해당 맥락 안에서 끊임없이 재검토되어야 한다(Hudson & Taylor-Henley, 2001).

요약

이 장에서 소개된 기술은 소외된 집단을 정의하고, 도전과제를 다루고, 정확한 자료를 수집하는 것이다. 소외된 집단을 대상으로 연구를 하면 많은 것을 얻을 수 있지만 도전과제도 있다. 접근, 불신, 문화, 언어, 그리고 윤리적인 면들에서 주의를 기울여야 한다. 연구자의 성찰, 공동체의 관여, 세세한 연구 프로토콜을 통해 이런 도전들을 다룰 수 있고, 정확한 자료를 수집하여 참여자와 연구 공동체에 혜택을 줄 수 있다.

활동

자신의 연구분야에서 소외된 대상이라 여겨지는 집단을 정해본다. 자신에게 익숙하지 않으며 같은 민족이나 인종이 아닌 대상을 찾아본다.
이들을 연구할 경우, 자신의 개인적 경험, 이론적 경향, 문화적 배경이 어떻게 영향을 미칠지 성찰해본다.

추가 자료

Chilisa, B. (2019). Indigenous research methodologies. Thousand Oaks, CA: Sage.

Cook, K. (2008). *Marginalized populations. In L. Given (Ed.), The SAGE encyclopedia of qualitative research methods* (pp. 496-497). Thousand Oaks, CA: Sage.

Davidson, P., & Page, K. (2012). Research participation as work: Comparing the perspectives of researchers and economically marginalized populations. *American Journal of Public Health*, 102(7), 1254-1259.

17

글로벌 질적 연구를 위해 다양한 문화적 차이를 인식하는 역량 키우기

열일곱 번째 노하우

- 다른 나라에서 질적 연구를 실시할 때 해당 국가의 문화를 이해하는 역량 개발하기
- 글로벌 질적 연구를 실시할 때의 도전과제를 다루는 기술 개발하기

왜 중요한가?

최근에는 국제적인 건강 불균형이나 다양한 인구에 대한 이해를 높이려는 노력이 증가하고 있다. 글로벌 연구에 대한 투자로 지난 20년 동안 놀라운 통찰을 얻어왔고, 국제 경제뿐만 아니라 국제적 지식이 향상되었다(Hall, 2015). 영리단체에서는 교육 서비스를 전 세계적으로 제공하고 있으며, 비영리단체는 문화 역량훈련을 제공

하는 등 다양한 수준에서 이 모두가 서로 연관됨을 보여준다.

경제적 국제화와 기술의 진보로 글로벌 연구의 추세는 지속될 것이다. 연구자는 그 어느 때보다도 글로벌 질적 연구와 관련된 도전을 이해하고, 연구질문을 효과적으로 다루고, 문화적으로 적절한 연구를 실시할 필요가 있다. 또한 연구자들은 질적 연구를 적절하게 조율해 가기 위해서 단계들을 따라야 한다. 그런 과정을 통해, 내부적으로는 국내의 다문화 환경에서, 그리고 외부적으로는 다른 나라에서 연구를 수행할 능력을 갖출 수 있다.

글로벌 질적 연구와 관련된 핵심 개념

성공적인 국제적 연구를 위한 네 가지의 선행요건(Trostle, 1992)은 다음과 같다.
- 적절한 연구 능력을 갖춘 연구자들과 팀원
- 연구를 진행하는 데 필요한 적절한 지원 체계
- 국제 정책과 관련된 연구 진행
- 결과를 국내와 국외의 연구 의제에 적용

이러한 선행요건을 갖추기 위해서, 연구자는 글로벌 문화 인식(global cultural awareness) 능력을 개발할 수 있는데, 이는 국가적 수준의 전문성을 갖추고, 해당 국가의 방법론적 경향을 이해하고, 연구를 실시하고자 하는 나라의 현지 연구자들이 사용하는 자료수집 방법에 대한 지식을 갖추는 것을 의미한다. 또한 글로벌 문화 인식은 질적 연구 주제에 영향을 미칠 수 있는 정책적 기반을 이해하고,

연구설계를 적절하게 조정하는 능력을 포함한다.

문화적 역량

글로벌 인식은 세계에 대한 지식, 그리고 자신과 타인의 상호 연결성으로 정의되어 왔다(Dower, 2002). 글로벌 인식을 높이기 위해서는 문화, 언어, 세계의 이슈, 국제적 경험 등이 요구된다. 글로벌 인식을 갖춘 연구자는 문화적 상대주의와 관련된 세계관을 가지고 자신의 연구에 임한다. 문화적 상대주의는 문화란 오직 다른 문화와의 관계 속에서 이해될 수 있고, 행동들은 오직 문화적 맥락 속에서 이해될 수 있다는 개념이다(Olson & Kroeger, 2001). 바타차르야(Bhattacharya, 2013)가 제안했듯, 우리는 국경을 넘고, 식민지화시키는 담론들을 의심해 봐야 하고, 저항과 비판이라는 스스로의 관점을 받아들여야 한다. 문화적 역량이란 많은 경험과 맥락 안에서 관련된 요소들을 통합해나가는 지속적 개발과정임을 아는 것이 중요하다(Smith-Miller, Leak, Harlan, Dieckmann, & Sherwood, 2010). 문화인식을 키울 수 있는 한 가지 방법은 통역사들과 작업을 해보거나, 비교문화적 의사소통을 향상시키거나, 특정 지역에서 연구를 할 때의 복잡한 사항들을 이해할 수 있는 문화적 역량 향상 훈련에 참여하는 것이다.

국가적 수준의 전문성 키우기

글로벌 문화 인식의 필수요소는 특정한 국가 수준의 전문성을 키우기 위해 들이는 상당한 시간이다(Thornton, 2014). 여기에는 공동체, 그리고 해당 지역의 현재 연구 의제에 대한 심도 있는 이해가 포함된다. 그 지역에서는 어떤 연구를 우선시하는지 알아가는 과정 속에서 연구자의 연구 목표가 형성되어 간다. 필딩(Fielding, 2013)은 "방법의 세계화"에 대해 언급했는데, 우리가 "방법의 확립"에서 벗어나 학계 밖으로 눈을 돌려서 사이버 액티비즘(cyberactivism, 소셜 미디어나 이메일 등을 활용한 사회활동: 역주), 사이버 리서치(cyberresearch), 그리고 토착적 방법론 등 다양하게 출현하는 방법들을 찾을 필요가 있다고 말한다.

이러한 노력을 돕기 위해, 연구를 진행하려는 지역의 대표 연구자들과 협력 관계를 쌓고 유지하는 데 시간을 들여야 한다. 국가적 수준의 전문성을 키우기 위해서는 연구 의제를 결정하기 전, 어떤 주제나 이슈의 접근이 금지되는지, 논의하고자 하는 주제에 대한 다른 정의는 무엇인지 등을 알아야 한다. 논의하려는 주제는 다양한 이유에서 민감할 수 있으며, 일상 속에서 민감하다고 여겨지는 문화 역시 나라마다, 지역마다 다르다(Thornton, 2014). 이러한 이유에서 사람들에게 질문에 답하지 않거나, 불편할 경우 관찰을 거부하도록 하는 선택권을 제공하는 것이 매우 중요하다.

글로벌 질적 연구를 준비할 때에는 논의의 주제가 다양하게 정의되는 것을 인지해야 한다. 예를 들어, 인도의 어린이 학대 연구를 보자(Maiter, Alaggia, & Trocmé, 2004). 이 연구에서 문화 인식은 중요한 요인이었다. 왜냐하면 서로 다른 문화적 집단의 부모들은 자녀를 훈육할 때 상이한 방법을 사용하며, 때로 이 방법은 다른 문화권 사람들의 인상을 찌푸리게 만들 수도 있어서다. 관심의 대상이 되는

지역에서는 현상이 어떻게 받아들여지고 해석되는지를 완전하게 이해하는 것이 중요하다.

글로벌 연구 정책

글로벌 문화 인식의 또 다른 요소는 그 나라 실정에 맞는 연구 정책 이해와 이러한 구체적인 원칙들에 기반한 연구설계다(Adams, Burke, & Whitmarsh, 2014). 또한 연구(또는 연구 제안서)가 어떻게 받아들여지는가에 영향을 미치는 국제적 정책에 대해 알아야 한다. 이 경우에는 문화보다도 현지 학계가 자신의 연구방법과 관심 주제를 어떻게 인식하는지를 이해할 필요가 있다.

해당 국가에서는 현재 어떤 연구가 행해지고 있는지를 이해하고 인정할 것을 권한다. 해당 국가의 주도적인 연구기관이 정책적 기반으로 삼기 위해 수용하는 연구 의제와 방법론을 이해하는 것이 필수적이다. 자신의 연구 주제가 중요하지 않다고 인식되면, 또는 현재 질적 연구가 사용되지 않는다면, 앞으로 갈 길에 도전이 많을 것이다. 현지 연구자들과 협력하고 현지의 학술지를 살펴보면 어떤 연구들이 실행되고 있는지를 이해하는 데 도움이 된다.

방법론적 경향과 자료수집방법

글로벌 질적 연구를 하려면 관심을 갖는 나라에서 어떤 연구방법이 강조되는지 고려해야 한다. 예를 들어, 남아프리카에서는 질적 연구에 대한 수요가 높아지고 있지만, 중국이나 태국에서는 양적 연구가 선호된다. 탐구하려는 국가에서는 어떠한 연구가 수용되는가? 이를 잘 이해하고 협력자들과 상호작용에 힘을 쓴다. 물론, 구체적인 학문분야에 따라 선호되는 방법론은 다양하다. 경영학이나 마케팅에서는 양적 방법이 여전히 주도적인 반면, 사회복지나 정신건강, 교육학 등 사회과학분야에서는 질적 연구가 선호되기도 한다.

연구 프로토콜을 설계할 때에는 습관적으로 서구의 방법을 적용하기 전에, 우선 현상과 관심 지역에 대해 철저히 이해한다(Yang, 2000). 덴진과 지아르디나(Denzin & Giardina, 2013)가 제안했듯, 연구를 실행하기 전에 인식론이 선행되어야 하며, 이는 자료를 수집할 나라에 따라 다양한 자료수집과 분석방법이 필요함을 의미한다. 어떤 나라에서는 특정 형태의 자료수집이 금지된 반면, 다른 나라에서는 그 방법이 선호될 수도 있다. 예를 들어, 아프리카와 인도에서는 자료수집 시 대면 인터뷰를 가장 선호하는데(Thornton, 2014), 남아프리카에서는 포토보이스(photovoice)의 인기가 높아지고 있다. 이러한 요소들을 알아보고 미묘한 차이를 고려한 질적 연구를 설계하는 것이 연구자의 책임이다.

질적 연구설계와 과정

자원이 제한적인 나라들에서 작업하는 질적 연구자는 현지에서 파트너 관계를 만들거나 무수한 연구 주제를 탐색할 기회들이 많을 것이다. 하지만 표집이나 자료수집, 그리고 결과보고와 관련한 어려움을 겪을 수도 있다. 따라서 탐구하려는 지역과 주민들의 요구에 맞춰서 적절하게 연구를 설계해 나갈 필요가 있다.

우리는 연구질문이나 모집 전략, 자료수집방법, 그리고 연구의 다른 부분을 작성할 때 해당 지역의 언어, 문화, 사회적 특성들을 확실히 반영하기를 제안한다. 그러기 위해서는 우선 현지 전문가가 되고 그 지역을 대표하는 사람들과 협력적 파트너십을 만들어야 한다. 그런 까닭에 글로벌 질적 연구는 그렇지 않은 질적 연구보다 더 많은 노력과 시간이 소요될 수 있다.

글로벌 질적 연구자를 위한 제안

글로벌 질적 연구를 수행하고 문화 인식을 키우기 위해 질적 연구자가 취할 몇 가지 단계들이 있다. 표 17.1은 질적 연구자들이 새로운 프로젝트를 개발하고 실행하는 데 도움이 되는 체크리스트이다. 여기에 모든 것을 담을 수는 없지만, 이 단계들을 거치면 글로벌 질적 연구를 수행하는 연구자들에게 상당부분 도움이 될 것이다.

그림 17.1 글로벌 질적 문화 인식을 키우기 위한 체크리스트

_____ 문화 역량 훈련에 참여한다.
_____ 식민 담론으로 이어질 수 있는 자신의 저항적 렌즈를 탐색해본다.
_____ 관심 국가의 몇몇 연구원들과 협력적인 대화를 시작한다.
_____ 연구가 어떻게 받아들여질지 알아보기 위해 관심 국가의 맥락에서 연구 주제를 탐색한다.
_____ 프로젝트의 핵심 주제에 대해 가능한 다양한 정의를 고려한다.
_____ 관심 국가의 주요한 연구방법을 숙달한다.
_____ 관심 국가에서 가장 많이 사용되는 자료수집과 분석방법을 이해한다.
_____ 현지의 선두적인 연구기관의 연구 환경에 대한 지식을 쌓는다.

요약

이 장에서 소개한 기술은 글로벌 질적 연구에 수반되는 문화 인식을 키우고 어려움을 다루는 방법이다. 글로벌 질적 연구가 수월하지는 않지만, 이에 따른 잠재적 혜택도 많다. 국가적 수준의 전문성을 쌓고, 방법론적 경향을 이해하고, 현지의 자료수집방법을 사용하고, 정책적 기반을 존중하면, 연구설계를 조율하는 데 도움이 된다. 연구결과를 통해 잠재적으로 국제적 공공보건을 향상하고 새롭게 국제화된 경제시장에서 지식간극을 좁힐 수 있다.

활동

1. 자신이 질적 연구를 수행하고 싶은 나라를 하나 정한다. 이 지역에서 선호되는 연구와 자료수집방법에 대해 탐색해 본다. 해당 국가의 국제적 학술지나 영어로 쓰인 연구 논문을 찾아보고, 정책 보고서에서 어떤 연구 의제들이 탐색되었는지를 알아본다.
2. 최근에 읽은 질적 연구를 하나 선택한다. 앞에서 선택했던 나라에서 동일한 연구를 한다고 가정한다면 어떤 것들을 수정해야 할지 고려해본다.

추가 자료

Deardorff, D. K. (2006). Identification and assessment of intercultural competence as a student outcome of internationalization. *Journal of Studies in International Education*, 10(3), 241-266.

Denzin, N. K., & Giardina, M. D. (Eds.). (2013). *Global dimensions of qualitative inquiry*. Walnut Creek, CA: Left Coast.

Dower, N. (2002). Global ethics and global citizenship. In N. Dower & Williams (Eds.), *Global citizenship: A critical introduction* (pp. 146 -157). New York: Routledge.

Trostle, J. (1992). Research capacity building in international health: Definitions, evaluations and strategies for success. *Social Science & Medicine*, 35, 1321-1324.

PART

05

자료분석과 타당화

18

텍스트자료 코딩하기

열여덟 번째 노하우

텍스트를 코딩하는 기술 개발하기

왜 중요한가?

대부분의 사람들은 숫자를 세고 통계를 사용하는 것은 잘 알지만, 텍스트자료를 이해하는 방식에는 익숙지 못하다. 사람들은 텍스트가 복잡한 자료이며, 이를 살펴보고 이해하는 데 많은 시간이 걸린다는 것을 잘 이해하지 못한다. 또한 질적 자료분석(qualitative data analysis)의 해석적 특성, 즉 연구자가 텍스트 속에 포함된 내용을 해석할 필요가 있음을 인식하지 못한다. 더 나아가 자료를 어떻게 평가하고 질적 보고서를 써야 하는가도 잘 알지 못한다. 개방형 인터뷰 자료나 현장노트, 그리고 문서와 같이 대부분의 자료는 글로 쓰여 있기 때문에 여기에 분석을 위한 코드를 붙이는 것은 질적 연구

에서 중심적이다. 코딩방식은 질적 연구의 종류에 따라 다양하다(30
장 참고). 이 장에서는 텍스트자료를 코딩하는 기본적 접근에 초점을
둔다. 이는 다른 연구설계에서 보다 심화된 코딩을 하기 전에 배워
둘 기본 내용이다. 코딩을 하고, 자료를 이해하고, 결과보고 시 해석
을 사용하는 전체 단계를 익히는 것이 중요하다.

질적 자료분석의 전반적 과정

코딩이란 전사한 텍스트자료를 이해해가는 것이다. 이는 질적 분
석의 전반적 과정의 한 단계다(Creswell & Pothwell, 2018, 나선형 자료
분석 참고). 연구자가 컬러펜이나 형광펜으로 자료에 직접 코딩할 수
있으며, 질적 소프트웨어를 활용하는 경우도 있다(21장 참고).

분석의 첫 단계는 텍스트자료 준비다. 인터뷰를 전사하고 데이터
베이스를 구축하는 것, 그리고 관찰을 하면서 현장노트를 적고 이를
문서 파일로 만들거나 스캔하여 디지털 카피를 생성하는 것이 여기
에 해당한다. 이러한 단계들은 모두 분석을 위한 **자료 준비**에 해당
한다. 준비가 되면 **자료분석** 진행단계로 이동한다. 먼저 자료를 천
천히 읽으면 문서의 여백에 참여자들이 했던 말이나 행동에 대한 연
구자의 생각을 기록하는 것에서 시작한다. 자료를 전반적으로 이해
했다고 생각되면, **코딩**을 시작한다. 참여자가 무엇에 대해 언급하고
있는지 살펴보고 그 구절에 코드 이름을 붙인다. 그런 다음, 비슷한
코드끼리 묶어서 **테마**(20장 참고)라고 불리는 보다 넓은 범주의 증거
가 되도록 한다. 테마들은 서로 연결되어 하나의 이야기를 형성하
며, 연구결과 챕터에서 각각의 제목이 된다. 이 과정을 진행할 때,

우리는 **질적 소프트웨어 프로그램**을 사용해서 자료를 보관하고, 분석하고, 보고하고, 코드와 테마를 시각화한다(21장 참고). 일단 분석이 끝나면, 몇 가지 가능한 방법을 통해 나의 해석이 **타당한지** 점검한다(22장 참고). 보통은 두 개나 세 개의 타당도 전략을 사용해서 해석의 정확성을 확보한다. 그리고 여러 명의 연구자가 개별적으로 코딩을 한 다음 유사한 결론에 이르렀는지를 확인하는 코더간 일치도(intercoder agreement)를 활용한다(21장 참고). 자료분석의 마지막 단계는 **성찰**로써, 나의 개인적 배경과 경험이 자료 해석에 어떠한 영향을 미쳤는지를 주의 깊게 살펴본다(26장 참고). 그림 18.1의 체크리스트는 자료분석의 전 과정을 보여주며, 분석의 중요한 요소들을 모두 다뤘는지 확인하는 데 도움이 될 수 있다.

학술지에 투고할 질적 보고서를 준비할 경우, 이 체크리스트를 가지고 질적 자료분석 관련 논의가 완벽히 되었는지 검토한다. 연구 프로포절을 할 때도 활용할 수 있다. 체크리스트의 한 부분인 코딩은 질적 자료분석의 중요 부분이며 연구자가 익숙해져야 할 기술이다. 이 장에서는 코딩의 중요한 단계들에 초점을 둘 것이다.

그림 18.1 "자료분석" 챕터를 잘 기술하기 위한 체크리스트

_____ 자료 준비과정(전사)에 대한 논의
_____ 자료분석의 전반적 과정 명시(자료 읽기, 메모작성, 코딩, 묘사, 테마 도출, 테마 간 연결)
_____ 질적 자료분석 소프트웨어 사용에 대한 논의(예. MAXQDA)
_____ 멀티 코더(예. 코더간 일치도)방법을 사용할 경우, 세부 과정 및 합의 정도에 대한 설명

_____ 타당도 전략 논의(예. 참여자 확인, 삼각 검증, 부정적 증거, 동료 확
인, 외부 감사, 현장에서의 오랜 관여)
_____ 연구자의 경험과 역할이 결과 해석에 미친 영향에 대한 성찰

원 자료에서 코드로

그림 18.2에서 볼 수 있듯, 질적 자료분석의 전반적 과정은 현장
에서 수집된 자료에서 코드를 형성해가는 귀납적 방식이다. 우리는
인터뷰 전사 파일과 현장노트, 또는 스캔한 자료 등의 텍스트 파일
을 가지고 코딩 과정을 시작한다. 자료를 준비한 뒤, 전반적인 내용
을 파악하기 위해서 자료를 쭉 읽는다. 이때 문서의 여백에 메모를
적는다. 다음으로는 자료를 한 줄 한 줄 읽으면서 중요해 보이는 부
분을 선택해 코드를 붙인다. 이러한 코드들은 논문의 결과에 들어갈
기술과 테마의 증거가 된다. 요약하면, 이 단계에서는 자료를 모으
고, 코드를 부여하고, 코드를 취합하여 서술과 테마로 만들고, 테마
를 해석하고, 타당도를 확보하는 작업이 포함된다. 또한 그림 18.2
에서 볼 수 있듯, 이 단계들은 상호작용을 하기 때문에 서로가 서로
에 영향을 주며, 이 모두가 동시에 진행되므로 여러 단계가 한꺼번
에 이뤄진다. 연구자가 새로운 것을 발견하는 게 목적이라면, 이 과
정을 현장 자료에서 코드를 생성해가는 "상향식" 과정으로 이해할
수 있다.

그림 18.2 원 자료에서 코드로 이동하는 자료분석과정

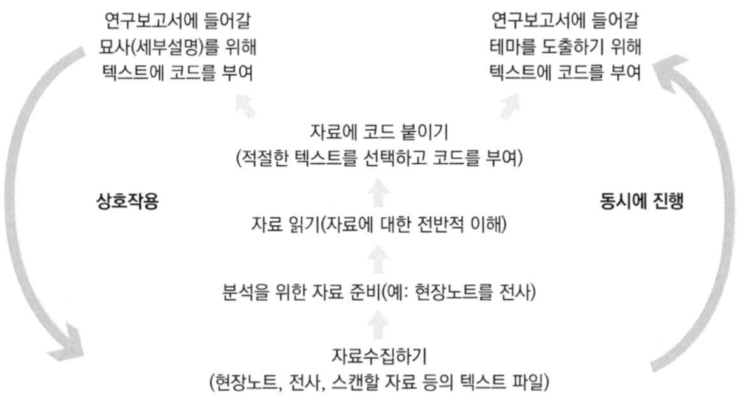

연구보고서에 들어갈
묘사(세부설명)를 위해
텍스트에 코드를 부여

연구보고서에 들어갈
테마를 도출하기 위해
텍스트에 코드를 부여

자료에 코드 붙이기
(적절한 텍스트를 선택하고 코드를 부여)

상호작용

동시에 진행

자료 읽기(자료에 대한 전반적 이해)

분석을 위한 자료 준비(예: 현장노트를 전사)

자료수집하기
(현장노트, 전사, 스캔할 자료 등의 텍스트 파일)

자료: Creswell and Poth(2018)를 재구성

원 자료에서 테마로

그림 18.3은 어떻게 자료에서 테마로 이동하는지를 보여준다. 코
딩은 현장 자료에서 시작하여 테마로 좁혀져 가는 과정이라고 볼 수
있다. 테마는 연구의 주요 결과를 나타내며, 코드와 그 코드의 증거
로 구성된다. 즉 여러 코드가 하나의 테마를 이룬다. 그리고 테마들
은 서로 중복되지 않으며 명확히 구분되는 정보로 이루어진 범주들
이다. 테마는 질적 논문의 결과 부분에서 각각의 제목이 된다. 자료
의 코딩에서 테마까지의 과정이 어떻게 진행되는지를 시각화해보면
도움이 된다.

그림 18.3 많은 페이지의 자료에서 테마로

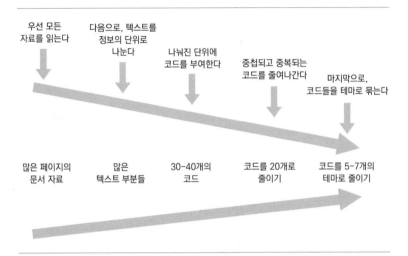

자료: Creswell and Poth(2018)

그림 18.3과 같이 테마를 만드는 과정은 질적 연구자가 많은 페이지의 문서 자료를 읽는 것에서부터 넓게 시작한다. 다음 단계는 문서를 부분으로 나누는 것이다. 처음에 문서 자료를 검토할 때에는 주로 문단과 같이 큰 "덩어리"의 자료를 다룬다. 이렇게 하면 분석 과정에서 많은 수의 코드 대신 적은 수의 코드를 형성하는 린 코딩(lean coding, 코드를 줄여가며, 자료의 양과 상관없이, 최종적으로 25~30개가 넘지 않는 코드를 생성하는 방법)을 할 수 있다. 우리는 (몇 페이지로 된 적은 자료든 수천 페이지의 방대한 자료든 간에) 모든 문서 자료를 약 30~50개의 코드로 정리한다. 그러고 나서 겹치거나 불필요한 코드를 찾아가며 대략 20개 정도의 코드로 줄이기 시작한다. 이러한 20개의 코드는 더 나아가 약 다섯 개나 일곱 개의 테마로 모이고 질적 논문의 "결과" 챕터의 각 제목이 된다.

코딩이란?

코딩(coding)은 질적 문서 자료를 쪼개서 그 안에 어떠한 내용이 있는지 살펴본 뒤 자료를 다시 유의미한 방식으로 재구성하는 질적 자료의 분석과정이다. 연구자는 코딩을 통해서 테마와 관련한 다양한 증거를 구성해간다. 이는 연구자가 전사한 자료를 긴 문장 그대로 단순히 보고하는 것이 아니라, 참여자들이 한 말을 실제로 분석한다는 뜻이다.

자료분석에는 세 종류가 있는데, 이것은 일반적(conventional), 누적적(summative), 그리고 유도된(directed) 자료분석이다. 일반적 자료분석에서는 자료로부터 코드가 도출된다. 누적적 자료분석에서는 빈도수를 세거나 비교하는 것이 포함된다. 유도된 접근에서의 자료분석은 지침이 되는 이론에서부터 시작한다(Hsieh & Shannon, 2005). 여기서는 일반적 코딩에 초점을 둘 것인데, 왜냐하면 많은 질적 자료분석에서 전형적으로 사용하는 방법이기 때문이다.

테마 글에서 시작해 코딩 과정을 거꾸로 유추해가기

질적 자료분석과 코딩을 할 때 도움이 된 한 가지는 거꾸로 작업하는 것인데, 다시 말해, 분석을 어떻게 마무리할지를 미리 시각화하고 이해하는 방식이다. 여기서 말하는 마무리 시점이란 연구의 "결과"에 테마를 기술할 때라고 볼 수 있다. 그러므로 이미 완성된 구체적인 테마 글을 보고 여기에 어떤 요소들이 들어갔는지 살펴보면 도움이 된다. 예를 들어, 그림 18.4의 예문을 보면서 다음의 내용을 살펴본다. 이 예문은 존의 학술지 아티클(Asmussen & Creswell, 1995) 중에서 찾은 "안전"에 대한 테마 글이다.

- 제목으로 된 테마는 인 비보(in vivo), 다시 말해 참여자의 말로 표현되었다. 실제로 참여자들은 "안전"에 대해 이야기하였다.
- 이 글에 표현된 코드들(쉽게 찾을 수 있도록 밑줄을 쳐 놓았음)은 테마에 대한 여러 형태의 구체적 증거를 보여준다. 이러한 다양한 코드들은 "안전"이라는 테마가 많은 관점들로 구성된 복잡한 이슈임을 나타내며 이것은 좋은 질적 연구의 기본 요소다.
- 참여자들의 실제 목소리를 인용문의 형태로 전달하여 테마에 대한 논의가 "생생하게" 느껴지도록 한다.

그림 18.4 코딩한 내용이 테마 글에 어떻게 표현되는지를 보여주는 예

안전

In vivo 테마

대학생이 연루된 도시의 폭력, 그리고 연속된 대학교 교실에서 일어난 총기 사건은 일상적으로 평온한 캠퍼스를 경악시켰다. 한 상담자의 말은 당시 여러 사람의 느낌을 적절히 요약하여 보여준다: "학생들이 그 교실에서 걸어나올 때, 그들의 세상은 매우 혼란스러워졌습니다. 마구잡이스러운 무언가가 그들에게서 안전한 느낌을 빼앗아 버렸습니다." 정보를 제공한 많은 사람들이 보인 중심적 반응은 안전에 대한 우려였다. 학생처장은 사건에 대한 위원회의 반응을 설명하면서 교실 내 학생들의 안전을 최우선목표로 언급했다. 다음으로 뉴스 매체가 해당 사건의 세부사항을 전달할 필요성, 정서적 스트레스를 받은 모든 학생들에 대한 심리적 도움, 그리고 안전에 대한 공공 정보의 제공을 언급했다. 그는 안전과 캠퍼스 내 총기문제를 이야기하면서 학생들이 사냥할 때 사용하는 총기 보관에 관한 정책을 고려 중이라고 했다. 사건 발생 4시간 내에 언론발표가 있었고, 여기서 사건의 세부사항뿐만 아니라 캠퍼스 안전확보의 필요성을 다루었다. 곧이어 대학본부는 캠퍼스 안전에 관한 정보 캠페인을 시작하였다. 사건을 설명한 편지가 위원회의 구성원들에게 발송되었다. (한 위원은 "어떻게 그런 일이 이 대학에서 일어날 수가 있는가?"라고 물었다) 학생처장은 모든 학생들에게 다양한 조언을...

코드들 (밑줄)

다양한 정보원들 (볼드체)

짧은 인용

자료: Asmussen and Creswell(1995, pp. 582-584)을 바탕으로 재구성

- 다수의 자료원은 코드를 구성하는 데 도움이 되고, 거꾸로, 이
는 테마의 증거가 다양함을 보여주게 된다. 굵은 글씨체로 표현
된 다양한 자료원들은 증거가 여러 정보에서 나왔음을 보여주
는데, 이 연구의 예에서는 학생, 위원회 구성원 등 많은 사람들
이 안전의 이슈에 대해 이야기했음을 반영한다. 다양한 자료원은
이것이 연구의 주요 테마로서 주목해야 할 이슈임을 말해준다.

코딩 과정

우리는 여러분을 텍스트 자료 코딩단계로 안내할 것이다. 예시로
써, 질적 연구방법론 수업을 듣는 학생들이 체육관의 "실내 암벽"을
관찰하고 기록한 현장노트를 분석자료로 사용하고자 한다. 여러분
의 자료는 현장노트 대신, 인터뷰 전사자료 등이 될 수 있다. 우리는
코딩 과정을 보여주기 위해 현장노트를 전사해서 텍스트자료로 변
환하였다. 다음은 코딩의 단계들이다.

- 코딩을 쉽게 하기 위해서 전사자료를 준비한다.
- 자료를 끝까지 읽으면서 전체적인 내용을 이해한다.
- 코딩을 한다.
- 모든 코드의 목록을 나열한다.
- 중복되거나 겹치는 코드를 삭제하기 위해서 코드를 집단으로
묶는다.
- 테마 글을 작성한다.
- 테마를 연결해서 개념도를 만든다.
- 모든 테마가 잘 연결되는 내러티브 이야기를 구성한다.

1단계: 준비하기

분석을 위해 인터뷰, 현장노트, 또는 문서 등을 전사하여 준비한다. 전사할 때에는 분석하면서 메모를 적을 수 있도록 양쪽에 약 1인치(약 2.5센티미터)의 여백을 둔다. 맨 윗부분에는 자료의 출처, 날짜 및 연구자와 참여자 이름, 관찰장소, 또는 문서자료의 출처 등의 정보를 적는다. 또한 왼쪽 윗부분에 "코드"라고 적고, 오른쪽 윗부분에는 "테마"라고 적는다. 문서는 읽기 쉽도록 더블스페이스로 행간에 여유를 두며, 인터뷰 자료의 경우, 연구자의 질문과 참여자의 응답을 구분한다. 그림 18.5의 예를 참고한다.

그림 18.5 코딩을 위해 준비한 관찰노트의 예

코드	#1 실내 암벽 관찰 (연구자: 존)	테마
	체육관에 들어서자, 오래된 운동화 냄새, 그리고 팀의 많은 승패를 간직한 듯 보이는 라커의 냄새가 내 코를 찔러왔다. 주변에는 여러 광경이 배치를 이루고 있었다. 체육관의 오래된 나무 바닥과 벽돌로 지어진 건물은 그 안에 있는 배드민턴 네트, 내부가 들여다보이는 다양한 운동 장소, 인공 암벽과는 어울리지 않았다. 암벽에서는 강좌와 등반이라는 두 가지 활동이 분리되어 있었다. 왼쪽 벽에서는 강사가 등반에 필요한 장비사용설명서를 가지고 개별 지도를 하고 있었다. 강사는 장비 시범을 보이며 새로 온 회원들에게 설명서의 일부분을 읽어보도록 했다. 회원들은 설명서와 시범에 대해 질문하였다. 이 과정은 한동안 지속됐는데, 세부사항을 다루면서도 매우 여유로웠고 형식에 얽매이지 않았다. 청바지와 탱크 탑을 입은 또 다른 강사가 들어왔다. 그녀는 시범을 보이고 있는 강사에게 무슨 강좌를 하는지 물어보았다. 대답을 들은 뒤 웃음을 보였고, 수의를 돌아본 나머, 선화기를 꺼내어 누군가에게 문자를 보내며 자신의 일을 했는데, 그 와중에 내내 매트에 서서 앞에 있는 벽과 그 옆에서 벌어지는 강좌를 관찰했다. 강좌는 그녀의 방해에도 불구하고 한동안 지속되었다.	

2단계: 자료 읽기

자료를 끝까지 읽으면서 사람들이 무슨 이야기를 하고 어떤 행동을 하는지를 이해한다. "사람들이 무슨 말과 행동을 하고 있는지?" 스스로에게 질문한다. 이때 떠오르는 생각은 여백이나 질적 소프트웨어 프로그램에 기록한다(21장 참고). 메모에는 참여자들이 말하거나 행동한 것, 또는 연구하면서 자신이 알게 된 것에 대한 개인적 생각을 짧게 적는다.

3단계: 코딩하기

그림 18.6과 같이 코딩을 시작한다. 길이가 짧거나 접근하기 쉬운 부분부터 시작한다. 코딩이란 텍스트 자료의 일부분을 선택하고 해당 내용을 잘 표현하는 코드 이름을 붙이는 것이다. 처음에는 하나의 단락과 같이 큰 "덩어리"씩 코드를 붙여나간다. 이것이 "lean coding(린 코딩)"이다. 전체 자료에 대략 20~30개가 넘지 않는 수의 코드를 부여한다. 중요한 내용이 아니라면 코드를 붙이지 않을 수도 있다. 많은 자료를 모두 사용하는 것이 아니라 적절한 자료를 "추려낸다"고 생각하면 좋다. 이 점에서 양적 연구와 대조를 이루는데, 양적 연구에서는 수집한 데이터베이스에서 가능한 한 많은 자료를 사용하려 하기 때문이다. 코딩할 때 하나의 문장에 여러 개의 코드를 부여할 수도 있지만, "가장 중심적으로 전달되는 의미는 무엇인가?"라는 질문을 스스로에게 던지면서 하나의 코드를 부여한다. 코드는 보통 하나에서 세 단어로 구성된다.

그림 18.6 코드와 잠정적인 테마를 기록한 텍스트의 예

코드	#1 실내 암벽 관찰 (연구자: 존)	테마
체육관 냄새	체육관에 들어서자, 오래된 운동화 냄새, 그리고 팀의 많은 승패를 간직한 듯 보이는 라커의 냄새가 내 코를 찔러왔다. 주변에는 여러 광경이 배치를 이루고 있었다. 체육관의 오래된 나무 바닥과 벽돌로 지어진 건물은 그 안에 있는 배드민턴 네트, 내부가 들여다보이는 다양한 운동 장소, 인공 암벽과는 어울리지 않았다. 암	물리적 장소
새로 온 등반가 지도	벽에서는 강좌와 등반이라는 두 가지 활동이 분리되어 있었다. 왼쪽 벽에서는 강사가 등반에 필요한 장비사용 설명서를 가지고 개별 지도를 하고 있었다. 강사는 장비 시범을 보이며 새로 온 회원들에게 설명서의 일부분을 읽어보도록 했다. 회원들은 설명서와 시범에 대해 질문하였다. 이 과정은 한동안 지속됐는데, 세부사항을 다루면서도 매우 여유로웠고 형식에 얽매이지 않았다.	새로 온 등반가들
또 다른 강사	청바지와 탱크 탑을 입은 또 다른 강사가 들어왔다. 그녀는 시범을 보이고 있는 강사에게 무슨 강좌를 하는지 물어보았다. 대답을 들은 뒤 웃음을 보였고, 주의를 돌아본 다음, 전화기를 꺼내어 누군가에게 문자를 보내며 자신의 일을 했는데, 그 와중에 내내 매트에 서서 앞에 있는 벽과 그 옆에서 벌어지는 강좌를 관찰했다. 강좌는 그녀의 방해에도 불구하고 한동안 지속되었다.	방해

적용 가능한 코드는 다양하다. 가장 좋은 코드는 참여자가 직접 말했거나 관찰 과정에서 직접 들은 단어들이다. 이를 인 비보 코드 (in vivo codes)라고 부른다. 참여자의 관점을 잘 드러내는 코드에서 시작하여 점차 테마를 형성할 때 적절하다. 다른 종류로는 연구자의 개인적 경험이나 사회과학이론 등에 근거한 개념을 사용하여 코드를 붙이는 것이다. 여전히, 최선은 참여자의 목소리에 가깝게 다가가고 이를 최종 결과에 반영할 수 있는 in vivo codes라고 할 수 있다.

사용할 수 있는 다양한 종류의 코드를 고려하는 것은 도움이 된

다. 결과를 기술할 때 언급하고 싶은 문장이나 문구에 '인용'이라
는 코드를 붙여두면 도움이 된다. 특히, 참여자의 목소리(voice of
participants)를 관점을 잘 드러내기 위해서 본문에 직접 인용할 수
있는 짧은 표현이나 문구를 주의 깊게 본다. 예를 들어, 저자 중 한
명인 조한나는 소년 재판 프로그램에 참여한 라틴계 여학생들이 사
회화와 관련된 자신들의 경험을 묘사한 내용 중 "중간에서 옴짝달싹
못하는"이라는 표현을 직접 인용문으로 사용했었다. 그 외에도, 자
료 안에서 찾게 될 것이라고 기대했던 내용에는 '**예상했던 코드**'를

그림 18.7 Lean coding을 사용해서 코드를 붙인 텍스트의 예

코드		테마
인용	네브라스카 링컨 대학의 Ree 센터는 바쁜 곳이다. 여기에 주목할만한 시설 중 하나는 인공 암벽으로, 정상까지 오를 때 사용하는 색색의 손잡이와 화석이	
물리적 구조	새겨져 있는 거대한 구조물이다. 암벽은 체육관의 농구대 옆에 있으며, 사람들이 배드민턴을 치고 일부는 암벽등반을 하고 있다. 우리가 도착했을	
개별 등반가들	때, 두 사람이 CD 플레이어에서 나오는 음악을 배경으로 암벽을 오르고 있었다. 복식 배드민턴 경기를 하는 사람들의 운동화에서는 삑삑거리는 소음이 났다.	
남자/여자	로프를 잡고 있는 사람들은 암벽을 오르는 남자들을 응원했는데, 흥미롭게도 처음 30분 동안은 모두 남학생들이었다. 이윽고 여학생들이 그룹에 들어왔지만 달라진 것은 없어 보였다. 벽을 오르는 사람들의 근육이 힘껏 당기는 걸 볼 수 있었지만, 이들은 정상에 올랐다가 다시 내려오는 것이 마치 쉬운 일인 듯, 단순하게 실행했다. 하지만 바닥에 내려왔을 때 그들의 이마에서 반짝이는 땀이	성취 승리
실망감	확실하게 보였다. 하지만 무언가 잘못될 경우 실망감을 드러냈다. 예를 들어, 한 학생은 내려와서	
인용 팀워크	"제길, 오렌지색 하나를 놓쳤어."라고 말했다. 또한, 밑에서 로프를 잡고 있는 사람들 사이에는 일반적인 신뢰가 있었다. 만일 이들이 로프의 길이를 제대로 조절하지 못할 경우 위험해질 수 있다. 그렇다면, 암벽을 오르는 것은 무엇을 의미하는가? 이는 신뢰, 힘, 공동체, 운동, 그리고 성취를 의미하는 듯하다.	암벽을 오르는 의미
시설 사용	출입구 직원에게 하루 몇 명이나 UNL 체육관에서 암벽을 이용하는지를 물어보면, 약 10명이라고 할 것이다. 데스크 직원에게 물어본다면, 아마도 15 명이라고 할 것이다. 탈의실에 있는 무작위의 사람들 15명에게 물어보면, 아마도 오직 한 명 정도가 암벽에 올라봤을 것이다. 그러나 암벽을 지키는 사람에게 물어보면, 하루에 약 50명이 벽에 오른다고 말할 것이다.	
암벽의 중요성 /가까움	문자 그대로, 당신이 암벽에 얼마나 가깝게 다가갔는가에 따라 암벽의 중요성은 다를 것이고, 암벽에 아주 가깝게 가 본 사람만이 이것이 무엇을	
인용	의미하는지 안다. 진정 암벽을 알고 싶으면 등반을 해봐야만 한다. 그것도 몇 번씩, 여러 개의 다른 경로로, 그리고 실제로 특히 어려운 경로로 등반했던 한	
정상에 오름	강사의 경험처럼, 정상에서 침 한 번 뱉어 봐야야 제대로 알 수 있다. 아마도 정상에서 침 뱉어 본 출입구 직원은 찾을 수 없을 것이다.	

부여한다. 이러한 코드는 연구자가 논리적으로 생각하거나 읽었던 문헌에서 나온다. 또한 '**예상치 못한 코드**'도 부여한다. 이러한 코드는 놀랍거나 발견하리라 기대하지 않았던 내용에 해당한다. 예상치 못했을 뿐만 아니라 인터뷰 대상자나 관찰 참여자가 일상적이지 않은 방식으로 말하거나 행동한 정보에는 '일반적이지 않은 코드'를 부여한다.

코딩을 하면서 머릿속에 떠오르는 주제들은 오른쪽의 "테마" 부분에 적어둔다. 이 내용들은 아직은 잠정적 테마들이며 나중에 고칠 수도 있고 사용하지 않을 수도 있지만, 일단 코딩 과정에서 떠오르는 큰 그림들을 기입해 두는 것은 도움이 된다.

그림 18.7은 텍스트에 적은 수의 코드를 붙이는 방식(lean coding)으로 작업한 예다.

4단계: 모든 코드를 나열하기

다음으로는 종이나 파일에 다음과 같이 코드의 목록을 적는다.
- 물리적 구조
- 개별 등반가들
- 남자/여자
- 실망감
- 팀워크
- 시설사용
- 암벽의 중요성/가까움
- 정상에 오름
- 인용

5단계: 코드를 집단으로 묶기

모든 관찰내용에서 나온 전체 코드 목록을 살펴본 후(최대 대략 20개 정도), 불필요하거나 중복되는 내용을 제거하기 위해 코드들을 집단으로 묶는다.

- 물리적 구조 – 구조물로서의 벽 – 벽에 밀착
- 벽을 오르는 과정 – 벽을 잘 알기 위한 준비과정 – 벽을 반복해서 오르기
- 신뢰 – 팀워크 – 버디 시스템
- 개별 등반자들 – 여러 등반자들 – 강사
- (오르려는) 동기 – 실망

이렇게 하는 과정에서, 관찰했던 여러 가지 흥미로운 내용들을 포착하기 위해 다양한 코드가 포함되도록 한다. 그런 다음 코드를 일반적인 테마로 줄여나가기 시작한다. 예를 들어, 표 18.1과 같이 코드가 테마로 되어가는 표를 만들 수 있다.

이 표에는 나중에 글로 기술할 수 있는 다섯 가지 코드 집단이 들어있다. 이것이 테마다. 코드들을 다섯 가지 테마로 축소시킨 것에 주목하라. 이제는 어떻게 이 테마들을 의미 있는 순서대로 구성해서 최종 보고서에서 짜임새 있는 이야기로 기술할지를 살펴본다.

표 18.1 테마로 구성된 여러 종류의 코드들

알게 될 것이라 기대한 것	새로 알게 된 놀라운 것	특이한/일반적이지 않은 것
▪ 암벽에 대한 물리적 묘사 ▪ 암벽을 오르는 과정	▪ 신뢰/팀워크 ▪ 동기부여	▪ 개별 등반가의 이야기들

6단계: 테마 글쓰기

다음은 테마를 글로 쓰는 단계로, 테마의 증거가 되는 코드들, 상황에 대한 현실적 묘사를 보여주는 구체적인 인용문들, 다양한 자료원과 사람들의 이야기 등이 포함된다. 앞에서 소개한 총기소유자에 대한 사례연구의 일부를 참고하면(그림 18.4) 테마 글쓰기에 대한 이해를 높일 수 있다. 이러한 테마들은 질적 논문의 "결과들"로 제시된다.

7단계: 테마들로 개념도 만들기

질적 연구를 잘하려면 테마들이 어떻게 서로 연결되어서 현상에 대한 전체적인 이야기를 만들어 가는지 고려해야 한다. 개념도를 만든 다음, 테마를 논리적 흐름에 맞게 배치한 후 결과로 보고하면 도움이 된다(그림 18.8).

그림 18.8 테마에서 내러티브로 이동하기

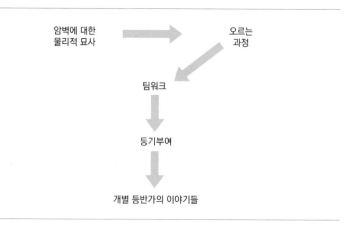

암벽에 대한
물리적 묘사 → 오르는 과정

팀워크

동기부여

개별 등반가의 이야기들

8단계: 내러티브 이야기 구성하기

마지막으로, 결과보고를 위해 전반적인 스토리라인을 개발한다. 개념도는 이야기에서 테마의 순서를 정리하는 데 도움이 된다. 개념도를 기반으로, 테마들은 논문의 "결론(conclusion)"이나 "결과"의 마지막 부분에 기술된다. 다음은 암벽등반 자료를 바탕으로 구성한 이야기의 몇 가지 예이다.

예시 #1. 결론부분에 들어갈 요약

벽을 오른다는 것은 무엇일까? 대학 학생회관 내의 다용도 체육관 안에는 인공암벽이 있다. 이곳 공기에선 먼지 냄새가 난다. 암벽의 목적은 실내 등반 훈련을 통해 야외에서 암벽을 오를 때 도움이 되기 위함이다. 암벽 자체는 약 50피트 높이로 "거대"하다. 벽은 이상한 "스펀지 느낌"이 나는 물질로 만들어졌다. 바닥에는 매트를 깔아 암벽을 오르다가 떨어지는 사람들을 보호한다. 배경음악이 흘러나오는데, 음악은 "감각을 자극"하는 용도가 있다. 벽면에는 다양한 크기의 손잡이 역할을 하는 바위가 박혀있고, 그중 하나는 마치 암벽등반 도중 낙상한 등반가를 연상시키는 해골 모양을 한 것도 있다. 위로 오르는 경로들은 서로 다른 색상으로(빨강, 보라, 녹색, 오렌지, 핑크, 파랑, 회색, 그리고 검은색) 표시되어 있고, 난이도별로 종이 테이프가 붙어 있다. 경로의 이름은 "갈망", "뱀과 사다리", "뱀 사다리 게임", "거칠지만 잘 구워진", "너를 사랑해, 게스톤" 등이다. 몇몇 사람들이 암벽등반 훈련을 하고 있다. 마치 스파이더맨이 팔과 다리를 부자연스럽게 뒤틀면서 벽을 오르는 것이 연상된다. 어떤 사람들은 벽을 정복대상으로 본다. 일부는 동물이 신중하게 먹잇감을 공격하듯 공격 계획을 세운다. 다른 이들은 잘 계획된 복잡한 춤을 추듯 다음 스텝을 밟으며 벽을 오른다. 등반하는 사람들은 알록달록한 옷과 머리색, 나이, 신체적 모습("살찐 사람은 없다"), 그리고 벽을 오르는 방식으로 구분된다. 이들이 어떻게 벽을 오르는가? 그들은 보호도구, 신발, 허리에 차는 초크 백을 착용한다. 아래서 지켜 봐 줄 사람과 팀을 이루고, 스트레칭을 하며, 최선의 방식으로 벽을 오르기 위해 잘 살펴보고, 영리하게 접근하고, 몸을 길게 늘이고 벽에 몸을 밀착하며, 때로는 컨트롤을 잃고 공중에 매달리고, 땀을 흘리고, 인내심을 가지고 정상에 오른 뒤, 레펠을 이용해 빠르게 내려온다. 위로 올라갔다가 내려오는 데에는 약 20~30분이 걸린다. 왜 이렇게 하는 걸까? 누군가는 재미있다고 여기고, 다른 누군가는 목표를 달성하거나, 대결을 하거나, 스릴을 느끼거나, 운동을 한다. 그것은 "무언가를 시작하고, 위기를 수용하고, 경로를 선택하고, 때로 내려오고, 마침내 꼭대기에 오르는" 인생 그 자체이다.

예시 #2. 결론부분에 들어갈 또 다른 요약

내게 있어서 가장 기억에 남는 할로윈 데이의 학습 경험은 "암벽" 관찰이었다. 암벽은 나무 바닥과 벽돌로 만들어진 냄새 나는 오래된 체육관에 있다. 벽에는 위로 오를 때 사람들이 잡을 수 있는 색색의 손잡이가 있다. 손잡이의 크기는 다양하다. 넓은 매트리스가 바닥에 놓여있고, 락과 재즈가 혼합된 음악이 흐른다. 벽은 인공 조형물이다. 벽을 오르는 일은, 주의사항을 배우고, 안전을 위해 줄을 잡아줄 친구를 찾고, 벽을 바라보고, 꼭 맞는 신발을 신고, 단단히 손잡이를 잡고, 꼭대기의 표지판을 치고, 아마도 침도 뱉은 후, 재빨리 레펠로 아래에 내려오는 과정으로 이루어진다. 운이 좋으면, 강사가 함께 오르며 지도해준다. 등반은 믿음직한 조력자, 정상에 다다름, 그리고 사고의 위험이 모두 함께한다. 세바스찬이나 내가 "스파이더 맨"이라고 별명을 붙인 경험이 많은 등반가들이 이를 말해준다. "목숨을 뛰어넘는 유대감", 그리고 한 등반가의 말처럼 "천분의 일 초 동안 세상이 내 손안에 있는" 경험을 제공한다.

  위의 예시와 같은 요약은 어떻게 만드는가? 우선, 이것은 연구의 주요 테마들을 요약한 것이다. 우리는 먼저 전사본을 읽고 또 읽으면서 코드와 테마를 찾아냈다. 이 과정에서 더 많은 코드가 추가되고 몇 개는 수정되었다. 또한 요약을 써가는 동안 테마들의 논리적 흐름이 다소 변경되기 시작했다. 개별 등반가들의 테마와 관련 있는 비유적 표현은 좀 더 일찍 사용하는 것으로 수정했고, 추가로 몇 개의 인용문을 넣어서 현실적인 느낌을 더했다. 요약문은 "결론"의 첫 부분이나 "결과"의 마지막에 넣어서 독자에게 전체적인 이해를 돕는 것이므로 짧게 기술하는 것이 좋다.

요약

자료분석은 단순한 작업 그 이상이다. 자료를 준비하고, 일반적인 자료분석단계를 거치고, 코딩하고, 테마를 구성하고, 질적 소프트웨어 프로그램을 사용하고, 보고할 내용의 정확성을 검증하고, 여러 명이 코딩을 같이 하기도 하고, 결과를 성찰하는 것이 포함된다. 이 과정에는 현장에서 수집된 텍스트나 이미지 자료에 코드를 붙이고, 더 넓은 단계로 묶는 것이 포함된다. 결국, 많은 페이지의 문서자료는 다섯 개에서 일곱 개의 테마로 줄어들고 연구의 결과 부분에서 보고된다. 테마로부터 코딩의 과정으로 거꾸로 작업해보면 이 과정이 어떻게 진행되는지 아는 데 도움이 된다. 코딩은 기본적으로 전사나 현장노트를 읽어보고, 적절한 문장을 선택해서, 참여자가 말한 것이 무엇을 의미하는지 나타내는 코드를 붙이는 것이다. 여기서 시작하여, 질적 연구자는 코드를 적은 수의 테마로 축소시켜 나가고, 테마와 관련된 글을 쓰고, 테마를 순서대로 조직화하여(개념도를 만듦) 이야기를 전개하고, 연구 주제에 대한 전반적인 이야기를 써간다.

활동

인터뷰, 현장관찰노트, 문헌 등의 텍스트자료를 준비한다. 코딩을 하고, 코드 리스트를 만들고, 중복되거나 관련 없는 것을 정리한 뒤, 개념도를 만들고, 코드들을 테마의 증거자료로 넣어서 결과 부분에 넣을 글을 써본다.

추가 자료

자료분석과 코딩에 대한 다른 접근들

Bazeley, P. (2013). *Qualitative data analysis: Practical strategies.* London: Sage.

Hsieh, H. F., & Shannon, S. E. (2005). *Three approaches to qualitative content analysis. Qualitative Health Research,* 15(9), 1277-1288.

Wang, C., & Burris, M. A. (1997). Photovoice: Concept, methodology, and use for participatory needs assessment. *Health Education & Behavior, 24*(3), 369-387.

19

시각 자료 코딩하기

열아홉 번째 노하우

시각 자료를 코딩하는 기술 개발하기

왜 중요한가?

많은 사람들은 질적 연구가 텍스트자료와 관련된다고 생각하지만, 보다 넓게 본다면 질적 연구는 열린 자료를 사용하는 접근이다. 연구에 따라서 그림이나 사진이 자료로 사용된다. 시각적 방법론이 점점 더 관심을 받고 있으며, 사람들의 생활과 사회를 이해하기 위한 시각 자료의 가치를 많은 질적 연구자들이 알아가고 있다. 간단히 말해, 시각 자료는 우리 일상의 한 부분이다.

연구자에게 시각 자료는 현장노트나 기억에만 의존할 때에는 불가능했을 과거에 대한 기록을 제공한다. 실제 사건에 대한 강력한 시각적 기록으로써, 후세에 전할 문화 속 사건을 포착하고 가정이나 직장 안에서 벌어지는 현상의 일면들을 시각적으로 보여준다. 시각 자료는 얼굴 표정이나 몸짓과 같은 비언어적 행동을 잡아낸다. 질적 연구자는 시각 자료를 사용하고, 코딩하고, 분석할 줄 알아야 한다. 시각 자료를 수집하고 분석할 수 있으면 연구의 중심현상을 이해하는 데 추가적인 도움이 될 것이다.

질적 시각 자료의 종류

사진, 비디오, 영화, 그림은 모두 질적 시각 자료의 종류다. 이 책에서 우리는 **이미지**(*image*)라는 일반적인 단어를 사용해서 모든 시각 자료를 지칭하겠다. 각각의 이미지는 독특한 특성을 갖는다. 사진은 순간이나 사건의 특정 세부사항을 포착한다. 비디오와 영화는 청각적 요소를 포함하여 움직이는 이미지를 보여주고 일시적인 사건들의 연속을 보존한다(Knoblauch, Tume, & Schnettler, 2014). 이러한 특성들은 자료에 깊이를 더해줄 수 있다. 그림은 연구자가, 때로는 참여자와 함께, 예술 활동을 통해 무언가를 만들어낼 가능성을 제공한다. 이때 예술 활동은 열린 자료를 수집할 기회가 된다. 그림은 특히 아이들과 작업할 때 도움이 된다. 물론, 작업에 참여하지 않은 외부 사람들에게 그림의 의미는 덜 명확할 수 있다.

이미지는 세 가지 방법 중 하나에서 얻어진다. 연구자가 기존에 존재하는 이미지를 구하기도 하고, 때로는 연구 현장에서 비디오를 촬영하는 등 연구자 스스로 이미지를 생성하기도 한다. 참여자들이 이미지를 만드는 경우도 있다. 이 세 가지 방법에 따라 질적 자료로서 이미지와 사진을 수집하는 여러 가지 방식이 생긴다.

- 참여자에게 **일회용 카메라나 휴대폰**을 지참시키고 연구 현상에 대한 사진을 찍게 한다. 이러한 자료수집방법은 참여적 접근을 반영하며, 연구 과정에 참여자들의 통찰이 많이 반영된다.

- 시각적 유도(visual elicitation)는 질적 연구자들에게 인기가 높은 참여적·시각적 연구(Prosser, 2011) 접근이다. 연구자는 사진과 같은 시각 자료를 사용하여 인터뷰를 함으로써 대화를 시작하고 다양한 응답을 촉진한다. 이미지는 사건의 기록뿐만 아니라 참여자들의 반응을 촉발시키는 장점이 있다. 프로서(Prosser, 2011)에 따르면, 연구자와 참여자 사이에 힘의 불균형이 존재할 때, 사진은 분위기를 편하게 해주는 "아이스 브레이커"(p. 484)의 역할을 해준다.

- **포토보이스**(*Photovoice*)는 사진을 통한 시각적 유도 방법으로 인기가 있으며, 다음과 같은 세 가지 목적을 갖는다. (a) 참여자가 자신들의 공동체의 장점과 우려사항을 기록할 수 있다. (b) 비판적 대화를 장려한다. (c) 정책입안자에게 영향을 미친다(Wang & Burris, 1997). 예를 들어, 참여자들은 연구자의 설명을 들은 다음, 제공 받은 일회용 카메라를 들고 다니며 주제와 관련하여 자신에게 의미 있는 장면들을 직접 찍어온다. 그러면 연구자는 사진을 모아서 집단 토의에 활용한다. 토의에서 참여자들은 자신이 찍은 사진에 대해 이야기한다. 현장에 대한 이해가 깊은 현지인이 교육을 받은 뒤 집단 토의의 촉진자 역할을 하는 경우도 많다. 포토보이스의 주요 목적은 심도 있는 자료를 얻는 점 이외에도, 정책입안자들에게 영향을 미쳐서 공동체의 변화를 모색하는 것이다.

• 질적 자료로서의 그림 역시 참여자들과 함께 성찰하고 행동하는 연구기법으로 사용될 수 있다(Chambers, 2007). 그림은 특히 아직 언어소통이 활발하지 않은 아이들을 인터뷰할 때 효과적이다. 이미지는 반응을 유발시키기 위해 사용된다. 이미지의 종류와 관계없이 중간 매체를 활용하면 참여자들이 느끼는 압박을 줄여준다. 그래서 강한 감정이나 민감한 주제를 좀 더 수월하게 이야기할 수 있다.

이미지를 사용할 때의 잠재적 우려사항

이미지가 질적 자료를 풍부하게 해줄 수 있지만, 잠재적인 단점도 있다. 사진은 문화 속에서 생겨나고, 동시에 사진에 포착된 것을 통해 사회와 문화에 영향을 미친다. 사진 자료가 사회와 연결되어 있기 때문에 사진은 사회적 영향력의 산물이며 특정 순간을 반영하므로 사진 자료를 분석할 때 주의해야 한다고 주장하는 사람들도 있다(Bogdan & Biklen, 2006). 사진은 변화나 벌어진 사건을 둘러싼 주변의 세부사항을 반영하지 못한다. 또한 사진을 찍는 사람이(연구자, 참여자, 전문적 사진작가) 무엇을 찍을지 결정하기 때문에 세상을 선택적으로 반영한다. 이러한 경고를 인식하고 실제 자료를 넘어선 해석을 하지 않는 것이 중요하다. 더 나아가, 사진은 연구자의 위치를 외부인으로 인식시키고, 참여자와 거리감을 만들 수 있다.

이미지와 관련한 윤리적 우려도 있다. 이미지 자료는 지속적으로 남는 기록이므로, 연구에서 이미지 사용이 반드시 필요한 것인지 그리고 사생활을 침범하진 않는지 고려해야 한다. 몇몇 질적 연구자들은 사진과 비디오 촬영이 익명성을 존중하지 않는다고 주장한다(예. Marshall & Rossman, 2011). 만일 비디오와 사진을 사용할 예정이라면, 관련된 세부사항을 연구동의서에 추가해야 한다. 특히, 참여자들에게 자신들의 이미지가 기록된다는 것을 알리고 동의서에 서명할 기회를 제공한다. 연구자는 상황을 설명해야 하며 저장된 이미지가 승인 없이 유포되지 않음을 확인해 줄 절차를 개발할 필요가 있다. 시각적 유도를 활용한 방법을 쓸 때에는, 참여자 자신이 속한 공동체의 사진이나 비디오를 찍어왔을 때 잠재적 위험이 있음을 명확히 한다. 참여자들의 익명성을 보장하기 위한 조치가 필수적이므로 연구자가 참여자와 함께 사진이나 비디오 촬영에 적절한 것이 무엇인지 의논하는 것이 특히 중요하다.

이미지 분석하기

코딩 과정은 질적 자료를 적절하게 선택하여 **코드**라고 하는, 의미를 부여하는 이름표를 다는 것이다. 이러한 코드들은 **테마**라고 하는 (18장에서 설명한 것처럼) 더 광범위한 정보의 단위로 묶인다. 이미지를 코딩하는 것도 동일한 일반적 절차를 따르지만, 정보의 종류에 따라 자료를 어떻게 작은 단위로 나눌지 선택할 수 있다. 그 하나는, 이미지를 일종의 관찰의 형태로 보는 것인데, 이 경우 연구자는 이미지를 관찰하고(Marshall & Rossman, 2011) 이미지 전체에 코드를 붙인다. 또 다른 접근으로는 이미지의 특정 부분에만 코딩을 하는 것이다. 마지막으로, 시각적 유도 방법을 사용할 경우, 이미지와 관련하여 토의를 하고 이 내용을 전사하여 코딩한다.

이미지를 관찰하고 코딩하기

앞서 언급했듯, 한 가지 선택은 이미지(사진이나 그림)를 관찰로 취급해서 해당 이미지에 대한 내용을 기록하는 방법이다. 이 기록이 코딩할 자료가 된다. 또는 이미지 자체에 코드를 부여할 수도 있는데, 독특한 요소, 대비되는 것, 무언가의 존재나 부재, 또는 카메라 앵글이나 관점 같이 사진 자체를 살펴볼 수 있다. 이미지를 종이에 복사해서 손으로 코딩을 할 수도 있고 질적 분석 소프트웨어를 사용할 수도 있다. 어떤 방식을 사용하든, 이 과정은 8개의 단계로 구성된다.

- **1단계**: 분석할 자료를 준비한다. 손으로 코딩할 경우, 여백을 많이 둔 채 각각의 이미지를 출력하여서(또는 큰 종이에 붙여서) 코딩할 수 있는 공간을 만든다. 컴퓨터를 사용할 경우, 이미지를 저장한다.
- **2단계**: 이미지의 부분에 표시를 하고 코드를 붙인다. 어떤 코드는 포괄적 세부사항을 나타낼 수 있다(예. 카메라 앵글).
- **3단계**: 모든 코드를 모아서 다른 종이에 옮겨 적는다.
- **4단계**: 코드를 검토하며 불필요하거나 중복되는 것을 제거한다. 코드에서 잠재적 테마로 좁혀가기 시작한다.
- **5단계**: 공통의 아이디어를 표현하는 테마별로 코드를 묶는다.
- **6단계**: 코드와 테마를 세 집단으로 나눈다. 예상했던 코드와 테마, 예상치 못한 코드와 테마, 일반적이지 않은 코드와 테마(18장 참고). 이를 통해 질적 "결과"에 다양한 관점을 표현할 수 있다.
- **7단계**: 코드와 테마의 위치를 조정하면서 "결과" 부분에 들어갈

개념도를 만든다. 개념도의 흐름에 따라 먼저 일반적인 모습을
보여준 다음 구체적인 내용 이해로 테마를 제시할 수 있다.

- **8단계:** 각각의 테마를 설명하는 글을 쓴다. 이 내용은 논문의
"결과" 부분, 또는 "논의"에서 연구결과에 대한 일반적인 요약
에 해당한다.

기호학적 접근으로 이미지 분석하기

이미지를 코딩하는 한 가지 일반적인 해석적 틀은 기호학적 분석
(semiotic analysis)이다. 펜(Penn, 2000)은, 기호학적 분석을 사용할
경우, 이미지를 선택한 다음 두 가지 측면으로 구분해서 코딩을 할
것을 제안한다. 하나는 이미지가 나타내는 것(의미하는 것)에 대한 묘
사다. 예를 들어, 사진에 나온 한 사람을 코딩할 경우, 성별, 인종,
얼굴 표정, 지위, 의상, 그 외의 눈에 띄는 요인들을 코딩할 수 있다.
또 다른 측면은 이미지가 나타내고자 하는 보다 높은 단계의 함축적
의미에 집중하는 것이다. 이때에는 "이 이미지가 의미하는 것은 무
엇인가"라고 질문하게 된다.

기호학적 분석과정은 이미지의 맥락, 텍스트의 요소들, 텍스트와
외부 텍스트 연결, 텍스트의 내부적 연결, 함축이라는 다섯 개의 서
로 관련된 과정들로 구성된다(Spencer, 2011). 연구자는 우선 **이미지
의 맥락**에 관심을 가질 수 있다. 이미지는 어디서 왔는지, 누가 사진
을 찍었는지, 사진을 찍은 사람의 위치는 어디인지, 장소는 어디인
지를 고려한다. 다음 단계는 이미지가 무엇을 나타내는지 묘사하는
것이다. 이를 위해 전반적인 **텍스트의 요소들** 중 두드러진 것에 주
목한다. 예를 들어, 한 수업시간에 대한 이미지라면, 학생들이 어떻

게 보이는지, 무엇을 입고 있는지, 자세는 어떠한지, 무엇을 하고 있는지(예. 상호작용하는지 아니면 교사를 주목하는지) 등을 묘사하는 게 중요할 수 있다. 다음 단계는 이미지를 다른 장르와 비교하거나 시각적 코드 등을 사용해서 다른 **텍스트와 연결**지어본다. 이미지를 다른 이미지나 외부 맥락과 연결시켜 생각해보는 것이 도움이 될 수 있다. 앞서 예로 든 수업시간 학생들의 경우라면, 다음의 질문을 할 수 있다. 다른 교실과 비교해 보면 어떨까? 전공이나 주제와 관련된 영향은 어떻게 드러나는가? 다른 외부적 영향에는 무엇이 있는가? 그런 다음에는, 이미지에 드러나는 **텍스트의 내부적 연결**을 찾아본다. 그림이라면 글씨가 포함될 때도 많지만, 사진에는 배경 속에 기호나 또 다른 텍스트가 있다. 이때 던질 수 있는 분석적 질문은 다음과 같다. 어떠한 시각적, 언어적 요소들이 서로 대화하는가? 기호학적 분석의 마지막 과정은 이미지에 나타나는 **함축된 내용**을 밝히는 것이다. 여기서는 앞서 진행한 과정들을 바탕으로, 이미지의 전반적 의미를 밝힌다. 물론, 기호학적 분석과정은 순환적인 과정이며, 연구자는 분석과정을 여러 번 반복해서 되풀이할 수 있다.

비디오와 영화 분석

기존에 있는 비디오나 영화를 모아서 분석하는 방식도 있다. 연구자는 우선 어떤 자료를 선택할지 결정한다. 비디오는 이미지와 음향을 동시에 지니므로 분석할 때 특별한 접근이 요구된다. 로즈(Rose, 2010)는 우선 오디오를 글자로 전사한 다음, 표 19.1과 같이 두 개의 열로 구성된 또 다른 버전의 전사자료를 준비하도록 권한다. 왼쪽 열에는 시간대에 따른 대화내용을 전사하고, 오른쪽 열에는 시각적

요소를 기록한다. 시간을 표시하는 이유는 비디오의 시간적 측면을
보여주기 때문이다. 왼쪽에 기록한 시각적 요소는 분석 단위와 관련
된다. 잠재적 분석의 단위에는 장면의 전환, 장면에 포함되는 사람
들, 카메라의 샷 등이 포함된다. 예를 들어, 분석의 단위가 카메라
샷일 경우, 연구자는 배경, 카메라 각도, 그리고 각각의 샷에 포함되
는 사람들을 주목해서 볼 수 있다.

표 19.1 비디오 분석을 위한 전사자료 표의 예

오디오	이미지에 드러난 시각적 요소들
분석의 단위에 따라 시간대에 따른 대화내용을 전사한다. 예를 들어, 1:00: 전사된 내용 2:00: 3:00:	해당하는 시간대에 드러나는 시각적 요소들을 적는다. 예를 들어, 1:00: 배경, 카메라 각도, 등장인물 등 2:00: 3:00:

시각적 유도의 자료분석

포토보이스 방법에서는 연구자가 참여자들에게 권한을 부여하여
사진 찍을 장면을 선택하게 하고 그 결과로 얻은 이미지를 대화를
촉진할 토의의 주제로 삼는다. 토의를 하면서 주요 문제나 테마, 또
는 이론 등이 드러나게 하는 것이 목적이다(Berg, 2004). 참여자들은
집단으로 모여서 자신이 찍은 사진이 무엇을 묘사하는지 자유롭게
토의한다. 왕과 레드우드-존스(Wang & Redwood-Jones, 2001)는
"SHOWeD"라고 이름 붙인 토론의 틀을 제공하는데, 이 틀을 활용
하면 'SHOWeD'라는 연상기호를 중심으로 질문을 할 수 있다.
SHOWeD는 "여기서 무엇을 볼 수 있는가(See)? 무슨 일이 진짜로

일어나고 있는가(Happening)? 이것은 우리의 삶과(Our lives) 어떻게 관련되는가? 왜(Why) 이러한 문제 혹은 강점이 존재하는가? 이것에 대해 우리는 무엇을 할 수(Do) 있는가?"(p. 562)를 뜻한다. 연구자는 이 틀을 기본으로 토의를 진행할 수 있지만 나오는 이야기에 따라 질문을 유연하게 던질 필요가 있다. 집단토의가 지속되면서 의미가 명확해지고 궁극적으로 풍성한 자료를 얻는 것이 주 목적이다. 우간다의 공동체 개발 작업자들에 대한 연구에서 바나누카와 존(Bananuka & John, 2015)은 사진이 "깊고, 성찰적이고, 진정한 토의"(p. 10)를 이끌어냈음을 언급하였다.

포토보이스의 토의 내용은 모두 녹음하고 전사한다. 그런 다음 일반적 방법으로 코딩하고 분석한다. 글을 쓸 때에는 토의에서 어떠한 사진이, 왜 선택되었는지를 언급해야 한다. 적절한 승인절차를 거칠 경우 연구의 결과를 독자에게 더 잘 전달하기 위해서 몇몇의 사진을 결과 부분에 첨부할 수 있다.

요약

이 장에서는 질적 연구에 도움이 되는 시각 자료의 종류와 분석과정을 알
아보았다. 시각 자료에는 사진, 비디오, 영화, 그리고 그림이 있다. 이러한
이미지 자료는 오늘날 시각적 세계를 기록하고 포착하는 데에 강력한 도
구이며, 기존의 이미지를 모으거나, 연구자가 이미지를 만들어 내거나, 참
여자가 이미지를 만드는 방법을 통해 수집할 수 있다. 참여자로부터의 자
료수집에는 참여자가 사진을 찍어오거나, 인터뷰할 때 사진을 통해 대화를
촉진하거나, 참여자들이 그림을 그리는 방법 등이 있다. 이러한 모든 종류
의 자료수집방법에는 주의해야 할 잠재적 위험과 윤리적 문제가 존재한다.
이미지 분석방법은 수집된 자료의 종류에 따라 다르다. 이미지를 관찰하거
나, 이미지가 함축하는 것이 무엇인지를 묘사하는 기호학적 접근을 사용하
거나, 비디오 속의 이미지와 음향을 분석하거나, 비디오를 통해 대화를 유
도하는 접근이 있다.

활동

1. 자신의 핸드폰에 있는 사진을 가지고 코딩 실습을 해 본다. 최근 10장
   의 사진을 고른 뒤 코드를 부여한다. 그런 다음, 이 코드들을 줄여서 테
   마를 도출한다. 테마를 기술하는 간단한 글을 작성해본다.

2. 내 동료 과학 교사가 학생들에게 "과학 선생님을 그려보라"는 과제를 냈다(Thomas & Pedersen, 2003; Thomas, Pedersen, & Finson, 2001 을 참고). 이 장에서 소개한 시각적 자료를 코딩하는 8단계를 사용하여 다음의 두 그림을 코딩해 보자.

추가 자료

질적 연구에서 이미지와 비디오의 사용

Prosser, J. (2011). Visual methodology: Toward a more seeing research. In N. K. Denzin & Y. S. Lincoln (Eds.), *The SAGE handbook of qualitative research* (4th ed., pp. 479-496). Thousand Oaks, CA: Sage.

과학 교사 준비를 이해하기 위해 그림을 이용한 논의와 관련한 두 개의 참고자료

Thomas, J. A., & Pedersen, J. E. (2003). Reforming elementary science teachers preparation: What about extant teaching beliefs? *School Science and Mathematics*, 103(7), 319-330.

Thomas, J. A., Pedersen, J. E., & Finson, K. (2001). Validating the Draw-a-Science-Teacher-Test Checklist (DASTT—C): Negotiating mental models and teacher beliefs, *Journal of Science Teacher Education*, 12(4), 295-310.

포토보이스에 대한 소개

Wang, C. C., & Burris, M. A. (1997). Photovoice: Concept, methodology, and use for participatory needs assessment. *Health Education & Behavior*, 24(3), 369-387.

포토보이스를 활용한 참여적 실행연구의 예

Wang, C. C., Morrel—Samuels, S., Hutchison, P. M., Bell, L., & Pestronk, R. M. (2004). Flint photovoice: Community building among youths, adults, and policymakers. American Journal of Public Health, 94(6), 911—913.

비디오와 영화 분석을 위한 그 밖의 논의와 구체적 전략

Rose, D. (2000). Analysis of moving images. In M. W. Bauer & G. Gaskell (Eds.), *Qualitative research with text, image and sound: A practical handbook* (pp. 246-262). London: Sage Ltd.

20

테마 글 작성하기

참여자들에게서 나온 증거, 코드, 인용문을 포함한 테마 글쓰기

왜 중요한가?

테마는 질적 연구의 주요 결과다. 질적 자료는 많은 내용을 담고 있어서 수집한 모든 정보를 모두 다 사용할 수는 없다. 그렇다 보니, 연구자는 분석을 할 때 자료를 선택하고, 코딩을 하면서 줄여나간다. 그러나 특히 방대한 질적 자료의 경우 많은 수의 코드가 생성되면, 이를 전부 보고하기가 어렵다. 연구자는 코드들을 테마로 줄여야만 한다. 테마는 질적 연구의 "결과"에서 보고하게 되며, 앞서 언급한 대로, 적은 수의(약 다섯에서 일곱) 테마를 구성하고 각각에 대한 테마 글을 작성한다. 질적 자료분석 책들을 보면 미리 만들어둔 평가적 범주를 사용하거나, 자료를 유형화하는 방식 등이 나와 있지

만, 가장 일반적인 질적 분석의 형태는 테마 분석이다(Kuckartz, 2014). 여기서 테마 분석 시의 도전과제는 테마 글을 어떻게 작성하는가이다. 이 장에서는 테마 글이 전반적 자료분석과정과 어떻게 관련되는지, 구성요소는 무엇인지, 그리고 논문에 실리는 최종 테마글의 모습은 어떠한지를 살펴볼 것이다.

질적 자료분석에서의 네 단계 증거

질적 연구에서 테마는 중심현상에 대한 증거를 보여준다. 현장에서 수집한 자료는 중심현상을 설명하는 데 도움이 될 수 있는 가공되지 않은 정보다. 이 자료를 여러 번 읽으면서(또는 사진을 보면서) 코드를 부여한다. 18장과 19장에 이 과정이 설명되어 있다. 또한 우리는 코딩을 하면서 자료의 크기와 상관없이 약 20~25개 정도로 적은 수의 코드를 생성한다. 이 코드들이 테마로 묶이고, 각각의 테마를 묘사하는 명칭이 부여되고, 이제 이 테마가 연구 "결과"에서 각각의 소제목이 된다. 때로 이 테마들이 서로 연결되어 시간의 흐름에 따른 스토리라인을 형성한다(Plano Clark et al., 2002). 더 나아가 테마들은 몇 개의 관점으로 합쳐지거나, 설명을 돕기 위한 모델로 만들어지기도 한다. 요약하면, 이 분석과정은 귀납적으로 진행되며, 증거자료들이 점점 적은 수의 정보 단위로 묶이면서 현장의 자료가 상위의 개념으로 이동해간다(그림 18.3 참고). 따라서 수집해온 증거는 그림 20.1에 나타난 것처럼, 가공되지 않은 자료, 코드, 테마, 그리고 더 큰 관점이라는 네 단계를 거쳐 축소된다.

그림 20.1 질적 자료분석에서 사용되는 네 단계의 증거

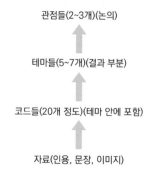

관점들(2~3개)(논의)

↑

테마들(5~7개)(결과 부분)

↑

코드들(20개 정도)(테마 안에 포함)

↑

자료(인용, 문장, 이미지)

테마 글의 요소

기본적으로 테마 글을 쓴다는 것은 연구 과정에서 수집된 증거를 바탕으로 테마의 복잡성을 표현하는 것이다. 테마 글에는 다음과 같이 몇 가지 구성요소가 있다.

- 명확하고 개념적으로 흥미로운 테마 명
- 테마의 증거가 되는 다양한 코드들
- 참여자의 목소리를 전달하고 글에 현실감을 더해 줄 인용문들
- 여러 참여자의(또는 다수의 정보원으로부터의) 서로 다른 생각들

이러한 요소들이 포함된 테마 글을 직접 읽어 보면 도움이 된다. 앞서 18장에서 다루었던 캠퍼스 내의 총기사건과 관련된 연구(Asmussen & Creswell, 1995)에 실린 "안전"에 관한 테마 글을 보면 이러한 요소를 찾을 수 있다. 그림 20.2는 앞서 언급한 요소들을 강

조해서 보여주는 또 다른 예다. 이 글은 청소년의 흡연에 관한 학술
지 아티클의 "결과" 부분에 실린 내용이다(Plano Clark et al., 2002).

그림 20.2 학술지 아티클 결과 부분의 테마 글 예시

테마
제목 ▶

코드

참여자

흡연의 결과는 무엇인가?

학생들은 흡연의 결과에 대해 이야기한다. 개인적 건강 문제의 관점에서 볼 때, **학생들**은
흡연과 씹는 담배가 건강에 미치는 부정적 위험을 알고 있다.

"인용" ▶▶▶
한 RHS 학생은 "흡연이 나쁘다는 것은 모두 잘 안다"고 했고, 또 다른 한 학생은, "샐러드
먹는 것과 흡연 중에 대체 뭐가 더 나쁘겠어요?"하고 정색하며 말한다. 하지만, 걱정을 하는
학생들은 당장 영향을 미치는 것에 더 신경 쓴다. 전형적인 응답은 주로 개인 위생과 관련된다.

"인용" ▶
일부 학생들은, 담배가 "이를 노랗게 변색"시키고, "나쁜 냄새"가 나게 하고, 마치 "상한
바비큐"처럼 "이상한" 구취가 나게 한다고 말한다. 많은 학생들은 흡연이 운동에 치명적이며,
선수들의 운동능력을 감소시킨다고 믿는다. 또한 참여자들은 흡연이 치명적인 건강상 고통을
유발한다고 말한다. 여기에는 폐가 "검게 되는 것", 폐기종, 폐암, 그리고 씹는 담배로 인한
"이가 빠짐"이 있다.

코드

참여자

코드 ▶
비록 많은 **학생들**에게 건강과 위생이 문제이지만, 몇몇은 흡연 때문에 유발되는 음주나
마약 같은 다른 위험한 행동을 걱정한다. 특히 UHS와 RHS 학생들은 "담배가 다른 마약을
끌어들인다"거나 "흡연이 문제의 시발점"임을 언급한다. 학생들은 청소년이 흡연을 하게 되면
다른 것들도 해보려 한다고 믿는다. 몇몇 학생들은 흡연과 음주는 "나란히" 가며 담배 피는
청소년이 술을 마실 경우 흡연도 늘어난다고 말한다.

코드

참여자 ▶
흡연에 의한 건강문제 외에, **학생들**은 고등학생들이 심리적인 위안과 스트레스를 줄이려고
담배를 핀다고 믿는다. 또한 흡연은 "반복"과 "습관"으로 묘사된다. 한 참여자는 "입으로 무언가
하려는" 욕구를 말하는 반면, 다른 학생이 흡연이 "(친구가) 오랫동안 해 와서 자연스러운
것"이라면서 "반복적인 것을 끊기 어렵다"고 결론짓는다. 흡연이 습관이라는 것과 더불어,
참여자들은 흡연이 스트레스를 줄인다고 말한다. 담배가 "마음을 편하게" 하고 "사람을
차분하게 만든다"고 믿는다. 요약하면, 일부 학생들은 스트레스 해소 수단으로 흡연을 한다.

"인용" ▶

자료: Plano Clark et al.(2002)

테마 명

테마 명은 코드 명과 비슷하지만 더 중요하다. 테마 명은 그 자체
로 독립적이고, 독자들이 쉽게 이해할 수 있어야 하기 때문이다. 테
마는 연구의 "결과"에서 소제목이 된다. 가장 좋은 테마 명은 참여

자가 언급한 짧은 문구("in vivo")일 것이다. 테마 명은 탐구하고자
하는 중심현상과 동일하지 않다. 원래 테마란 중심현상에 관한 증거
를 설명하거나 보여주기 위한 것이다. 연구결과에서는 테마 아래에
관련된 인용문을 함께 넣어서 참여자들이 실제로 이야기했음을 독
자에게 보여준다. 테마 명은 짧으면서 독자들이 이해하기 쉬워야 한
다. 테마 명이 너무 광범위하면 구체적인 의미가 전달되지 않는다
(예. "개인적 경험"). 독자들이 궁금하도록 흥미로운 테마 명을 작성해
보자. 다음은 우리가 연구 논문을 읽어보고 싶을 만큼 흥미롭게 느
껴졌던 예시들이다.

예시 #1.

난자 기증자의 이야기를 통해 알아본 난자 기증의 문화적 구성에 대
한 예비 연구의 테마 제목들(K. Brockhage, 개인적 대화, 2014. 12.):
• "왜 다른 사람이 나의 아이를 갖길 원하겠어요?": 유전의 중요성
• "모든 것이 자연스러웠어요. 자잘한 과학적 과정을 제외하고는":
  비전형적인 수정과 모성을 강화하는 담론들

예시 #2.

신경적 거식증을 지지하는 웹사이트(Ana라고 불림)를 자주 방문하는
개인들 사이의 가상환경을 탐구하는 예비 연구의 테마 제목들(M.
Butchko, 개인적 대화, 2014. 12.):
• "승리하기 위해 합류하기"
• "연결되기 위한 욕구"
• "'지방'에 대한 느낌과 생각"

- "Ana에 대한 애증의 관계"
- "마르고 싶은 욕망"

예시 #3.

지도교수가 박사과정 학생에게 전달하는 메시지를 탐구한 프로젝트
의 테마 제목들(J. Stephenson-Abeetz, 개인적 대화, 2001. 12.):

- "계획을 다 세워놓아야 한다": 타이밍의 중요성에 대한 메시지
- "침묵 속에서 배우는 것이다": 주변 메시지의 힘
- "나는 지도교수가 나를 얕보는 것을 원치 않는다": 타협의 메시지

다른 코드들

잘 쓰인 테마 글을 읽으면, 테마의 증거가 되는 다양한 코드들을
쉽게 확인할 수 있다. 연구자는 다양한 코드에 밑줄을 그어서 강조할
수 있다(그림 20.1 참고). 코드들은 테마 글 전반에 걸쳐 나타나며, 각
코드는 참여자들이 테마와 관련해서 가지는 조금씩 다른 관점들을 보
여준다. 이로써 독자들은 테마의 증거로써 사람들이(또는 상황들이) 제
공하는 다양한 방식을 알 수 있다. 1장에서 배웠듯, 질적 연구의 핵
심 요소는 중심현상에 대한 다양한 관점을 제공하는 것이다.

다른 인용문들

테마 글에는 참여자들이 말한 짧은 인용문이 포함된다. 인용문은
글에 현실감을 더해주고 참여자들이 테마와 관련하여 이야기한 구
체적 내용들을 독자에게 전달한다. 잘 선택된 인용문들은 다양한 관
점을 전달하고 테마의 복잡성을 보여준다. 인용문들은 짧아야 하고,

완전한 문장이나 문단보다는 짤막한 문구를 넣는 것이 일반적이다. 인용문에는 인용부호를 표기하여 참여자의 말이라는 것을 강조한다. 다양성을 주기 위해서 여러 사람으로부터 인용문을 발췌하는 것이 좋다. 때로 인용문들을 나란히 늘어놓아서 다양한 관점을 묘사하기도 한다. 다음은 면대면 미팅이 팀 운영에 어떠한 영향을 미치는가에 대한 팀 구성원들의 이야기를 나란히 늘어놓은 예다(K. James, 개인적 대화, 2011. 12.).

> "집단 미팅은 도움이 되며 더 많이 해야 합니다. 사무실에 혼자 있으면 쉽게 다른 데에 정신을 팔리기 때문에 면대면 미팅이 효과적입니다."
>
> "면대면 미팅기회가 필수적이 되도록 미래 프로젝트를 위한 기금이 지속되어야 합니다."
>
> "면대면 미팅은 늘 최선입니다. 아이디어가 다양하게 논의될 수 있습니다."

우리는 전사자료를 검토하면서 코드, 그리고 테마를 강조할 수 있는 인용문을 찾으려고 노력한다. 관찰을 할 때에는, 사람들이 말하는 것을 잘 기억해서 테마의 세부 증거로 인용한다.

여러 참여자들의 관점

그림 20.1에서, 우리는 다양한 개인들과 여러 정보원에서 얻은 관점들을 포함시켰다. 질적 연구를 하다가 다양한 자료가 수집되면, 각각의 자료에서 나온 증거를 테마 글에 포함시킨다. 인터뷰, 관찰,

문서, 그리고 시각적 자료에서 나온 정보는 테마 글에 포함되어 여러 관점을 제공한다.

테마, 코드, 그리고 인용문을 정리한 표

질적 연구에는 많은 코드가 있고, 코드들은 테마들로 묶이며, 테마 글은 인용문과 함께 기술된다. 따라서 이들 간의 상호관계를 표로 작성해서 추가로 제시하는 경우가 많다. 표 20.1은 조한나가 도심지역 가난한 학생들이 학교에서 사회감정학습 프로그램에 참여할 때의 경험을 바탕으로 논문을 쓰면서 개발한 표의 예다(C. Temmen, 개인적 대화, 2014. 12.).

이 표를 통해 테마를 구성하는 다양한 코드와 함께, 코드와 테마를 정확하게 반영하는 인용문의 예를 볼 수 있다.

표 20.1 테마, 코드, 인용문을 정리한 표의 예

테마	코드	인용문의 예
"아이들을 열심히 돕는" 위디코 프로그램	▪ 말할 수 있는 누군가 ▪ 학업을 도움 ▪ 위디코 상담자의 도움 ▪ "존중받는" ▪ 감정에 대해 이야기하는 방법을 배움 ▪ 괜찮은지 확인 ▪ 학교에 더 자주 나옴	"그러니까, 만일 무슨 일이 생겨서 누군가와 이야기하고 싶다면, 그분들이 항상 있어줍니다."

이번 학기에 "저는 나아졌어요"	▪ 교과목 향상 ▪ 수업을 빼먹지 않음 ▪ 전처럼 화를 내지 않음 ▪ 타인과 더 잘 지냄 ▪ 경청 ▪ 삶의 결과로부터 배움	"학교가 저를 변화시켰어요... 올해는 선생님이 저에게 많이 좋아졌다고 이야기했어요." "그렇게 화가 나진 않아요. 여전히 화가 나지만 복도에 두 시간 서 있거나 뭐 그럴 정도로 화가 나지는 않아요."
"트라우마가 저에게도 영향을 미쳤어요."	▪ 모두에게 트라우마가 있음 ▪ 트라우마는 나에게도 영향을 미침 ▪ 위험한 거리 ▪ 안전하지 않은 느낌 ▪ 트라우마가 그들에게는 영향을 미치지 않음 ▪ 그들에게 트라우마가 영향을 미쳤는지 잘 모름 ▪ 학업에 열중하기 어려움 ▪ 학교에서의 태도 문제	"사람이 살다 보면 극복하기 어려운 문제를 마주하게 됩니다." "예전 학교에서(제 주 보호자에게) 치매가 왔어요. 그래서 집중하기도 어렵고, 공부도 안 되고, 아무것도 하기 어려웠습니다. 저는 선생님들을 존경하지 않았고, 물건을 던지고, 사람들을 때리곤 했습니다. 지금과는 다른 사람이었어요."

요약

질적 테마는 중심현상에 대한 증거를 보여주는 연구의 결과다. 테마를 도출하는 과정은 현장에서 수집된 자료(예. 인터뷰 전사, 관찰 현장노트)를 분석해서 이를 적절한 수의 코드(약 20개)로 축소하고, 코드를 적은 수의 테마로 묶고(5~7개 정도), 테마를 결과 부분의 소제목으로 사용하고, 가능하면 테마를 더 묶어서 관점이나 도표로 만드는 것이다. 좋은 테마 글의 요소로는 개념적으로 흥미로운 제목, 다양한 코드를 통한 증거 제시, 구체적인 인용문을 통한 정보의 추가, 그리고 다양한 정보원(참여자, 관찰 등)을 통해 보여주는 관점들이다.

활동

질적 학술지에 실린 아티클의 테마 글을 살펴보자. 코드, 참여자, 그리고 인용문에 밑줄을 그어 본다. 테마 제목이 흥미로우며 읽어보고 싶게 만드는지에 대해 생각해본다.

추가 자료

Bazeley, P. (2013). *Qualitative data analysis: Practical strategies.* London: Sage Ltd.

Kuchartz, U. (2014). *Qualitative text analysis: A guide to methods, practice and using software.* London: Sage Ltd.

21

자료분석을 위한
컴퓨터 소프트웨어 프로그램 사용하기

스물한 번째 노하우

질적 소프트웨어를 사용하여 자료저장과 정리, 질적 자료분석, 보고서 작성을 돕기

왜 중요한가?

질적 자료분석(QDA) 소프트웨어는 1980년대부터 있어 왔다. 지금은 여러 개의 상업적 프로그램이 있다. 질적 연구자가 프로그램을 가지고 할 수 있는 작업은 방대하며, 매년 새로운 기능이 추가되고 프로그램의 성능도 점점 발전하고 있다. 이를 통해 전사자료나 현장노트를 준비한 뒤 직접 연필과 형광펜을 손에 쥐고 표시를 하는 전통적인 방식에서 향상되었다. 존은 초기에 한 질적 프로젝트에서 약 200개의 인터뷰를 했는데, 각각이 모두 1시간이 넘었었다. 전사를

마치고 나니 거의 수천 페이지에 달했다. 분석을 하기 위해 가위로 전사자료를 자르고, 그것들을 3×5인치의 메모 카드에 붙인 다음, 이 카드들을 큰 방의 네 군데 벽에 붙였다. 이 과정에서 열 명의 질적 연구자들이 존을 도왔다. 당시에 자료를 제대로 이해했었는지 지금도 확신이 들지 않는다. QDA 소프트웨어가 있었다면 이 과정에 도움이 됐을 것이다.

QDA 프로그램은 자료를 저장하고, 코드와 테마에 대한 적절한 증거자료를 찾고, 다양한 참여자들이 주제에 대해 어떻게 언급했는지 분석하고, 정보를 개념도로 시각화하는 데 도움이 된다. 더 나아가, 이러한 프로그램은 가격이 그리 비싸지 않고, 사용방법을 비교적 쉽게 배울 수 있다. 프로그램을 사용하기 위해서 알아야 할 것은 시중에 어떤 프로그램이 나와 있는지, 자신의 자료분석과정과 어떻게 관련이 되는지, 질적 연구의 다양한 부분에서 이 프로그램이 어떤 도움이 될지, 그리고 프로그램을 하나 선택하여 분석을 한다면 어떤 방식을 따라야 하는지다. 특정 QDA 소프트웨어는 시장에서 빨리 사라지기도 하고, 프로그램마다 새로운 기능이 끊임없이 출시되므로, 여기서는 특정 프로그램에 초점을 두거나 프로그램의 사용방법을 캡처해서 보여주지는 않을 것이다. 대신, 질적 자료분석과 글쓰기에 활용할 수 있는 QDA 소프트웨어의 일반적인 특성을 살펴볼 것이다.

자료분석과 보고서 작성에 QDA 소프트웨어 활용하기

자료수집, 자료분석, 코딩과 테마 개발, 그리고 글쓰기는 모두 서로 관련되어 있다. 연구를 진행하면서 이 모든 단계가 동시적으로 진행되기도 한다. 하지만 QDA 소프트웨어가 연구 과정의 어느 부분에 적절할지 고려해 보는 것이 도움이 된다. 앞 장에서 논의했듯, 연구자는 현장에서 자료를 수집한 다음 분석을 위해 준비한다. 분석 과정에는 자료를 전반적으로 이해하고, 텍스트에(또는 이미지에) 코드를 부여하고, 코드를 모아서 테마로 묶고, 테마를 소제목으로 해서 연구의 결과 부분에 보고하는 것이 포함된다. QDA 소프트웨어는 자료분석과 보고서 작성에 도움이 된다. 표 21.1을 보면 소프트웨어 프로그램이 코딩과정, 코드북 개발(그리고 코더간 일치도; 23장 참고), 그리고 스토리라인을 개발하고, 적절한 인용문을 찾고, 정보를 요약하고, 이론을 만들고, 참여자의 프로파일을 정리해서 보고서를 작성하는 데 도움이 됨을 알 수 있다.

표 21.1   질적 연구 과정에서 QDA 소프트웨어의 사용

질적 연구 과정	QDA 소프트웨어의 기능	질적 연구에서 도움이 되는 단계
코딩 과정	단어의 빈도수 세기	▪ 코드로 사용될 만한 중요한 단어 찾기
	코드 리스트를 작성하고 코드를 테마(또는 범주)로 조직화하기	▪ 테마를 구성하기 위한 코드와 증거자료를 지속적으로 검토하기 ▪ 코딩과 관련해서 메모 작성하기 ▪ 코드 수가 너무 많지 않도록 조절하기 ▪ 연구결과에 들어갈 테마 명 작성하기
	"in vivo" 코딩에 적절한 문구 찾기	▪ 코드가 될 만한 적절한 문구 찾기
	팀으로 코딩작업하기	▪ 자료를 다수의 코더들끼리 나누고 코딩한 자료를 손쉽게 다시 모으기

코드와 테마의 증거	코드와 관련된 문장을 찾고 불러오기	▪ 코드와 관련된 다양한 관점을 글로 작성하기
코드북 개발	코드 정의에 도움이 되는 메모와 코멘트 적기	▪ 코드와 코드의 내용을 정의한 코드북 개발하기(23장 참고)
코더간 일치도	문장에 숫자를 매겨서 다수의 코더와 서로의 코드를 비교하기	▪ 코더간 일치도 검증을 할 때 쉽게 문장과 코드를 찾기 ▪ 코더간 일치도 계산하기
집단 간 비교	하위집단을 찾고 불러오기	▪ 서로 다른 하위집단(예. 성별, 나이, 지역)들이 코드와 테마에 대해 어떻게 이야기하는지 비교하기
스토리라인 작성	코드와 테마를 가지고 개념도 만들기	▪ 코드를 연결하는 스토리라인 알아보기 ▪ 인터뷰나 관찰에서부터 코드로의 진행과정 보기 ▪ 이론적 모델 개발하기
증거가 되는 풍부한 인용문	적절한 인용 문구를 확인하고, 찾고, 불러오기	▪ 추가 증거로써 인용문을 테마 글에 넣기 ▪ 참여자와 자료 전반에 걸친 인용문 확인하기
이론 구성과 사례 요약	다양한 종류의 메모 작성하기	▪ 이론의 개발이나 사례 요약하기 (Kuckartz, 2014)
참여자 프로파일 작성	코드와 참여자 특징을 연결하기	▪ 여러 인구학적 배경을 지닌 참여자들이 코드와 테마에 대해 어떻게 이야기하는지를 비교하기

QDA 소프트웨어를 사용해야만 하는가?

우리는 자료분석을 돕기 위해 QDA 소프트웨어를 사용하길 권한다. 소프트웨어가 분석을 대신해주지는 않지만, 그 과정을 돕는다. 100페이지 정도의 아주 적은 질적 자료를 가지고 있어도 QDA 소프트웨어는 도움이 된다. 소프트웨어를 이용하여 자료를 보관하고 쉽게 찾을 수 있다. 방대한 자료를 검색하고 코드와 테마에 대한 유용한 인용문이나 증거를 찾을 때 편리하다. QDA 소프트웨어를 이용하여 코드와 테마를 연결하는 개념 지도를 작성할 수도 있다. 여러 인구학적 배경을 지닌 참여자들이 테마를 어떻게 이야기하는지를 비교하는 것도 가능하다. 그 외에도, QDA 소프트웨어를 이용하면 연구자들이 팀으로 일하는 데 도움이 된다. 동일한 코드북을 가지고 문서나 사진 등을 여러 명이 나눠서 코딩하는 것이 수월해진다. 각자의 분석을 취합하여 보고서를 작성할 수 있다.

어떤 연구자들은 QDA 소프트웨어 사용을 꺼려한다(Hesse-Biber & Leavy, 2006에서 언급되었듯이). 물론 새로운 컴퓨터 프로그램의 사용법을 배워야 하는 부담이 있지만, 인터넷에서 사용방법을 구하여 어렵지 않게 배울 수 있다. 소프트웨어는 연구자와 자료 사이에 컴퓨터라는 물질적 대상이 놓이기 때문에 마치 제삼자가 자료분석에 끼어든 것처럼 느껴질 수 있다. 하지만 지금은 디지털 시대이고, 우리는 모두 컴퓨터, 노트북, e-리더, 전화 등 물질 세계와 우리 사이에 놓인 기기 사용에 익숙해져있다. 아마도 QDA 소프트웨어가 자료분석을 과하게 구조화시켜서 연구자의 창의성을 방해한다고 느낄 수도 있다. 이러한 구조화로 인해 마치 양적 분석과정을 연상시킬 수도 있다. 하지만 일부 대학원 지도교수들, 학술지 편집자들, 학회 리뷰어들에게는 이러한 구조화가 질적 연구의 엄격성을 제공하는 것으로 보일 수 있다.

사용 가능한 주요 소프트웨어 프로그램

표 21.2는 선택 가능한 몇 가지 QDA 소프트웨어를 보여준다. 이들 프로그램은 모두 지난 25년 동안에 나왔고, 미국이나 독일, 호주 등 여러 나라에서 개발되었다. 프로그램의 데모 버전은 온라인에서 구할 수 있다. 프로그램을 선택한 뒤, 데모 버전을 다운로드해서 미리 시험해 보길 권한다. 어떤 회사에서는 데모 버전 이외에도 비디오를 제작하여 첨부한다. 대부분의 프로그램은 PC와 Mac에서 모두 사용 가능하다. 프로그램마다 비용이 다양하지만 대부분은 가격대가 비슷하며, 대학원생은 할인이 된다. 대부분의 프로그램은 텍스트 파일과 비디오, 또는 이미지 파일을 받아들인다. 해당 웹사이트에 가면 프로그램의 주요 요소를 둘러볼 수 있다.

표 21.2 주요 QDA 소프트웨어 프로그램

컴퓨터 프로 그램	회사	데모/ 무료 버전	플랫폼	텍스트/ 이미지 분석	주요 요소들
ATLAS .ti 8	ATLAS.ti Scientific Software Developm ent GmbH (http://atl asti.com)	제공 (최대 10개 문서와 50개 코드)	Windo ws/Ma c/iOS/ Android	가능	▪ 최초의 QDA 도구로서, QDA 자료의 교환, 보관, 처리를 가능하게 하는 기반 제공 ▪ 완료된 자료를 사실상 모든 응용프로그램으로 내보냄 ▪ 개방형 범용 데이터 형식을 지원하고 데이터 구조를 게시함

Dedoo se	UCLA와 William T. Grant 재단 (http://w ww.dedoo se.com)	제공 (한달 무료 체험)	N/A	가능	▪ 엄격한 질적 연구와 혼합연구를 지원하는 것이 목적, 웹 기반, 가격이 낮음, 협업의 성격 ▪ 다양한 자료 시각화 기능
Hyper RESEA RCH 4.5	Research Ware Inc. (http://w ww.resear chware.co m)	제공 (최대 7개 사례와 75개 코드)	Windo ws/Mac	가능 (텍스트, 이미지, 오디오, 비디오)	▪ 사용이 용이한 인터페이스 ▪ 유연한 방법 ▪ 다양한 언어 텍스트 지원 ▪ 코드 지도(code mapping) ▪ 멀티미디어 능력
MAXQ DA 2022	VERBI GmbH (http://w ww.maxq da.com)	가능 (14일 무료 체험)	Windo ws/Ma c/iOS/ Android	가능 (텍스트, 이미지, 오디오, 비디오)	▪ 문서 입력 ▪ 코딩 ▪ 참여자 속성(변수) ▪ 자료 검색 ▪ 시각적 도구들 ▪ 라이센스 교환
NVivo 12	QSR Internatio nal(http:// qsrinterna tional.com)	가능 (14일 무료 체험)	Windo ws(모두 가능)/ Mac (부분적 가능)	가능 (Windo ws-텍 스트, 이미지, 오디오, 비디오)	▪ 자료 불러오기, 다양한 범위의 자료를 작성하고 편집 ▪ 번역 서비스 ▪ 온라인 자료의 캡처와 분석
QDA Miner 5	Provalis Researcj (http://pr ovalisrese arch.com/ products /qualitativ e-data-a nalysis-so ftware/)	가능 (QDA Miner Lite, Window s만 가능)	Windo ws/Mac (가상의 machine solution 이나 Boot Camp가 필요)	가능	▪ 텍스트와 이미지 스크린 상에 코딩과 주석 ▪ 메모와 하이퍼링크 걸기 ▪ 위치정보 태그와 시간 태그 ▪ 통계와 시각화 ▪ 혼합방법과 QDA software

QDA 프로그램은 어떻게 고를까?

질적 소프트웨어를 선택할 때에는 몇 가지 요소가 고려된다(Creswell & Maietta, 2002). 우선, 데모 버전을 사용해 보고 가장 편안하게 느껴지는 프로그램을 고른다. 이는 사용이 편리하고, 설명서가 있고, 자신의 연구에 적합하다는 뜻이다. 표 21.2를 보면서, 코딩을 하거나 질적 보고서를 작성할 때 자신에게 필요한 부분들을 살펴본다. 그 밖에도, 비용, 학교에서 주로 사용하는 프로그램, 지도교수가 사용하는 프로그램을 살펴볼 수 있다. 특정 소프트웨어 프로그램의 사용법에 대한 책을 읽어보면서 세부사항을 고려해본다. 대부분의 소프트웨어 프로그램은 일반적으로 비슷한 내용을 제공한다. 존의 연구실에서는 MAXQDA를 사용한다. 왜냐하면 설명이 잘 되어 있고, 지원이 좋으며, 동영상을 제공하며, 개념 지도를 만들 수 있기 때문이다.

QDA 소프트웨어를 사용할 때의 단계들

우리는 QDA 소프트웨어를 사용할 때, 일반적으로 다음의 순서를 따른다. 여러분은 이 방법을 그대로, 또는 수정해서 사용할 수 있다.

자신의 질적 보고서에 실릴 프로그램의 결과를 고려하기

우선 소프트웨어 프로그램의 결과를 내 질적 프로젝트에 어떻게 사용할지 고려한다. 표 21.1을 참고하여 프로그램에서 제공하는 내용을 어떻게 이용할지 탐색한다.

프로젝트에 이름을 붙이고 문서를 입력하기

사용할 구체적인 QDA 소프트웨어를 결정하고 나면, 프로젝트의 이름을 생성한다. 그리고 나서, 불러오기를 통해 문서들을 저장한다. 텍스트 문서, 또는 사진이나 비디오 등 이미지 문서를 가져올 수 있다. 만일 인터뷰를 30개 했다면, 30개의 문서를 불러오기로 가져와서 프로그램에 저장한다.

각각의 문서에 특징을 기록하기

각 자료를 제공해 준 참여자(혹은 자료를 수집한 장소)에 대해 생각해 본다. 그리고 이들의 특징을 추가해 넣는다. 예를 들어, 개별 인터뷰의 경우에는 참여자의 인구학적 특성(예. 젠더, 나이, 교육배경), 인터뷰 장소의 지리학적 위치, 인터뷰 시간 등을 입력한다. 그러면 예를 들어, 테마를 찾고 나서, 여성과 남성 집단 간 테마를 비교해 볼 수도 있고, 원할 경우 프로그램상에서 여성 집단의 테마만, 혹은 남성 집단의 테마만 불러오기를 할 수 있다. 다시 말해, 원한다면 인구학적 정보들과 테마, 혹은 코드를 상호 비교해볼 수 있다. 그러기 위해서 이러한 정보를 미리 프로그램에 입력해 둔다.

문서에 코딩하기

문서를 하나씩 연 다음, 텍스트나 이미지의 부분을 선택하고 코드명을 붙인다. 그러면서 코드북을 만들어 나가고, 코드들을 집단으로 묶어서 테마를 만들어 갈 수 있다. 자료를 읽다가 새로운 정보를 발견하면 새 코드를 붙여서 기존의 코드 목록에 추가한다. 너무 많은 코드를 붙이기보다는 처음에 대략 30~50개의 코드를 생성한 뒤, 다시 20개 정도로 줄여나가는 방식으로 진행하면 과도한 양의 코드가 생성되는 것을 방지할 수 있다. 이 코드들을 대략 다섯 개에서 일곱 개의 테마로 만들어 간다. 소프트웨어를 사용하면, 코드에 대한 설명이나 기타 메모를 추가하는 작업이 수월하다. 메모에 기록한 내용들은 나중에 보고서를 작성할 때 추가될 수 있다.

각각의 코드에 대한 정보를 검색하기

연구보고서를 작성할 때에는 테마의 신빙성을 높일 다양한 코드, 그리고 코드의 신빙성을 높일 다양한 형태의 증거를 제공해야 한다. 앞 장의 그림 20.2에서 테마 글과 그 안에 있는 다양한 코드를 통해 이 과정을 설명했었다. 소프트웨어에서 각각의 코드에 대한 정보를 검색해서 최종 글쓰기에 사용할 수 있다.

인용문 불러오기

텍스트나 이미지 문서를 코딩하면서, 인용하기 적절한 짧은 문구를 발견하면 인용이라고 코드를 붙여둔다. 이렇게 해두면, 연구보고서를 작성하면서 테마에 대한 증거가 필요할 때 이 코드들을 불러와서 적절한 인용문이 있는지 찾아볼 수 있다.

개인적 특징들과 코드를 비교하기

이 시점이 되면, 서로 다른 참여자들이 인터뷰나 관찰에서 어떻게 서로 다른 관점을 드러냈는지 궁금해질 수 있다. 이럴 때는 예를 들어 특정 코드에 여성들은 어떻게 응답했는지를 보고, 또 같은 코드

에 남성들은 어떻게 응답했는지를 살펴봄으로써 손쉽게 비교할 수
있다.

코드나 테마 간의 관계도를 그리기

소프트웨어는 코드와 테마들이 서로 어떻게 연관되어 있는지를
살펴보기 위한 개념도를 만드는 데 도움이 된다. 개념도를 만들면,
예를 들어, 인터뷰가 진행됨에 따라 코드가 연대기적으로 발전되어
가는 것을 살펴볼 수도 있고, 주제를 탐구하면서 테마가 어떤 순서
대로 드러나는지를 알 수 있다. 저자들은 질적 연구에 시각적인 도
표나 그림을 넣는 것을 매우 선호하며, 단순히 말로 테마를 보고하
는 것보다는 이런 도표를 최대한 넣으려고 한다. 따라서 드러난 테
마를 살펴보면서 시간의 흐름에 따라 연대기적으로 더 잘 표현할 수
있는지 고려해본다.

소프트웨어 프로그램의 다른 여러 기능도 사용할 수 있다. 예를
들어, 코드나 테마를 찾아가는 과정에서 필요하면 메모를 작성하거
나 요약을 적어놓을 수 있다. 그 밖에, 시각 자료를 사용하거나, 하
이퍼링크 붙이기, 다양한 종류의 시각화 방법, 코더간 신뢰도 검증
(23장에서 논의할 예정) 등이 모두 가능하다.

요약

질적 자료분석 소프트웨어를 사용하면 자료를 정리하고 보관할 수 있으며, 전체 자료 안에서 특정 코드나 테마를 강화할 증거를 검색하고, 코드나 테마 간의 관계를 나타내는 개념도를 그릴 수 있다. QDA 프로그램은 자료 분석과 글쓰기 단계에서 유용하게 사용된다. 우리는 자료의 크기와 상관없이 소프트웨어 프로그램을 사용하길 권한다. 시중에는 여러 개의 상업용 소프트웨어가 나와 있고, PC나 Mac에서 사용할 수 있으며, 제공하는 내용이 서로 비슷하다. 우선 데모용 프로그램을 사용해 본 후 결정하길 권한다. 자신의 연구기관에서 사용되는 소프트웨어가 무엇인지, 그리고 사용하기 적절한 것은 무엇인지 고려해 본다. 일단 QDA 소프트웨어 프로그램을 선택했다면 몇 가지 단계에 따라 분석할 수 있다. 우선, 컴퓨터를 어디에, 어떻게 사용할지 계획을 세운 뒤, 문서를 소프트웨어에 넣고, 나중에 테마와 비교할 수 있도록 하는 특성들을 문서에 추가하고, 코딩을 하고, 최종 보고서를 작성할 때 정보와 인용문을 검색하고, 코드와 테마를 도식으로 표현하기 위해서 시각적인 지도를 작성한다.

활동

소프트웨어 프로그램을 선택하여, 이를 활용해 본인의 문서(주로, 텍스트 문서)를 하나 분석해 본다.

추가 자료

질적 컴퓨터 소프트웨어에 관한 자료

Hesse-Biber, S. N., & Leavy P. (2006). *Emergent methods in social research.* Thousand Oaks, CA: Sage.

Silver, C., & Lewins, A. (2014). *Using software in qualitative research: A step-by-step guide* (2nd ed.). Thousand Oaks, CA: Sage.

MAXQDA 관련 책

Kuckartz, U. (2014). *Qualitative text analysis: A guide to methods, practice and using software.* London: Sage Ltd.

NVivo 관련 책

Richards, L., & Morse, J. M. (2013). *Readme first for a user's guide to qualitative methods* (3rd ed.). Thousand Oaks, CA: Sage.

Bazeley, P., & Jackson, K. (2013). *Qualitative data analysis with NVivo* (2nd ed.). London: Sage Ltd.

MAXQDA 관련 비디오 튜토리얼

http://www.maxqda.com/training/get−started−with−maxqda

ATLAS.ti 8 관련 비디오 튜토리얼

http://atlasti.com/video−tutorials/

NVivo 관련 비디오 튜토리얼

http://www.qsrinternational.com/nvivo/free−nvivo−resources/getting−started

22

타당도 검토 실행하기

스물두 번째 노하우

자신의 질적 연구에 다양한 타당도 검토방법 사용하기

왜 중요한가?

질적 연구란, 분명히, "해석적" 연구다. 연구자가 정보에 개인적 해석을 내리기 때문이다. 연구자는 열린 질문을 해서 텍스트자료를 생성한 후, 자료를 이해해가며 코딩을 한다. 또는 문서를 읽거나, 관찰할 때 기록한 현장노트를 점검해가면서 코드를 붙이기도 한다. 연구자가 질문을 하고 자료를 분석하는 과정에 개인적 해석이 포함되므로 결과가 타당한지에 주의를 기울일 필요가 있다. 대부분의 독자는 결과가 정확하고 참여자를 현실을 사실적으로 반영한다고 느낄 때 연구결과를 신뢰한다. 이렇게 하여, 질적 연구란 연구자 개인의 단순한 해석수준을 넘어서게 된다.

질적 연구에서 타당도란 무엇인가?

양적 연구에서 타당도란 측정하고자 하는 개념이 잘 측정되었는지 (예. 구성타당도), 검사 문항이 측정하려는 개념의 영역을 고르게 대표 하는지(예. 내용타당도), 결론은 통계적으로 유의미하게 얻어졌는지(예. 통계적 결론타당도), 얻어진 추론은 의미 있는지(예. 결과타당도), 결과를 다른 상황이나 대상에도 일반화할 수 있는지(예. 외적타당도)를 의미한 다. 양적 연구에서 타당도는 충실하고 엄격한 연구의 중심축이 된다. 반면 **질적 연구**에서 타당도는 다른 걸 의미한다. 간단히 말해, 결과 가 정확하다거나 그럴듯하다는 의미다. 정확성은 연구자의 눈을 통 해서, 참여자의 관점을 통해서, 그리고 독자와 연구 심사위원들을 통해서 평가될 수 있다(Creswell & Miller, 2000). 지난 수년간 링컨과 구바(Lincoln & Guba, 1985)의 평가 기준인 신빙성(credibility), 전이가능 성(transferability), 신뢰성(dependability), 확증가능성(confirmability) 등을 포함하여, 얼마간의 질적 타당도(qualitative validity) 렌즈가 발전되어 왔다. 다른 학자들은 반어적 타당도(ironic validity; Lather, 1993, p. 21)와 같은 용어를 발전시켰다. 리차드슨(Richardson, 1994)은, 크리 스털(수정)이 외부의 빛을 반영하고 굴절시키듯이, 질적 연구의 타당 도를 프리즘과 연결시킨다. 즉, 질적 연구의 타당도는 다양한 관점 에서 볼 수 있다. 초보 연구자는 최근에 나오는 용어들과 접근방식 들 속에서 길을 잃게 될지도 모른다.

질적 연구에서 타당도의 종류

저자들인 우리는 타당도를 보는 렌즈란 연구자의 철학적 지향에 따라 다르다는 입장을 취한다. 우리는 타당도란 설명의 정확성을 규명하는 것으로 생각한다. 만일 연구자가 후기실증주의 입장에 가깝다면, 삼각검증(triangulation)이나 참여자 확인(member checking), 감사(auditing) 등 체계적이고 엄격한 방법을 사용할 것이다. 보다 구성주의적 입장이라면 부정적 증거를 찾아보고, 오랜 기간 관여를 하며, 심층적이고 풍부한 묘사를 택할 것이다. 참여적이거나 비판적 입장을 취하는 연구자라면 성찰과 협력, 그리고 동료 검증(peer debriefing)을 선호할 것이다. 이러한 세계관이나 패러다임에 따른 타당도 절차를 표 22.1에 기술하였다.

표 22.1 질적 연구에서 서로 다른 렌즈와 철학적 가정들

철학적 가정과 렌즈	후기실증주의 또는 체계적 가정	구성주의자 가정	비판적/참여적 가정
연구자	삼각검증	부정적 증거	연구자 성찰
연구 참여자들	참여자 확인	장시간 현장에 머무름	참여자와의 협력
독자와 리뷰어들	외부 감사	심층적이고 풍부한 묘사	동료 검증

자료: Creswell and Miller(2000, p. 126)를 바탕으로 재구성

연구자의 렌즈

연구자가 질적 해석의 정확도를 검토하는 방식은 여러 개다. 삼각

검증(triangulation)은 연구의 테마를 밝힐 때 다양한 자료에서 나온 증거로 뒷받침하는 것이다. 이 용어는 해군이 바다를 항해할 때, 배의 방위를 확인하기 위해서 다양한 자원이나 정보 표시점에 의존하는 것에서 나왔다. 삼각검증의 자료는 인터뷰 전사자료나 현장노트 등 다양한 정보원에서 나올 수 있다(Denzin, 1978). 또한 인터뷰 정보를 제공해 준 다양한 개인들에서 나올 수도 있다. 그 밖에도, 여러 명의 연구자나 이론에서 나올 수도 있다. 삼각검증은 연구자가 다양한 자료를 검토하면서 테마의 증거를 찾아가는 코딩과정에서 자연스럽게 발생한다.

해석의 정확도를 검토하기 위해 부정적 증거(disconfirming evidence)를 찾기도 한다. 연구자는 우선적으로 테마를 정하고 이 테마에 예외가 되는 모든 증거를 찾아간다. 이 증거들은 테마의 대안적 설명을 보여주는 증거가 된다. 부정적 증거는 테마를 완전히 뒤엎어 버리는 것이 아니며, 테마를 보완하는 예외적 증거가 된다. 현실적이고 정확하게 테마를 밝히기 위해서는 부정적 증거를 추가하는 게 중요하다. 왜냐하면 현실에서는 모든 정보가 테마에 맞아 떨어지는 것이 아니며, 어떤 자료들은 테마와 반대되는 이야기를 전달하기 때문이다. 질적 연구자는 부정적 증거를 글로 적어서 테마를 기술할 때 덧붙인다.

연구자는 또한 자신의 경험이나 배경이 연구결과를 구성하는 데에 어떠한 영향을 미치는지 성찰할 수 있다. 편견이나 신념들을 공유하게 되면, 설명이 보다 정확하게 된다. 이 과정을 성찰(reflexivity)이라고 하며, 이 책의 26장에서 따로 다룬다. 질적 연구자로서 자신의 편견이나 신념이 연구와 해석에 어떻게 영향을 미치는지 알게 되면 결과가 보다 타당해진다. 성찰은 연구방법 부분에서 "연구자의 역할"이라는 제목하에 기술할 수 있다.

참여자의 렌즈

연구의 참여자들의 관점에서 타당도를 검토하는 방법도 있다. 그 한 가지는 참여자 확인(member checking)이다. 참여자 확인이란 연구자가 참여자에게로 돌아가서 테마, 또는 전체 이야기를 들려주고 이 내용이 참여자들이 말한 것을 정확하게 반영하고 있는지 확인하는 것이다. 이때 가져가는 정보는 인터뷰 전사나 현장노트가 아니라, 테마나 전체적 이야기에 대한 논의를 대략적으로 요약한 내용이다. 참여자 확인을 위해 별도의 포커스 집단을 진행할 수 있는데, 여기서 여러 참여자들에게 테마나 이야기가 정확한지 열린 질문을 통해 묻게 된다. 일대일 인터뷰를 실시할 수도 있다. 어떤 방법을 사용하든, 살펴볼 것은 설명이 정확한지, 빠진 테마가 있는지, 참여자들이 동의하지 않는 것은 무엇인지다. 만일 설명이 정확하지 않다고 여겨지면, 연구자는 테마를 수정하여 참여자들의 관점을 보다 잘 표현하도록 노력한다.

설명이 정확한지를 참여자와 검토하는 또 다른 방식에는 장시간 현장에 머무는 것(prolonged engagement in the field)이 있다. 이는 연구자가 현장에 오랜 기간 있을수록 설명이 더 정확할 것이라는 생각에서 나온 전략이다. 어느 정도로 긴 시간을 머물지는 연구에 따라 다르지만, 연구 현장에서 몇 달간 보낼 경우 코드나 테마, 인용, 그리고 전반적인 스토리라인이 더 향상될 것이다. 현장에 머무르기에 최적의 시간이란 없으며, 연구자 개인에게 주어진 시간, 참여자가 허락한 시간, 그리고 자원이나 일정을 고려해야 한다. 질적 연구자는 연구의 방법론 챕터에서, 자료수집 기간이나 참여자와 보낸 시간을 보고한다. 현장에 장시간 머물 경우에는 필요할 때 참여자와 함께 코드나 테마, 전반적인 이야기를 검토하고 수정할 기회가 생긴다.

많은 질적 연구에서 연구자는 참여자와 만나고 연구 과정에서 주요한 결정을 내릴 때 이들을 포함시킨다. 따라서 연구의 정확성을 높이는 또 다른 전략에는 참여자와의 협력(collaborate with participants)이 있다. 협력은 참여자들이 연구에 최소한의 관여를 하는 것에서부터 연구 과정의 모든 단계에 많은 관여를 하는 것까지 다양하다. 참여자와의 협력을 통해 연구에 대한 이들의 지지를 얻을 수 있고 연구결과를 활용할 수 있다. 협력 방법으로는, 연구질문을 만드는 과정을 참여자와 함께하거나, 글이나 이미지 자료를 분석하는 데 도움을 받거나, 결과를 성찰하고 행동을 위한 제언을 주장하는 데 도움을 받는 방식이 있다. 보다 형식적인 수준에서는 이러한 연구가 "공동체 기반 참여연구(community -based participatory research)"에 해당될 수 있다. 참여자는 연구의 "공동 연구자"로 포함되기도 한다.

독자와 리뷰어의 렌즈

마지막 형태의 타당도는 독자나 리뷰어가 질적 연구의 설명이 정확하다고 느껴지는 시점에서 나온다. 연구자는 외부 감사(external audit)를 실시할 사람을 고용하여 프로젝트의 모든 면을 검토하고 연구의 정확성에 대한 "외부의" 관점을 제공한다. 연구와 관련되지 않은 사람이 프로젝트를 살펴보고 정보의 정확도나 연구의 엄격함을 판단하는 데 도움을 준다면 타당도는 높아질 것이다. 고용된 외부 감사는 연구의 설계에서부터 결과까지의 모든 자료를 검토한다. 검토가 끝나면, 감사자는 연구의 정확성을 확인하는 보고서를 작성하고, 연구자는 이를 논문 부록에 첨부하여 다른 사람도 검토하도록 할 수 있다.

질적 논문에서 독자에게 제공되는 또 하나는 현장이나 참여자들, 그리고 테마에 대한 세세하고, 풍부한 심층묘사(rich description)다. 독자는 글을 읽으면서 마치 실제 현장에 있는 듯 냄새를 맡고, 느끼고, 사람들의 이야기를 들을 수 있다. 이를 통해 연구에서 제공하는 내용을 보다 정확하게 느끼게 된다. 심층묘사는 좋은 질적 연구를 쓰기 위한 요소이며, 27장에서 문학적인 글쓰기를 설명하며 보다 자세히 다룰 것이다. 연구자는 풍부한 묘사로 참여자들 간 상호작용의 세세한 단면들을 보여주고, 현장을 자세히 설명하며, 사람들 간의 상호작용을 대화나 인용을 통해 보여준다. 이러한 세부 내용은 독자로 하여금 연구자가 탐색하고 있는 중심현상을 마치 실제 경험처럼 느끼게 할 수 있다.

또한 연구자는 보고서를 취합하여 주제에 대해 잘 아는 사람들이나 질적 연구자들에게 보여주고 설명이 적절한지 검토를 받을 수 있다. 이를 동료 검증(peer debriefing)이라고 한다. 동료들은 제안을 할 수도 있고, 논의를 위해 반대되는 주장을 펼치기도 하고, 도전을 하기도 하며, 연구를 다듬어가는 데 도움을 준다. 가끔 이들이 어려운 질문을 던질 수도 있는데, 동료이기 때문에 연구자는 이들의 비판을 수용할 수 있을 것이다. 실제로는, 같은 대학원생이나 연구자들이 동료의 역할을 하게 된다. 이들은 연구 참여자와 유사한 경험을 한 사람들일 수도 있다. 검토를 마친 동료들은 연구의 장점과 잠재적인

약점을 요약한 보고서를 써줘서 연구자가 프로젝트를 향상시킬 수
있도록 한다.

어떤 타당도의 전략을 사용해야 할까?

지금까지 아홉 개의 타당도 전략을 검토했다. 표 22.2는 각 전략
의 장점과 도전과제, 그리고 실제 적용방법의 예를 보여준다. 일반
적으로, 우리는 질적 연구를 할 때 두세 개의 타당도 전략을 사용하
도록 권한다. 우선 실행하기 쉬운 전략부터 시작한 다음, 가능할 경
우 보다 어렵고 시간이 소요되는 전략을 포함해 본다. 쉽게 시행할
만한 방법은 다양한 자료를 활용하는 삼각검증과, 포커스 집단을 통
한 참여자 확인, 그리고 현장에 오래 머무르며 관여하는 것, 부정적
인 사례의 증거를 찾아서 테마 논의에 추가하기, 독자가 생생하게
느끼도록 테마에 대한 풍부한 묘사를 제공하는 것, 그리고 자신의
개인적 편견을 밝히는 성찰의 글을 추가하는 방법이다. 실행하기 좀
더 어렵고 다른 사람들이 관여해야 하는 방법은 동료 검증, 외부 감
사, 그리고 참여자와의 협력이다. 이를 위해서 시간이나 비용, 전문
성을 가진 외부인, 노동력을 좀 더 들여야만 한다.

표 22.2 타당도 전략들을 사용할 때의 장점과 도전과제, 그리고 실제 적용방법의 예

타당도 전략	장점	도전과제	실제 적용방법의 예
삼각검증	여러 자료원에서 테마나 범주에 대한 다양한 형태의 증거를 찾는 방법임.	테마와 관련된 여러 코드 증거들을 검토하는 과정이 타당도 전략이라기보다 마치	인터뷰나 관찰, 문서와 같은 다양한 자료원을 검토한다. 그런 다음 테마 증거들을

	상대적으로 하기 쉬운 전략.	코딩처럼 여겨질 수 있음. 방법론에서 연구결과를 정확히 설명하기 위한 전략으로써 삼각검증을 어떻게 하였는지 자세히 기술하도록 함.	모은다. 방법론 챕터에서 타당도 확보를 위한 삼각검증 활용과정에 대해 기술한다.
부정적 증거	테마와 반대되는 증거를 언급해서 연구에 "사실감"을 더함. 질적 연구에서는 증거자료 중 일부가 테마와 맞지 않을 때도 있으며, 그럼에도 테마는 중요한 내용을 전달함.	부정적 증거를 찾는 것은 연구자의 판단에 달려있음. 그러므로 구체적인 인용문과 함께 이 내용을 전달하는 것이 도움. 예: "일부 참여자는 이 테마에 동의하지 않았다"고 언급	우선 자료에서 증거를 모아 테마를 구성한다. 그런 다음 자료를 자세히 살펴보며 테마와 상반되는 이야기를 찾는다. 테마를 보고할 때 이 내용을 함께 언급한다. 방법론 챕터에서 부정적 증거를 사용한 타당도 전략에 대해 기술한다.
연구자 성찰	연구에 영향을 미치는 연구자의 위치에 대한 성찰을 언급. 모든 연구에는 편견이 들어가기 때문에 연구자의 성찰은 해석에 신뢰도를 높임.	성찰을 어떻게 작성하는가는 생각보다 쉽지 않음.	방법론 챕터에 연구자 성찰에 대한 단락을 작성한다. 주제와 관련된 개인 경험을 말하고 이러한 경험이 연구결과 해석에 어떠한 영향을 미쳤는지 언급한다.
참여자 검토	테마나 결과를 몇몇 참여자에게 보여줌으로써 설명의 정확성을 확인. 상대적으로 하기 쉬운 전략.	기꺼이 시간을 내서 연구결과를 읽고 피드백을 줄 참여자를 구하는 것이 쉽지 않고 시간이 소요됨.	참여자 중 여섯 명 정도를 모아 포커스 집단을 진행한다. 우선 테마와 최종 보고서를 공유한다. 참여자들은 테마에 대해 어떤 부분이 좋고, 어떤 부분이 추가되

			었으면 하는지 논의한다. 이러한 정보를 최종 보고서에 포함한다.
장시간 현장에 머무는 것	현장에 장시간 머물다 보면 다양한 관찰이 가능하므로 보고서의 타당도가 향상됨.	장시간에 걸친 현장 연구는 쉽지 않음. 승인, 시간적 여유, 기꺼이 세부 정보를 제공하려는 참여자들의 도움이 필요. 참여자들은 연구자가 오래 있으면 불편해할 수 있음.	연구 참여자와, 그리고 연구 현장에서 오래 시간을 보내려고 노력한다. 인류학자들은 적어도 현장에서 6개월은 보낸다. 물론 짧게 관찰하는 연구도 있지만, 현장에 오래 머물수록 더 가깝게 볼 수 있다. 구체적인 내용을 방법론에서 언급한다.
참여자와의 협력	질적 연구자가 참여자와 협력을 하면 연구의 타당도를 높일 수 있음.	참여자와의 협력에는 시간과 자원이 소요됨. 참여자가 연구의 가치를 알고 기꺼이 협력해 주어야 함. 나아가 연구 전체가 아닌 연구의 특정 단계에서만 참여가 이루어질 수도 있음.	방법론에서 참여자들과의 협력에 대해 논의한다. 연구 과정과 참여자 개입 단계를 표로 만들어 넣기도 한다. 참여자와의 협력 덕분에 결과가 어떻게 더 정확하게 드러났는지 언급한다.
외부 감사	외부 감사의 검토를 받으면 독자들은 연구결과의 정확성을 신뢰함. 이 전략은 주로 학위논문에서 사용됨.	질적 연구의 전반적 과정에 대한 이해도가 있는 외부 감사를 찾기가 어려울 수 있음. 비용이 듦. 외부 감사는 연구자에게 물어볼 질문을 준비해야 함.	일단 논문을 다 쓴 뒤 외부 감사자를 구한다. 감사자가 참고할 수 있는 질문의 종류와 증거를 미리 준비하고 충분히 검토할 시간을 제공한다. 감사 보고서는 논문의 부록에 첨부한다.

심층 묘사	코드와 테마 내용을 세부적으로 기술해서 독자에게 정확한 그림을 제공하는 것은 좋은 질적 연구의 중요한 요소. 논문에 기술하기 쉬운 타당도 전략임.	참여자들이 풍부한 이야기를 들려주어야 하고, 연구자가 현장 관찰을 잘 진행해야 심층 묘사가 수월함. 연구자가 인터뷰와 관찰 능력을 갖추고 메모를 자세하게 작성해야 함.	다양한 요소를 반영하는 좋은 테마글을 작성한다.
동료 검증	동료에게 연구 보고서를 보여주고 피드백을 받는 방법. 실시하기 쉬운 타당도 전략임.	시간을 내서 보고서를 읽고 피드백을 줄 동료를 찾기가 어려울 수 있음. 동료가 질적 연구에 대한 이해가 부족할 수 있음.	질적 보고서를 작성한 다음 질적 연구, 그리고 주제에 대해 알고 있는 동료를 찾는다. 동료에게 보고서를 읽어보도록 한다. 동료에게 미리 물어봐야 하는 질문 리스트를 줘서 자신의 연구가 이러한 질문에 충실히 답하고 있는지, 연구의 질은 어떠한지 코멘트를 받는다. 이 과정을 방법론 챕터에서 보고한다.

요약

질적 타당도에는 많은 종류가 있으며, 그 용어나 의미가 종종 혼동을 일으키기도 한다. 우리는 질적 연구자가 설명의 정확성(타당도)을 구축해야 하고, 다양한 전략을 사용하여 타당도를 높일 수 있다는 입장이다. 이러한 전략은 연구자, 연구 참여자, 그리고 독자들의 렌즈에서 나온다. 연구자는 정보의 삼각검증을 하고, 보고서를 참여자와 검토하고, 장시간 현장에 머물며 자료를 수집하고, 테마와 맞지 않는 증거를 보고하고, 현장이나 테마에 대한 세부 묘사를 작성하고, 성찰을 통해 해석에 미치는 자신의 편견을 드러낼 수 있다. 그 밖에도 동료를 통해 검토를 하거나, 외부 감사자를 통해 프로젝트를 검토하는 등 보다 노동력이 필요한 전략들도 실시할 수 있다.

활동

타당도 검증방법을 하나 선택한다. 이 타당도 검증방법은 무엇이며, 어떻게 실행하며, 자신의 연구에 어떻게 적용할 수 있으며, 연구 참여자들에게 어떻게 받아들여질지 논의해본다.

추가 자료

Lincoln과 Guba(1985)의 타당도 기준(신빙성, 전환가능성, 신뢰성, 그리고 확증가능성)에 대해 참고할만한 아티클

Shenton, A. K. (2004). Strategies for ensuring trustworthiness in qualitative research projects. *Education for Information*, 22(2), 63-75.

세계관의 유형과 타당도 렌즈에 대한 설명

Creswell, J. W., & Miller, D. L. (2000). Determining validity in qualitative research. *Theory Into Practice*, 39(3), 124-130. doi:10.1207/s15430421tip3903_2

23

코더간 일치도 실시하기

스물세 번째 노하우

코더간 일치도를 사용하여 다른 코더와 함께 해석에 대한 정확도
와 신뢰도를 검토하기

왜 중요한가?

코더간 일치도를 사용하면 두 명 이상의 연구자가 일관되게 자료
를 코딩하고 있는지 검토할 수 있다. 또한 한 명 이상의 연구자가
개발한 코딩 틀을 고려할 수 있기 때문에 정교하고 엄격한 질적 분
석에 도움이 된다. 코더간 일치도를 구할 때에는 다른 연구자가 본
인의 해석에 따라 코딩한 자료를 연구자의 코딩과 비교해 보는 작업
을 거친다. 결국, 질적 자료분석은 연구자가 적절한 텍스트를 선택
하여 코드를 부여하는 매우 해석적인 과정이다.

코더간 일치도란 무엇인가?

코더간 일치도는 한 명 이상의 연구자가 질적 자료를 분석하여 코드를 생성하고, 코드에 서로가 어느 정도 동의하는지를 보기 위해 결과를 비교하는 것이다. 이 과정은 질적 자료분석과정에 "신뢰도"를 더해준다. 두 명 이상의 연구자는 같은 자료를 가지고도 서로 다른 해석을 하거나 코딩을 할 수 있다. 그러므로 코드를 검토하고 논의하는 것은 중요한 분석과정의 일부다(Richards & Morse, 2013). 커카르츠(Kuckartz, 2014)는 여러 명의 평가자가 함께 작업을 할 경우에는 코더간 일치도를 구하라고 조언한다. 양적 연구 배경을 가진 연구자나 또는 주로 양적 연구를 다뤄왔던 학술지에 자신의 질적 연구를 싣고 싶은 경우라면, 이러한 신뢰도 검토는 질적 자료분석에 신빙성과 엄격함을 더해줄 수 있다. 많은 QDA 소프트웨어 프로그램에는 서로 다른 코더간에 어느 정도의 동의가 이뤄지는지를 계산하는 기능이 있다. 그 밖에 대안적인 코더간 일치도 실시방법들이 있으므로, 이 방법을 배워서 자신의 연구에 적용할 수 있다.

코더간 일치도를 실시하는 과정

1단계

연구자는 한 명 이상의 코더를 찾아야 한다. 코더간 일치도 과정에 참여하려면 질적 연구와 코딩에 대해 이해하고 있어야 한다. 보통 한 명의 코더가 추가로 참여하는 경우가 많으나, 존이 참여했던 미국 재향군인 프로젝트에서는 네 명의 코더가 참여하였다(다음에 나올 세 번째 예를 참고). 조한나의 경우, 질적 코딩 경험이 있는 대학원 동기가 논문의 추가적 코더로 도움을 주었다.

2단계

처음에 자료를 코딩한 후 이를 바탕으로 코드북을 만든다. 질적 연구의 코드북은 논의를 거쳐 코드 리스트를 만들고 코드들의 정의를 내리는 과정 속에서 완성된다. 코드북을 만드는 하나의 정해진 방법 은 없다. 우리는 게스트, 번스, 그리고 존슨(Guest, Bunce, & Johnson, 2006)이 만든 코드북 방식을 선호하며, 표 23.1은 가상의 자료를 이 용한 코드북의 예를 보여준다.

이 코드북에는 코드 명, 코드에 대한 간략한 정의와 보다 자세한 정의, 코드에 포함되거나 포함될 수 없는 경우들, 그리고 그 코드의 증거가 되는 하나 혹은 그 이상의 예시적 인용문이 포함된다. 코드북 의 코드는 주로 한 명이 만들고, 연구 진행과정에서 검토를 거친다. 코드북은 고정된 문서가 아니며, 지속적으로 검토되고 명료화된다.

표 23.1 Guest, Bunce, and Johnson(2006)의 체계를 바탕으로 한 코드북의 예

코드	간략한 정의	자세한 정의	이 코드를 붙이는 경우	붙이지 않는 경우	예시 인용문
안전	학생들이 사고 발생 후 안심 할 수 있는가 의 여부	안전은 사고가 다시 발생할 가 능성, 기숙사나 캠퍼스 내에서 의 안전으로 식 별함	학생들이 실제 로 안전이나 그 동의어를 사용 한 경우	학생들이 안전 이나 보안에 대 해 이야기하고 있는지가 합리 적으로 해석될 수 없을 때	"나는 내 안전 에 두려움을 느 꼈어요." "캠퍼스는 더 이 상 나나 내 친 구들에게 안전 한 환경이 아 니었어요."

3단계

코더간 일치도를 구하는 방법을 선택한다. 코드를 비교하면서 동의하는 비율이 어느 정도인지를 보는 비형식적 과정도 있고, 여러 단계를 거치거나 통계를 사용하는 보다 체계적인 과정을 택할 수도 있다. 학계의 기준에 따라 어떤 방법을 사용할지 선택한다. 논문의 출간을 최종적으로 염두에 두고 결정할 수도 있다. 예를 들어, 고려하고 있는 학술지에서는 구체적인 과정이나 코더간 일치도 방법을 제시하는가? 이 장의 뒷부분에서는 네 가지 코더간 일치도 과정의 예가 소개되어 있다. 그중 하나는 존이 미국 재향군인을 위한 프로젝트에서 사용한 것이다. 코더간 일치도를 사용할 때의 도전과제는 다음과 같다(Creswell & Poth, 2018). 어떤 단위를 기본으로 해서 코더간 일치 여부를 확인할 것인가? 코더들이 특정 텍스트 구문에 정확히 같은 코드 명을 부여해야 하는가? "비슷한" 코드 명들을 부여해도 되는가? 특정 텍스트 구문에서 모두 같은 줄에 코딩해야 하는가? 서로 다른 줄에 코딩해도 되는가? 또는 동일한 테마와 관련된 구절에 코딩한 것으로 일치도 여부를 판단할 것인가? 자료의 일부분 중 동일한 줄에 정확히 똑같은 코드를 붙일 경우 동의의 수준은 매우 높다. 다음에 나올 예에서 볼 수 있듯, 질적 연구자들이 일치도 수준을 확인하는 방식은 서로 다르다. 우리의 프로젝트에서 주어진 시간과 자원에 맞추면서도, 코더간 일치를 하는 전반적인 의도를 합리적으로 만족시킬 수 있도록 유연하게 진행하는 과정을 선호한다. 다음의 예에서 이야기하겠지만, 우리는 여러 명의 코더들이 텍스트 자료를 코딩하고 나서, 코딩한 몇 개의 구절을 고르고, 그런 다음 코더들이 그 구절에 코드북에 있는 동일하거나 비슷한 코드를 부여하였는지 확인하는 방식을 선호한다. 이 과정은 코더간 일치에 대한 시각을 갖게 해 주면서도, 동의를 이끌어 내지 못할 만큼 기준을 높게 잡지 않는다는 면에서 유용하다.

4단계

다음의 예에 나온 과정을 하나 선택하거나 과정들을 조합하여 코더간 일치도를 실행한다.

5단계

마지막 단계는 일치도가 존재하는지 결정하는 과정이다. 비형식적 과정을 사용해서 일치 여부를 결정할 수도 있다. 마일스, 휴버먼, 살다냐(Miles, Huberman, & Saldaña, 2013)는 85~90%의 코더간 일치도를 추구하라고 권한다. 연구자들은 코딩하면서 생긴 질문이나 발생된 차이점을 논의하고 해결하기 위해서 단계적 접근을 고려할 수 있다. 이를 합의적 코딩 과정(consensual coding process)이라고 부르는 사람도 있다. 이 과정이 반드시 계수를 계산하는 걸 의미하지는 않는다. 대안으로, 좀 더 엄격한 방법을 사용하여 신뢰도 계수인 카파값(Kappa)을 계산할 수 있다. 코헨(Cohen, 1960)의 카파계수는 두 사람 사이의 일치도를 통계적으로 측정하는 것이다. 이를 위해서 A와 B처럼, 쌍으로 된 변수가 필요하고, 이 둘이 특정 텍스트 구문에 붙인 코드에 동의하는지 아닌지를 알아야 한다. 공식에 따라 우연적인 부분을 제거하면, +1에서 −1 범위의 계수가 나온다. 일치도가 좋을 경우 계수는 .60에서 .80정도이고, 일치도가 매우 좋을 경우에는 .80에서 1.00(완벽히 일치)이 나온다. 이 계수는 보건과학 문헌에서 주로 사용된다.

코더간 일치도 검토의 예: 비공식적 방법부터 보다 체계적인 방법까지

다음은 질적 연구자들이 코더간 일치도를 확인하기 위해 사용하는 과정들 중 선별된 네 개의 사례다. 이들 간의 주요 차이는 과정이 비형식적인가 형식적인가, 코드에 대해 논의하고 타협하는 범위는 어느 정도인가, 일치도에 대한 근거는 무엇인가, 일치도를 백분율로 표현하는가 통계적인 방법(카파계수)이 사용되는가이다.

다음은 차이점을 타협하는 과정에 근거한 코더간 일치도의 예다. 호퍼와 클리파드(Hopfer & Clippard, 2011)는 여대생들과 임상전문가들을 대상으로 유두종 바이러스 예방 결정에 대한 내러티브를 연구하였다. 코더간 일치도는 다음과 같이 비형식적 과정을 따랐다.

- **1단계**: 두 명의 저자들이 자료분석을 하였다. 여기에 또 다른 코더로, 참여자들 또래의 여대생을 영입하였다. 이 학생은 38개의 전사자료 모두를 읽고 느낀 점을 표현하는 사전교육을 받았으며, 연구 주제와 관련된 본인의 경험을 성찰하면서 인터뷰 전사자료를 검토하였다.
- **2단계**: 처음 코딩 라운드에서는 연구자들과 대학생 코더가 함께 만나서 잠정적인 테마의 해석에 관해 논의하고 타협하였다. 이 과정에서 대학생 코더는 여대생의 관점에서 자료의 해석이 "사실처럼 들리는지"를 확인해 주었다.

- **3단계:** 두 번째 코딩 라운드에서는 연구자들이 미리 만들어 놓은 영역별로 전사자료를 코딩하였다. 그런 다음 연구자와 대학생 코더가 함께 만나서 코딩 기준을 일관적으로 적용하고 있는지 확인하였다.
- **4단계:** 마지막 분석 라운드에서는 참여자들의 내러티브를 크게 두 개의 테마로 나누어 해석하였다.
- **5단계:** 자료가 두 개의 테마를 잘 반영하는지와 관련해서 코더간 일치하지 않는 지점을 논의하고 해결하였다.
- **6단계:** 최종적 코더간 일치도는 코헨의 카파계수 .92가 나왔다.

다음은 세부적인 코드북을 사용한 코더자간 일치도의 예다. 게스트(Guest)와 그의 동료들은(2006) 서아프리카와 가나의 건강연구 맥락에서 사회적 바람직성에 대한 편향과 자기보고 행동의 정확성을 연구하는 데에 코더간 일치도 과정을 사용하였다.

- **1단계:** 주 연구자가 6개의 인터뷰를 가지고 코드북을 개발하였다. 각각의 코드별로 간략한 정의, 자세한 정의, "사용할 경우"와 "사용하지 않을 경우", 그리고 인용문의 예를 정리하였다.
- **2단계:** 코더간 일치도는 두 번 걸러 한 번의 인터뷰마다 측정되었다. 전사자료를 나누어 코딩한 뒤 구간별 카파 점수를 계산하였다.
- **3단계:** 카파 점수를 .5보다 낮게 받은 불일치 지점에 대해서는 분석 팀들이 논의를 통해 해결하였다.
- **4단계:** 코드북을 수정하고, 코드를 일관되게 적용하기 위하여 재코딩을 실시하였다.

- **5단계:** 새로 계산된 카파값은 .82가 나왔다.

다음의 예는 상호 간에 코딩한 텍스트 구문을 사용하여 코더간 일치도를 확인하는 과정이다. 미시간주 앤 아버에 있는 재향군인 건강관리 시스템에서 실시한 프로젝트(Creswell & Poth, 2018; L. J. Damschroder, 개인적 대화, 2006. 3.)에 네 명의 코더가 참여하였다. 이 프로젝트는 건강보험 양도 및 책임에 관한 법안과 관련되어 있으며, 환자들이 재향군인 병원에서 건강관리를 받으려고 할 때 이 법안을 어떻게 보는지에 대한 것이었다.

- **1단계:** 네 명의 코더가 각각 세 개나 네 개의 인터뷰 전사자료를 분석하였다. 모두 함께 예비단계의 코드북을 개발하고 각 코드의 정의 및 코드와 관련된 예시적 인용문을 기록하였다.
- **2단계:** 그리고 나서 세 개의 전사자료를 추가로 코딩하였다. 그 다음에는 코드를 붙인 구문들을 살펴보았다. 구문에서 동일한 행의 텍스트에 코딩하였는가에는 관심이 없었다(때로 누군가는 더 적거나 많은 개수의 문장을 지정하여 코딩을 할 수도 있다). 주로 확인한 것은, 모두가 그 구문에 코드북에 나온 동일한 코드 명을 부여했는가였다. 결정은 "네" 혹은 "아니오"였다.
- **3단계:** 각각의 텍스트 구문에 대한 네 명의 일치도를 백분율로 계산하였다. 코더간 80%의 일치도를 기준으로 사용하였다.
- **4단계:** 몇 개의 전사자료에 동일한 과정을 사용하였다. 전사자료의 분석을 진행해 나갈수록, 코더간 일치도의 백분율은 높아졌고, 최종 연구보고서에는 80% 이상의 일치도를 보였다.

마지막 예는 두 가지 다른 방법을 사용한 코더간 일치도 검증과정이다. 이 연구는 뉴욕주 두 개의 카운티에 새로 이주한 베트남 난민들 중 폐결핵자들에 대한 것이다(Carey, Morgan, & Oxtoby, 1996). 이 연구에서는 코더간 일치도를 계산하는 데 두 가지 방법이 사용되었다. 첫 번째에서 코더들은 동일한 단어를 사용하고 동일한 방식으로 텍스트 구문에 코드를 하도록 요구되었다. 이 방법을 하기 위해 코더들끼리는 다소 논의가 필요하였다. 두 번째 방법은 보다 여지를 많이 주었다. 코더들은 같은 구문에 동일한 코드 명을 붙일 필요가 없이, 단지 동의의 여부만 보고하도록 하였다. 두 번째 방법은 덜 엄격했고 실행하기가 더 쉬웠다. 두 가지 접근법 모두 코더들이 미리 코드 명과 그 뜻을 기록해 둔 코드북을 이용하는 방법을 사용하였다. 다음의 단계들이 사용되었다.

- **1단계:** 연구자들은 참여자가 말한 것을 바탕으로 코드북을 만들었다. 코드북에는 코드의 정의와 함께, 연상기호도 함께 추가하였다. 예를 들어, "CAUSESMK"는 폐결핵이 흡연에 의해 발병될 수 있다는 신념을 나타낸다.
- **2단계:** 연구자들은 서로 다른 코더들이 동일한 지침을 사용하여 서로 간의 작업을 독립적으로 동일하게 반복해낼 수 있도록 하였다. 이들은 처음 10명의 인터뷰에서 사용된 32개의 질문에서 320개의 텍스트 구문을 선정하였다. 그리고 코더간 일치도를 개발하기 위하여 두 가지 방법을 사용하였다.
- **3단계:** 첫 번째 방법에서는, 우선 두 명의 코더가 독립적으로 320개의 텍스트 구문을 코딩하고 코드들을 서로 비교하였다. 두 명이 동일한 코드를 사용하였을 경우에만 일치한다고 기준

을 만들었다. 그랬더니 45%의 일치도가 나왔다. 그다음에는, 두 명의 코더가 코드북의 문제점에 대해 논의를 한 뒤(중복되는 코드들, 상호 겹치는 내용이 존재하는 경우, 서로 명확하게 이해가 되지 않는 경우), 다시 코딩하였더니 88.1%의 일치도를 보였다.

- **4단계**: 두 번째 방법에서는, 두 명의 코더가 각각의 독립된 코드를 어떻게 사용하였는지를 탐색하여 일치도를 구하였다. 표 23.2와 같이 2×2칸의 분할표를 만들어서 320개의 텍스트 문구에 대해 두 명의 코더가 어떻게 생각하는지를 알아보았다. 카파 신뢰도는 두 명의 코더가 전체 320개의 텍스트 문구 중에서 152개의 코드에 82.9%의 일치도를 보이는 것으로 나타났다. 카파값은 88.8%의 코드에서 .90 또는 더 높은 값을 보였다. 이 결과는 매우 높은 코더간 일치도를 보여준다.

표 23.2 320개의 텍스트 문구의 평가자 간 일치도를 확인하기 위한 분할표

		코더 1	
		Yes	No
코더 2	Yes	일치-텍스트 구문에 두 명의 코더가 코드를 부여한 횟수	불일치-텍스트 구문에 한 명의 코더는 코드를 부여하고 다른 한 명은 부여하지 않음
	No	불일치-텍스트 구문에 한 명의 코더는 코드를 부여하고 다른 한 명은 부여하지 않음	일치-텍스트 구문에 두 명의 코더가 코드를 부여하지 않은 횟수

자료: Carey et al.(1996)

요약

코더간 일치도는 두 명 이상의 연구자가 질적 자료를 코딩할 때의 일치도를 검토하는 수단이다. 연구자들은 독자적으로 자료를 코딩하고 그 결과를 서로 비교한다. 이것은 근본적으로 일관성에 대한 질적 신뢰도 검증이다. 주로 보건과학분야에서 사용되는 실질적이고, 유용한 방법이다. 일치도는 직접 계산할 수도 있고, 질적 컴퓨터 소프트웨어 프로그램을 사용하여 구할 수도 있다. 전반적인 과정을 보면 여러 명의 평가자가 함께 작업하고, 코드에 대한 코드북을 만들며, 일치도를 계산할 방법을 선정하고, 정해진 과정을 따르며, 코더들 간에 일치도는 어느 정도였는지 결정하고 이를 보고한다. 문헌을 보면 비형식적인 것부터 형식적인 접근까지 다양한 방법이 나와 있다. 이들 방법은 코드를 논의하고 협의하는 것이나, 코드북의 역할, 일치도를 보는 기준, 백분율이나 카파값으로 일치도를 보고하는 방식 등에서 차이를 보인다.

활동

다음의 활동을 통해 코더간 일치도를 구하는 실습을 해본다. 이때 전사자료를 하나 구해서 사용할 수 있다.

1. 2~3명으로 구성된 집단을 형성한다.
2. 집단 구성원 각자가 전사자료에 코딩을 한다. 구문에 괄호 치는 것을 잊지 않는다.
3. 전사자료에 코딩을 마치면, 모든 코더가 코드를 부여한 문구(괄호를 친 것)를 찾는다.
4. 그 문구를 묘사하기 위해 사용된 비슷한 코드 명을 찾는다(동의어도 좋음).
5. 여러 명의 코더가 코드를 부여한 문구들에 대해 평균적 일치도를 계산한다. 마일스(Miles et at., 2013) 등은 85% 일치도를 목표로 제안하였다.
6. 마지막으로, 코더끼리 불일치한 내용과 그 차이에 대해 논의를 한다.

문구	코더 1이 부여한 코드	코더 2가 부여한 코드	코더 3이 부여한 코드	일치도 비율
				평균 일치도 (>80%)

추가 자료

코더간 일치도에 대한 정보

Guest, G., MacQueen, K. M., & Namey, E. E. (2012). *Applied thematic analysis.* Thousand Oaks, CA: Sage.

Kuckartz, U. (2014). *Qualitative text analysis: A guide to methods, practice and using software.* London: Sage Ltd.

Richards, L., & Morse, J. M. (2012). *Readme first for a user's guide to qualitative methods* (3rd ed.). Thousand Oaks, CA: Sage.

코더간 일치도 계수를 어떻게 결정할지에 대한 자세한 설명

Carey, J. W., Morgan, M., & Oxtoby, M. J. (1996). Intercoder agreement in analysis of responses to open-ended interview questions: Examples from tuberculosis research. *Cultural Anthropology Methods*, 8(3), 1-5.

질적 연구의
글쓰기와 출판하기

24

학술적 글쓰기

스물네 번째 노하우

학술적으로 질적 보고서 작성하기

왜 중요한가?

질적 연구자는 글쓰기에 노력을 기울인다. 탄탄한 글을 쓰는 기술에는 장시간에 걸친 현장노트 기록하기, 인용문을 고르고 줄여가기, 테마를 위한 증거를 잘 정리하기, 개념적으로 흥미로운 방식으로 글쓰기 등이 포함된다. 질적 연구결과는 보통 분량이 많기 때문에, 글쓰기가 상당부분 차지한다. 질적 글쓰기에는 참여자의 젠더나 인종, 경제적 수준, 개인적 정치성향 등을 민감하게 고려하는 능력이 요구된다. 질적 글쓰기는 독자를 염두하고 작성될 필요가 있다. 리차드슨(Richardson, 1990)은 유부남과 관계를 갖는 여성들을 연구한 뒤, 이 연구결과를 서로 다른 세 독자층에게 전달할 때 고려할 점, 즉 일반 독자, 학계의 독자, 그리고 정치나 사상서적의 독자를 대상으로 각각 글을 어떻게 다르게 써야 하는지 보여준다. 고인이 된 유명한 문화기술자인 해리 월코트(Harry Wolcott, 2009)는 다음과 같이 글쓰기의 중요성을 강조한다.

　　나는 내 글을 좋아한다고 정직하게 주장할 수 있다. 나는 글을 성실하게 수정한다. 다른 사람들이 읽는 것은 언제나, 초기본이 아닌, 최종본이다. 자부심과 인내는 재능을 이긴다. 비록 글쓰기에 타고난 재능이 있어서 술술 써가는 것은 아니지만, 남들이 마치 타고난 능력이 있다고 생각하게 만들기 위해 필요한 것을 배웠다(p. 4).

　학술적인 글쓰기를 잘하기 위해서는 끊임없이 글을 쓰는 습관을 키우고, 머릿속에 있는 아이디어를 꺼내서 글로 적어야 하고, 자신의 의견을 이해하기 쉬운 개념에서부터 점점 복잡한 것까지 단계적으로 펼쳐나가고, 문법을 정확하게 사용해야 한다.

글쓰기 훈련

　최근 존은 스티븐 킹(Stephen King, 2000)의 **유혹하는 글쓰기: 스티븐 킹의 창작론**(On writing: A Memoir of the Craft)을 다시 꺼내 읽었다. 이 책은 존이 1980년대 후반부터 약 25년간 글쓰는 작업을 하며 상소해 온 것, 그리고 존이 조한나의 글을 교정해주며 가르쳤던 것을 생각나게 한다. 남들이 우표를 수집할 때에 존은 글쓰기에 대한 책을 모았고, 그의 책꽂이에는 수없이 읽고 또 읽은 40권이 넘는 글쓰기에 대한 책들이 꽂혀있다. 존은 연구방법론에 대한 책을 쓸 때에도 연구의 글쓰기 챕터에 도움이 될만한 글쓰기 관련 책을 참고한다. 어떤 책들은 구조를 강조하고, 일부는 세부적인 문법을 강조하며, 어떤 책에서는 글 쓰는 과정에 대한 저자의 경험을 소개한다. 존이 가장 좋아하는 책은 작가의 서재에 대한 책으로, 이들의 책상 사진이 실려 있어서 수년간 작가들이 사용해 온 것들을 보여준다. 작가가 책상에 앉아있는 사진은 탁자에 앉아서 컴퓨터 키보드를 누르고 있는 연구자로서의 우리 모습을 그려볼 수 있게 해준다.

최근 몇 년간 존은 점점 글쓰기에 대한 책을 사지 않게 되었고, 예전에는 한 구역에 가지런히 정돈되어 있던 글쓰기 관련 책들이 이제는 여기저기 흩어져 있다. 몇 해 전, 존은 네브라스카 작가 연합회에서 주최하고, 잘 알려진 에세이 작가인 메간 다움(Megan Daum)이 진행한 회고록 글쓰기 워크숍을 마쳤고, 얼마 전에는 조한나와 존이 함께 아이오와 글쓰기 하계 워크숍에 참석했다. 우리는 정기적으로 **뉴욕타임즈**에서 소개하는 10권의 책, 그리고 인기 있는 소설과 비소설을 읽는다. 존은 연구방법론 수업을 할 때 글쓰기에 대한 설명을 하기 위해서 읽었던 책의 일부분을 가져오곤 하며, 항상 작가들이 공유하는 좋은 글쓰기 방법을 어떻게 연구방법에 적용할지 생각한다. 우리는 관점을 넓히기 위해서 전문서적에서부터 학술적 글쓰기까지 방대한 범위의 책을 읽는다.

이 챕터를 쓰기 위해서, 존의 첫 번째 연구방법론 책인 **연구설계: 질적 그리고 양적 접근**(*Research Design: Qualitative and Quantitative Approaches*; Creswell, 1994)을 꺼내보았다. 11장 "학술적 글쓰기"를 보면, 1988~1990년경 존의 책꽂이에 보유하던, 그 시기에 존이 좋아하던 글쓰기 관련 책들을 소개하고 있다. 그 장에서 소개했던 주제들로는 생각하는 수단으로서의 글쓰기, 글쓰기 습관, 초안의 가독성, 능동태/수동태·시제·불필요한 수식어, 글쓰기를 위한 컴퓨터 프로그램에 관한 것이다. 1980년대 후반 이후, 존의 서재에 글쓰기에 대한 책이 눈에 띄게 늘었고, 이들 주제를 지금 여기서 다시 다루고자 한다. 이 장에서의 논의는 초기의 주제들을 확장하고 여기에 새로운 것들을 추가한 것이다. 존은 수년간 독자들로부터 많은 코멘트를 받아왔는데, 그들은 모두 존이 다른 방법론 책에서는 다루지 않는 학술적 글쓰기에 주의를 기울인 것에 기뻐한 사람들이다. 글쓰기에 대한 존의 심취는 학술지 게재를 위해 글쓰기 실력을 키우려는 관심에서 시작되었고, 보다 최근에는 학술적 글쓰기뿐만 아니라 문학적 글쓰기 실력을 키우고 싶은 관심 속에 지속된 것이다. 좋은 질적 글쓰기는 거의 문학적 글쓰기에 가까우며, 내러티브 연구나 자문화기술지 같은 질적 접근은 많은 경우 잘 쓰인 창의적 논픽션으로 여겨진다(Ellis, 2014). 지난 몇 년간, 수차례의 하계 글쓰기 워크숍에 참석하여 존이 쓴 짧은 글을 발표하면서 학술적 글쓰기와 문학적 글쓰기를 연결할 수 있는지 알아보았다. 학술적 글쓰기라는 본업에 충실할 필요가 있지만, 또한 학술적 글 속에 대화를 나누는 형식 같은 픽션이나, 세부묘사와 잘 구성된 스토리라인이 들어간 논픽션을 넣고 싶다. 존의 질적 수업을 듣는 학생들은 존이 글쓰기를 강조하며, 때로 외부에서 편집자를 구하라고 제안하는 등, 아마도 질적 연구의 글쓰기에 지나치게 까다롭게 접근한다고 생각할 것이다. 존은 종종 잘 쓰인 픽션을 수업에 가져가서 학생들이 이를 공부하고, 세부적이고 풍부한 묘사를 통해 그들의 질적 연구보고서를 생동감 있게 만드는 데 도움이 되도록 한다.

여기에서는, 지난 25년간의 글쓰기를 통해 확장된, 존이 첫 방법론 책에서 논의했던 주제들을 살펴볼 것이다. 학술적인 질적 연구 글쓰기를 위해서 다음의 내용들을 참고할만한 규칙으로 제시한다.

주제에 관해 생각하기 위해 글쓰기

연구는 먼저 머릿속에 있는 생각을 끄집어내어 종이에 적는 것에서 시작한다. 좋은 연구는 자신의 아이디어를 다른 사람에게 말하는 것이 아니라, 일단 그 생각을 적어서 스스로와 다른 사람들이 검토해 볼 수 있도록 하는 데서 시작한다. 나탈리 골드버그(Natalie Goldberg, 1993)가 말했듯, "계속해서 손을 움직인다." 나아가, 글쓰기의 모든 단계에서 "최종 산물"을 예측해야 할 필요가 있다. 질적 연구라면 당연히 글로 쓰인 최종 연구보고서가 여기에 해당된다. 존은 "거꾸로 작업"을 하면서, 최종 보고서를 상상하고 나서 어떻게 이것을 만들어 갈지 생각하는 편이다. 초보 연구자들은 초고부터 완벽하게 깔끔한 글을 써야 한다고 믿는다. 스티븐 킹(Stephen King, 2000)은 초고를 쓸 때 생각하지 말고 빠르게 써 내려 가라고 제안한다. 잘 다듬어진 초고를 한 번에 써야 한다는 생각은 아마도 학술지에 실린 정돈된 글을 보고 느낀 생각일 것이다. 독자들은 배후의 이야기를 볼 수 없다. 학술지에 실리기까지 그 뒤에서는 여러 번의 초고와 수정본 작성, 그리고 무엇보다도 중요한, 전문적 편집인이나 저자의 신중하고 정밀한 검토가 있다. 생각을 하기 위한 글쓰기를 위해 우리는 다음의 과정을 제안한다.

- 생각을 다른 사람들에게 말하기보다는 글로 적는다.
- 초고를 신속하게 적어나간다. 이때는 완전한 문장이나 아이디어를 적는 것에 신경 쓰지 않는다. 만일 여러분이 우리의 초고를 본다면 여러 개의 진술문들이 생각의 흐름에 따라 느슨하게 엮여있는 모습을 보게 될 것이다.
- 일반적인 구조를 먼저 설계하고 나서, 큰 부분들이 서로 잘 어울리도록 이리저리 이동한 다음, 수정을 통해 최종본을 다듬는다. 경험이 부족한 연구자들은 너무 일찍 수정의 단계로 들어가며, 안타깝지만 내가 경험한 리뷰어들 대부분은 글의 큰 구조와 어떤 부분들이 이동될 필요가 있는지 같은 유용한 피드백을 제공하지 않은 채 단순한 "수정"만 제안한다.
- 늘 두세 개의 초고를 쓰고 지속적으로 아이디어를 고친다. 글을 최종적으로 마치고 나면, 친구나 동료에게 검토와 피드백을 부탁한다.

글쓰기 습관 기르기

연구자는 글 쓰는 습관을 들일 필요가 있다. 매일 같은 시간에, 같은 장소에서, 같은 글쓰기 도구(노란색 줄 친 노트나 컴퓨터, 만년필, 사전 등)를 사용한다. 습관을 들이려면 자신을 단련하고 자제력을 키워야 한다. 책상에 앉아서 처음부터 단숨에 5시간 동안 질적 보고서를 작성할 것을 기대하면 안 된다. 점차적으로 키워나간다. 보이스(Boice, 1990)가 제안하듯, 매일의 일상으로 만들어간다. 하루 중 자신에게 가장 잘 맞는 시간을 찾는다. 아침 일찍 글이 잘 써지는 것

같은가? 저녁이 더 잘 맞는가? 우리는 글을 쓰다가 마무리할 때는 다음 날 시작할 것을 적어두어서(또는 생각하거나 스케치해두어서), 다음 날이 되었을 때 무엇을 해야 할지 고민하지 않도록 한다. 어떤 이들은 편지를 쓴다든지, 일기를 쓴다든지 등의 준비운동을 권한다. 우리는 이런 준비운동을 하지 않는데, 왜냐하면 전날 마무리할 때 미리 다음 날 무얼 할지 기록해두기 때문에 바로 주제와 관련한 글쓰기에 들어갈 수 있어서다. 글쓰기를 위한 물리적인 환경을 조성하는 것도 중요하다. 우리의 경우에는 컴퓨터로 클래식 음악을 틀어서 편안한 분위기를 조성하고, 가장 좋아하는 책상에 앉아서, 고요한 분위기에서 작업을 한다.

생각을 단계별로 전개하기

지난 수년간 존은 질적 연구에서 큰 내러티브에 대한 타쉬스(Tarshis, 1982)의 접근법을 신뢰해왔다. 타쉬스의 조언에 따르면 우리의 연구는 네 종류의 생각으로 구성되었다고 볼 수 있다. 우선, **포괄적 생각**(*umbrella thoughts*)이 있는데, 이는 연구에서 전달하고자 하는 핵심 생각이다. 질적 연구에서 탐색하려는 하나의 현상에 대해 생각하는 게 도움이 된다. 궁극적으로, 논문을 통해 독자가 더 잘 이해하기를 바라는 하나의 생각은 무엇인가? 독자들이 질적 연구를 읽을 때 겪는 많은 어려움은 생각을 분산시키는 여러 개의 큰 주제들 속에서 연구자가 전달하려는 전반적인 메시지를 이해하지 못하는 것이다. 보건과학에서는 포괄적 생각을 보통 "핵심 메시지(take-home message)"라고 한다.

두 번째로, **큰 생각**(*big thoughts*)이 있다. 이것은 포괄적 생각을 강화하고, 명료화하고, 정교화시키는 생각들이다. 이 생각들은 질적 결과에서의 주요 테마가 될 수 있다. 세 번째는 **작은 생각**(*little thoughts*)인데, 큰 생각을 강화하는 역할을 한다. 문단이나 구문들에서 발견할 수 있는 작은 세부설명들이 여기에 속한다. 테마의 증거가 되는 코드가 여기 속할 수 있다. 마지막인 네 번째는 **주의를 끄는 생각**(*attention thoughts*)으로써, 독자들이 순조롭게 이해하도록 돕기 위해 생각을 조직화하여 표현하는 것이다. 질적 연구에서의 예를 보면, 결과 부분의 맨 처음에 나오는 테마에 대한 요약문이 여기 해당한다. 이 요약문은 독자가 이 장에서 어떤 것을 알게 되리라 기대할 수 있는지 보여준다. 위의 네 가지 생각이 모두 중요하지만, 나는 제한된 수의 포괄적 생각을 사용하려고 노력하고, 주의를 끄는 생각을 넣어서 연구자가 이끄는 방향으로 독자들이 잘 따라올 수 있게 신경쓴다. 주의를 끄는 생각을 할 때에는 스스로 "어떻게 하면 내가 전달하려는 논의를 독자들이 순조롭게 이해하도록 할 수 있을까?"라고 질문해볼 수 있다.

좋은 글의 원칙들을 사용하기

동사나 시제, 저자의 목소리, 짜임새 있는 글쓰기를 설명하는 좋은 문법 책이 시중에 많이 나와 있다. 다음은 우리가 글을 쓸 때 늘 명심하는 몇 가지 문법적인 사항이다.

- 동사: 수동태 대신 능동태로 바꾸려 노력한다. 이렇게 하면 누가 어떤 행동을 하는지 명확히 알 수 있다. 시제와 관련해서는

다양하게 사용이 가능하다. 현재형은 질적 연구에서 강력한 글쓰기를 보여주며, 과거형은 문헌리뷰나 과거 연구를 요약할 때 사용되고, 미래형은 프로포절이나 연구계획을 발표할 때 사용된다. 또한 한 문단 내에서 불필요한 시제의 변화가 생기지 않도록 주의한다. 그러면 독자들이 글을 읽는 도중에 생각의 흐름이 갑작스럽게 멈춰버리기 때문이다(American Psychological Association, 2010).

• 단어 사용: 우리는 구어적 표현이나 학술용어가 학문적 글쓰기에 어울리지 않는다고 생각하지만, 질적 테마를 보고하면서 참여자들의 언어와 그들이 세상을 보는 방식을 고스란히 전달하기 위해서 이런 표현이 사용될 수 있다. 일인칭 대명사는 질적 글쓰기에 문학적 요소를 더해주므로 사용이 가능하다. 일인칭 대명사는 연구자 자신이 해석의 주체임을 알리고 질적 연구가 매우 해석적인 연구임을 반영해준다.

• 수식어: 우리는 질적 보고서를 간결하고 간명하게 쓰는 걸 선호한다. 존은 자신의 글을 "간단명료"라고 부른다. 이 말은 글에서 불필요한 명제들, "…에 대한…"식의 표현, 그리고 쓸데없는 형용사나 부사 수식어 같은 "군더더기"(Ross-Larson, 1982)를 제거하는 것이다.

• 편견 제거: 질적 프로포절이나 보고서를 쓰기 전에, APA 매뉴얼을 참고하여서 편견이 포함된 언어 사용을 줄인다. 사람을 언급할 때에는 구체적으로 하며, 고정관념을 만들 수 있는 단어의 사용을 피한다. 연구의 참여자들을 정확하게 언급하는 서술적 용어를 사용하고, 젠더나 성적 경향, 인종이나 민족 정체성, 장

애, 연령 등은 허용되는 용어를 사용한다.

글을 잘 쓰기 위한 다른 전략들

위의 주제에 들어가지는 않지만 유용한 추가적 글쓰기 전략들이
있다.

- 필요시 컴퓨터를 다양하게 활용한다. Zotero나 EndNote, Refworks
  같은 서지 프로그램을 사용하면 연구의 참고문헌을 만들 때 도
  움이 된다(서지 프로그램 선택과 사용에 관해 도서관 사서의 도움을
  받을 수 있다). 디지털 기기에 녹음을 하고 프로그램이 이를 전사
  해주는 소프트웨어도 사용할 수 있다. 일부 소프트웨어를 사용
  하면 컴퓨터가 논문의 한 챕터나 아티클을 읽어주고 연구자는
  내용을 들으면서 수정을 할 수 있다.
- 잘 쓰인 질적 연구 아티클을 읽고 공부한다. 좋은 글을 읽을 때
  는 눈과 마음이 특정 구문에 멈춰 헤매지 않는다. 좋은 문학적
  요소는 질적 연구결과를 명확히 하고 설명을 상세하게 한다. 질
  적 연구를 가르치는 사람들은 잘 알려진 문학작품(예. 모비딕, 주
  홍글씨, 허영의 불꽃)을 과제로 부여해서 학생들이 읽도록 한다
  (Webb & Glesne, 1992). 질적 연구를 살펴보기 좋은 학술지로는
  *Qualitative Inquiry, Qualitative Research, Qualitative Health
  Research, Qualitative Family Research, Journal of Contemporary
  Ethnography* 등이 있다.
- 최종본에서 시작하여 거꾸로 작업한다. 자신이 쓰고 싶은 최종
  질적 보고서를 머릿속에 그려본다. 출판하고 싶은 학술지의 아

티클(여러분의 경우에는, 박사나 석사논문)을 분석해보고, 길이, 스타일, 어조, 표나 그림의 수 등을 적어둔다. 그리고 나서 최종원고를 상상해본다. 또한 각각의 초안을 마치 **최종본**처럼 마무리한다. 경험이 부족한 연구자들은 "초안"을 가지고 작업하는데, 이 상태로 독자에게 전달되는 경우가 많다. 자신의 "초안"을 가지고 작업할 때에는 항상 마치 이것이 최종본인 것처럼 생각하며, 리뷰어들에게 최상의 노력이 들어간 글을 제출한다. 나는 학생들이 나에게 "초안"을 제출하지 못하게 한다. 오직 "최종본"만 제출하도록 한다.

• 다른 사람에게 자신이 쓴 글을 읽고 내용, 스타일, 생각의 명료함을 평가해 달라고 부탁한다. 동료나 학술지 편집위원, 교내 라이팅 센터 강사 등이 이러한 역할에 적합하다.

요약

좋은 글을 쓰고 끊임없이 자신의 글을 다듬는 것은 질적 연구자가 되어 가는 과정이다. 최종 질적 보고서는 설득력 있고, 현실적이며, 독자들을 끌어당겨야 한다. 글을 잘 쓰기 위해서는 글쓰기에 관한 책을 읽어보는 게 좋다. 자신의 질적 연구 아이디어를 단순히 말로 얘기하지 말고 글로 적어서 공유한다. 매일 같은 시간, 같은 장소에서 같은 도구를 가지고 글 쓰는 습관을 기른다. 자신의 생각을 단계적으로 표현하고, 중심현상에 대한 하나의 큰 생각이 무엇인지 고려하며, 자신이 논의하는 주제들을 독자들이 잘 따라올 수 있도록 신경 써서 글을 쓴다. 문법을 고려하고, 사용하는 동사에 신경을 쓰며, 부수적인 수식어나 편견이 담긴 언어가 학술적 글쓰기에 스며들지 않도록 주의한다. 글 쓰는 데 도움이 되는 컴퓨터 도구의 활용을 고려하고, 좋은 문학작품과 이미 출판된 질적 연구를 읽어보고, 자신이 원하는 최종본에서 시작하여 거꾸로 작업해 나간다.

활동

유명한 소설을 하나 선택한다. 소설 속에서 아이디어가 어떤 단계로 펼쳐지는지 생각해보고 주제들의 흐름을 보여주는 개념도를 만들어본다. 저자가 어떻게 포괄적 생각과 독자를 인도하기 위해 주의를 끄는 생각을 사용하였는지 밝혀본다.

추가 자료

King, S. (2000). *On writing: A memoir of the craft.* New York: Scribner.

Wilkinson, A. M. (1991). *The scientist's handbook for writing papers and dissertations.* Englewood Cliffs, NJ: Prentice Hall.

Silvia, P. J. (2018). *How to write a lot: A practical guide to productive academic writing* (2nd ed.). Washington, DC: American Psychological Association.

25

질적 방식으로 글쓰기

스물다섯 번째 노하우

좋은 묘사와 일관성 있는 생각들, 직유, 그리고 짧은 인용문을 사용하여 질적 보고서를 쓰기

왜 중요한가?

좋은 질적 연구에는 독자를 연구에 끌어들이는 스토리라인이나 이야기가 있다. 세부묘사는 독자들을 끌어들인다. 일관성 있게 연결되어 흐르는 단락들 역시 그렇다. 직유와 같은 기법 또한 좋은 질적 글쓰기의 일부분인데, 왜냐하면 이를 통해 익숙지 않은 상황을 익숙한 상황에 연결시킬 수 있기 때문이다. 인용문(특히 짧은 인용문)은 질적 이야기에 생기를 불어넣고, 많은 단어로 길게 설명해야 하는 테마의 핵심을 잘 보여준다. 질적 연구에서 또 다른 중요한 부분은 성찰적인 글쓰기를 통해 연구자를 연구 속에 위치시키는 것이다(26

장). 요약하면, 질적 연구 글쓰기에는 몇 가지 전략들이 있으며, 이를 활용해야 한다.

심층묘사를 사용해 글쓰기

풍부한 묘사란, 관련된 많은 양의 세부 내용, 나아가 문화적 복잡성을 전달하는 것이다. 그러나 문화이론, 그리고 학문적 지식과의 직접적인 연결까지 보여준다면 이는 심층묘사가 된다(Stake, 2010, p. 49).

질적 연구에 세부적인 내용을 적는 것을 심층묘사(thick description)라고 부른다. 이는 장소, 사람, 그리고 사건에 대한 세부적인 내용을 제공하는 방식으로 글을 쓰는 것을 의미한다. 이 용어는 인류학자인 클리포드 기어츠(Clifford Geertz)의 에세이인 "심층묘사: 해석적 문화이론을 향하여(Thick Description: Toward an Interpretive Theory of Culture)"(Geertz, 1973)에서 나왔다. 질적 연구 책들에서는 어떻게 심층묘사를 할 것인지를 다루고 있으며, 이러한 논의들은 일반적으로 "얕은(표면적인 현상만을 기술하는: 역자 주)(thin)" 묘사와 심층묘사를 비교한 것들이다. 심층묘사의 예를 통해서 어떻게 저자들이 기술하였는지 볼 수 있다.

세부묘사가 들어가는 부분들

세부묘사는 질적 연구의 많은 부분에 들어가는데, 특히 "결과"의 처음 단락에서 연구 맥락을 설명할 때 중요하게 사용된다. 또한 테마를 설명할 때 세부묘사를 하면 논의에 현실감을 불어넣기 때문에 중요하다. 다음은 질적 연구에서 세부묘사를 할 수 있는 부분의 예다.

- 장소나 물리적 환경 묘사. 처음에는 현장을 둘러싼 바깥 부분을 묘사한 다음 점차 내부로 이동한다. 노숙인 쉼터에 있는 무료급 식소에 대한 존의 연구에서 이런 방식의 묘사가 사용되었다 (Miller, Creswell, & Olander, 1998).
- 음악이나 만화책 등에 대한 예술적인 묘사(밀하우저(Millhauser, 2007)의 "고양이와 쥐(Cat 'n' Mouse)"라 불리는 만화 묘사의 예)
- 맛에 대한 묘사(또는 시각, 청각, 미각, 후각, 촉각, 또는 균형감이나 온도, 고통 등의 다른 감각들)
- 활동의 묘사. 예를 들어, 청소년 학생들이 담배를 피우는 것에 대한 묘사(McVea, Harter, McEntarffer, & Creswell, 1999)
- 이동(동향)의 묘사. 예를 들어, 남아프리카에서 혼합연구 동향에 대한 평가(Creswell & Garrett, 2008)
- 넓은 것에서 좁은 것으로 가는 묘사. 예를 들어, "총기사건"에 대한 사례연구를 하면서 주변 지역의 설명에서 시작하여, 캠퍼스, 빌딩, 그리고 교실로 좁혀가는 묘사의 예(Asmussen & Creswell, 1995).
- 독자를 교육하기 위한 묘사. 예를 들어, 질적 보건 연구에서 중국 시골 지역에 사는 AIDS 감염 희생자에게 필요한 부분을 설명하는 예(Lu, Trout, Lu, & Creswell, 2005)

"심층"묘사의 예

"심층"묘사를 가장 잘 이해하려면, "얇은(thin)" 언어가 어떻게 "심층(thick)" 언어로 바뀌었는지를 보여주는 예, 그리고 질적 연구에서 "심층"묘사가 어떻게 사용되었는지의 예가 도움이 된다.

예시 #1. 얕은 묘사와 심층묘사

얕음: "나는 피아노 키보드를 익히는 데 어려움을 겪었다(Denzin, 1989, p. 95)."

심층: "피아노에 앉아서 화음을 만들어간다. 손이 키보드를 향해 움직이자 전체로서의 화음이 준비되었고, 이 영역은 그 과제와 관련된 장소로 보였다. … 서로 분리된 화음 A와 화음 B가 있다. … 화음 A를 만들어내려면 손을 단단히 오므려야 하고, B를 만들어내려면 손을 최대한 펼쳐서 확장해야 한다. … 초보자는 A에서 B로 매끈하게 이동하지 못한다(Sudnow, 1978, pp. 9-10)."

예시 #2. 활동과 장소묘사

"다니엘은 재료를 경험할 때, 설명보다는 미학적인 방식이 더 중요하다고 본다. 그는 전분이나 비누거품, 우유 통과 같이, 자신이 사용하는 많은 재료가 평범한 것들이라고 강조한다. "교사들로부터 충분한 신뢰를 받아야지만 이런 재료들을 학생들의 손에 쥐여줄 수 있어요. 그리고 학생들이 이 재료들을 가지고 노는 것을 잘 인내해야 합니다." … 교실 구석구석에는 다니엘의 수업에서 진행 중인 작업의 샘플들이 있다. 쟁반에 묻은 전분가루는 말라붙어 금이 가 있다. 양동이 안에는 우유 통으로 만든 물레바퀴가 있다. 바퀴가 돌면, 도르래가 감아 올려진다(Stake, 2010, p. 50에서 인용)."

이 구절에는 활동에 대한 묘사와 장소에 대한 물리적 묘사가 포함되어 있다.

예시 #3. 연대기적 묘사

"조지는 중고품 세일에서 고장난 시계를 하나 샀다. 주인은 18세기에 나온 수리 안내문 복사본을 공짜로 주었다. 조지는 오래된 시계의 내부를 뒤져보기 시작했다. 기계 수리공인 그는 톱니 비(比), 피스톤과 작은 톱니바퀴, 물리학, 그리고 물질의 강도를 알고 있었다. … 그는 손으로 타종바퀴의 낡은 톱니를 교체할 수 있었다. 시계를 거꾸로 눕힌다. 나사를 푼다. 삼목이나 호두나무 케이스에서 나사를 그냥 잡아 빼내야 할 수도 있다. 벽로 선반의 먼지로 인해 나삿니가 오래전에 나무 먼지로 변해버렸을 수 있기 때문이다. 시계의 뒤판을 보물상자 뚜껑처럼 들어 올린다. 팔이 긴 보석상용 램프를 가까이, 바로 어깨 뒤까지 당겨온다. 시커먼 황동을 살핀다. 먼지와 기름으로 진득해진 피니언 톱니바퀴가 보일 것이다. 두들기고, 구부리고, 땜을 한 금속의 파란색과 녹색과 자주색 물결무늬를 살핀다. 손가락을 시계 안으로 집어넣는다. 탈진바퀴(모든 부품이 완벽한 이름을 갖고 있다. 탈진바퀴는 기계의 끝으로, 에너지가 흘러나가고, 풀려나고, 시간과 박자를 맞추는 곳이다)에 코를 바싹 갖다 댄다. 금속에서 타닌 냄새가 간다. 기계장치에 새겨진 이름을 읽는다. '*Ezra Bloxham—1794; Geo. E. Tiggs—1832; Thos. Flatchbart—1912*' 시커매진 기계장치를 케이스에서 들어올려 암모니아수에 집어넣는다. 다시 건져 올린다. 코가 화끈거리고 눈물이 난다. 눈물 사이로 기계장

치가 별처럼 반짝이는 것이 보인다. 줄로 톱니를 간다. 끼움쇠테
를 두드린다. 태엽을 감는다. 시계를 고친다. 이름을 써 넣는다
(Harding, 2009, pp. 14-15)."

이 구문은 폴 하딩(Paul Harding)의 퓰리처 수상작인 **팅커스**(Tinkers,
2009)의 일부이다. 이 글에는 시계를 수리하는 단계가 연대기적으로
포함되어 있고, 기록물을 사용하여 깊이를 더하며, 독자들이 잘 모
를 수 있는 작업에 대한 가르쳐준다.

예시 #4. 세부묘사의 혼합

"뉴욕 생활에 대한 한 가지는 당신이 어디에 있든 늘 이웃이
변한다는 점이다. 이태리 거주지역은 세네갈 거주지가 된다. 역
사적인 미국 흑인들의 긴 통로는 백인 전문직 종사자들이 모여
드는 인기 장소가 된다. 액센트와 리듬이 변한다. 향신료나 채식
의 냄새가 난다. 변화는 때로는 부드럽게, 때로는 순탄치 않게
진행된다. 하지만 남아있는 사람들 사이에서는 한때 자기 자신
처럼 생각했던 이웃에게 어떤 일이 일어났는지 하는 궁금함에
상실감이 감돈다(Leland, 2011)."

이 구문은 2011년 뉴욕타임즈에 실린 존 르랜드(John Leland)의 글
인 "줄어드는 생존자 집단(A Community of Survivors Dwindles)"의
일부분이다. 이 글에는 지리적 공간, 음악, 냄새, 기하학적 구조, 그
리고 감정에 대한 묘사가 잘 나타나 있다.

일관성 있는 글쓰기

"'많은 비평가들은,' 보네거트는 아마 이렇게 퉁명스럽게 말했을 것이다, '내가 멍청하다고 생각하겠죠. 왜냐하면 내가 쓴 많은 문장들이 아주 단순하고, 아주 직접적이니까. 비평가들은 이런게 결점이라고 생각합니다. 아니에요. 중요한 것은 자신이 아는만큼을 가능한 한 빨리 쓰는 것입니다(Buckley, 2011).'"

여러분은 쉽게 읽히고 흐름이 매끈하게 이어져서 빠르게 끝까지 읽었던 학술지 아티클이나 연구보고서를 본 적이 있을 것이다. 만일 있다면, 이는 저자가 글의 요소들을 주의 깊게 연결하고, 생각들을 서로 잘 뒷받침했기 때문이다. 글을 일관성 있게 쓸 경우 모든 부분들이 짜임새 있게 연결되어 전체적으로 논리를 갖춘다. 연구자도 동일한 방식으로 보고서를 써야 한다. 즉 일관성 있게 글을 쓸 필요가 있다.

일관성을 갖춘 글의 예

일관성이 있다는 것은 글이 매끈하게 이어지고, 하나의 생각에서 다음 생각으로 자연스럽게 흘러가는 것을 의미한다. 독자들은 생각들 사이의 괴리를 느낄 수 없고, 글은 별다른 노력을 하지 않아도 잘 읽힌다. 윌킨슨(Wilkinson, 1991)은 "일관성이란 단어들을 배열해서 문장을 만들고, 문장을 구문으로 만드는 것을 반복하면서, 전체적으로 조리 있고 논리적인 생각의 흐름을 만들어 가는 것"(p. 66)이라고 하였다. 어떻게 하면 작가가 일관되게 글을 쓸 수 있을까? 윌킨

슨은 단어나 문구를 전환할 때 "접속사"를 사용하면 **외부적으로** "연결된 느낌"을 가져오는 데 도움이 된다고 하였다. 또한 문장 하나하나를 이전의 문장과 분명하게 연결하여 **내부적인 연결**을 만들라고 하였다. 글을 쓸 때에는 다음을 고려한다.

- 문장들을 연결한다 — 핵심적인 단어, 문구, 동의어를 사용.
- 문단을 연결한다 — 문단의 처음과 마지막 문장을 연결.
- 전환을 위한 문구나 단어를 사용한다 — **그러므로, 더욱이, 따라서, 결과적으로, 반면에, 그럼에도 불구하고** 등.
- 내러티브에 전반적인 논리를 갖춘다.

그림 25.1은 "훅단추 기법(hook-and-eye exercise)"이라 불리는 글쓰기 방식의 예다. 이 접근법은 윌킨스(Wilkinson, 1991)에 의해 처음 소개된 것으로, 존의 책(Creswell & Creswell, 2018)의 글쓰기 전략 부분에 이 내용을 포함했었다. 그림 25.1을 자세히 보면, 이 질적 구문이 매우 일관성 있게 쓰인 것을 알 수 있다. 저자는 "학생들"에 초점을 유지한 채 훅단추 기법을 사용하여 각 문장에 포함된 **학생**이나 **학생들**의 동의어를 서로 이어준다. 따라서 독자는 글 속에서 학생들이라는 중심줄기를 따라가게 된다. 각각의 문단 역시 "학생들"에 초점을 유지한 채 서로 이어져 있다. 저자는 의도적으로 각 문장과 문단에 **학생들**이라는 단어를 포함하였고 이로써 글 전체의 일관성을 제공하는데, 이는 좋은 글쓰기의 예다.

그림 25.1 훅단추 기법을 사용한 일관성 있는 글쓰기의 예

그들은 교실 뒤쪽에 앉아있었다. 원해서가 아니라 자신들에게 지정된 장소였기 때문이다. 대부분의 교실에는 보이지 않는 장벽이 존재하며, 공간을 나누고 학생들을 분리시킨다. 교실 앞쪽에는 "모범 학생들"이 있는데, 지목받으면 당장이라도 손을 번쩍 치켜들 준비 태세를 갖추고 있다. 운동부 학생들과 그들을 따르는 무리들은 교실 가운데를 차지하고 있는데, 마치 교육이라는 덫에 걸린 거대한 곤충처럼 구부정하게 앉아있다. 스스로에 대해, 그리고 교실 안에서 자신들의 위치에 대해 확신이 부족한 학생들은 교실 뒤쪽이나 가장자리에 앉는다.

다른 그룹에 앉아있는 학생들은 다양한 이유로 인해 미국 공교육 시스템에서 성공하지 못하는 부류다. 그들은 늘 학생 집단의 일부를 차지해왔다. 과거에 그들은 빈곤층의, 성취도가 낮은, 발달이 더딘, 불우한, 뒤처진 등의 다양한 수식어로 불려왔다(Cuban, 1989; Presselsen, 1988). 요즘은 그들을 위험에 처한 학생들이라고 부른다. 그들의 외양은 변하고 있고, 도시에서 그들의 숫자는 늘어나고 있다(Hodgkinson, 1985).

지난 8년간 교육에서의 탁월함과 위험에 처한 학생들에 대한 전례 없이 많은 양의 연구가 있어 왔다. 1983년에는, 정부가 국가적 위기 A National At-Risk라 이름 붙인 문서를 발간하였는데, 여기에서 미국 교육시스템의 문제들을 밝히고 대대적 개혁을 요구하였다.

일관성이 좀 더 필요한 내러티브의 예

다음의 예에서는 논의를 전개할 때 일관성이 부족하다.

건강관리 분야의 복잡한 현상은 다면적 접근을 통해 이해와 통찰을 가져와야 한다(Andrew & Halcomb, 2006). 양적 방법은 일반화를 위한 결과를 얻는 것이 목적이며 보건과학에서 오랜 기간 사용되어 왔는데, 반면 질적 연구의 핵심은 복잡하고 역동적인 현상을 탐구하고 이해하는 것이다. 보건과학 방법론은 다양해져야 하며 탐구하려는 문제에 적합한 것이 선택되어야 한다. 만일 연구의 목적이 연구하려는 공동체

를 풍부하게 이해하는 것이라면, 질적이나 양적 접근 모두 단독으로는 부족하다(Baum, 1995). 그러므로, 보건과학 연구자는 복잡하고, 여러 학문분야에 걸친 연구 문제를 다루기 위한 연구 방법을 적용할 필요가 있다. 혼합연구방법은 이러한 접근으로써, 양적과 질적 연구의 장점을 합한 것이다(박사논문의 서론. 완칭 장(Wanqing Zhang), "Mixed Methods Embedded Design in Medical Education, Mental Health, and Health Services Research: A Methodological Analysis", University of Nebraska-Lincoln, December 2011).

위 예에서는 구문을 이어주는 용어가 "그러므로" 하나밖에 없다. 또한 생각이 잘 연결되는지를 고려하며 위의 예를 살펴보자. 어떤 생각들이 연결되고 있는가? 마지막으로, 이 문단은 주제와 주제 사이를 이리저리 건너뛴다. 일관성 있게 글을 수정하려면 먼저, 주제 문장을 포함한 큰 생각을 정하고, 큰 생각 아래에 작은 생각들을 기술하도록 한다.

직유를 사용하여 글쓰기

많은 작가들이 직유법을 사용하여 생각을 전달한다. 질적 연구에도 이 방법이 가능하다. 직유란 **~처럼**이나 **~와 같이** 등의 단어를 사용하여 두 가지 개념을 빗대어 표현하는 것이다. 직유는 은유나 유추와는 구별된다. 은유는 ~처럼 같은 단어를 사용하지 않으면서 여전히 두 개념을 비유하는 것이고("이 방은 냉장고다"), 유추는 한 가지를 다른 것과 비교하면서 논리적인 추론을 해 나가는 방식이다. 다음은 직유의 예다.

아이들이 떠난 집처럼, 질적 연구의 전반적인 내용을 다루는 책에 서부터 분야별로 구체화된 책까지의 질적 방법의 분열은 질적 방법 이라는 분야 내에서의 이탈과 잔류의 양면을 보여준다(Creswell, 2009).

인용을 사용하여 글쓰기

좋은 글을 위한 또 하나의 방법은 연구결과에서 테마의 증거로 인용을 사용하는 것이다. 인용하는 것은 쉽지 않으며, 짧거나 중간 길이, 혹은 긴 인용문을 사용할지 고려해야 한다.

우리의 경우, 대부분의 질적 연구에서 몇 개의 단어나 문구로 된 짧은 인용문을 사용해왔다. 21장에서 언급했듯, 우리는 질적 자료분 석 소프트웨어를 활용하는데, 자료를 분석하다가 인용하고 싶은 부 분을 찾으면, 여기에 "인용"이라는 코드를 붙여둔다. 짧은 인용문들 은 지면을 그다지 많이 차지하지 않으며, 테마의 증거로 사용되기에 충분하다. 인용하기에 적절한 자료가 무엇인지는 보는 관점에 따라 다르겠지만, 우리는 테마의 핵심 생각을 몇 단어로 표현해주는 문구 를 찾아서 여기에 "인용"이라는 코드를 붙여둔다.

문장이나 단락 전체를 테마의 증거로 인용하는 것은 더 어렵다. 지면을 많이 차지하기 때문에 학술지에 게재하려면 원고 분량이 문 제가 될 수 있다. 박사나 석사논문의 경우, 안 그래도 긴 논문이 인용문 때문에 더 길어질 수가 있다. 무엇보다, 중간 길이나 긴 인용문의 경우, 독자들이 읽으면서 초점을 어디에 두어야 할지 모를 수 있다. 이런 경우에는 독자들의 관심을 끌 수 있는 단어를 사용하여 독자들을 인용문의 시작 부분으로 이끌고("이 부분이 살펴볼 부분입니다. …"), 이후에 다시 독자들을 인용문 밖으로 이끌어야 한다("여기까지가 중요한 부분이었습니다. …"). 긴 문단에는 많은 아이디어가 포함되기 때문에, 이렇게 글로써 독자를 안내하는 것이 매우 중요하다.

다음은 조한나가 저소득 학생들의 사회와 정서적 학습과 트라우마에 대한 논문을 쓰면서 짧은 인용, 그리고 독자를 인용문의 시작과 끝으로 이끄는 표현을 적절히 활용한 예다.

전체적으로, *트라우마는 학교에 영향을 미치는 것으로 이해되었다*: "일부 학생들이요. 그러니까… 그 애들이 말썽을 피우고, 자리에 앉아있질 않는다는 걸 알 수 있어요. 그냥 여기저기에 다 있어요," 또는 "그 아이들은 학업에 집중하는 것을 어려워합니다." 많은 학생들은 트라우마와 관련된 자신들의 경험과 *학교에 집중하기 어려움*에 대해 이야기했다. "이전 학교에 다닐 때, (제주 양육자에게) 치매가 시작되어서 제가 집중하기 어려웠고, 공부하기도 어려웠고, 아무것도 하기가 어려웠어요. 저는 선생님을 존경하지 않았고, 물건을 던지고, 사람들을 때렸습니다." 또 다른 학생은 자기 엄마에게 매를 맞는 바람에 학업에 집중하기 어려워하는 자신의 친구 이야기를 해줬다. "그 애에게 어떤 일이 벌어지든, 매 맞는 문제로 이어졌어요. 내 친구가 생각할 수 있는 건 그저 자신에게 무슨 일이 벌어졌는가였어요." 다른 학생들은 자신이 사랑하던 사람의 죽음 이후에 학업에 집중하기 어려워졌음을 이야기했다. "저는 진짜 끔찍하게 슬펐어요. 학교에 있었는데, 아무것도 할 수 없었어요." 한 학생은 "아마도 등교 전 아침에 어떤 일이 벌어졌고, 그래서 하루 종일 그 생각만 하게 되는" 것을 떠올렸다(Báez, 2015, p. 68).

요약

글쓰기 전통을 활용하면 좋은 질적 보고서를 쓰는 데 도움이 된다. 질적 연구는 세부묘사를 통해서 장소, 감정, 예술적인 표현, 감각, 활동, 동향을 전달하며, 독자를 교육시키고, 독자들을 넓은 관점에서 점점 세부적인 초점으로 이끈다. 자세하고 "심층적인" 묘사는 연구에 현실감을 불어넣는다. 일관성 있게 글을 쓰면 동작의 진행을 부드럽게 하는 데 도움이 된다. 문장들뿐만 아니라 전체적인 구문을 일관성 있게 연결할 필요가 있다. 직유는 ~**처럼**이나 ~**와 같이** 등의 단어를 사용하여 독자가 두 가지 개념을 비교할 수 있게 해준다. 마지막으로, 짧은 인용문을 통해 테마의 핵심 아이디어를 몇 단어로 나타내고, 테마문의 증거로 활용하는 것이 중요하다.

활동

질적 학술지 아티클 하나를 정하고 테마문을 하나 고른다. "훅단추(hook-and -eye)" 기법을 사용하여 문장들을 연결한다. 연결이 되는 단어들을 찾을 수 있는지 살펴본다. 다음으로, 그 문단이 특정 단어로 연결되는지 살펴본다. 이런 방식으로 테마문의 전반적인 일관성을 판단해본다.

추가 자료

Wolcott, H. F. (1990). *Writing up qualitative research* (3rd ed.). Newbury Park, CA: Sage.

Meloy, J. M. (2002). *Writing the qualitative dissertation: Understanding by doing* (2nd ed.). Mahwah, NJ: Lawrence Erlbaum.

Richardson, L. (1990). *Writing strategies: Reaching diverse audiences.* Newbury Park, CA: Sage.

26

성찰적 글쓰기

질적 보고서에 성찰을 기술하기

왜 중요한가?

독자들은 우리에 대해 알 권리가 있다. 그리고 독자들이 알고 싶은 것은 우리가 고등학교 때 밴드부 활동을 했는가가 아니다. 그들이 궁금한 것은 우리가 탐구하고 있는 주제에 대한 관심이 어디에서 나왔으며, 누구를 대상으로 글을 썼으며, 우리가 연구로부터 개인적으로 얻는 것은 무엇인가에 대한 것이다(Wolcott, 2010, p. 36).

성찰은 연구자가 자신의 배경은 어떠하며, 이것이 자신의 해석에 어떻게 영향을 미치는지, 참여자들은 연구를 어떻게 경험하게 될지, 독자들은 연구에 대해 어떤 반응을 할지에 대한 스스로의 이해를 높이는 것이다. 이것은 질적 연구 속에 "자신을 위치시키는" 행위이며, 좋은 질적 연구의 핵심적인 부분이다. 막상 질적 연구를 읽어보면, 성찰 부분이 모호하게 쓰인 것 투성이인데, 이는 주로 저자들이 성찰의 의미를 이해하지 못하거나, 연구에서의 중요성을 모르거나, 어느 부분에 써야 할지 모르거나, 어떤 형식으로 써야 할지 몰라서다. 또한 성찰을 쓰는 것 자체가 도전과제인데, 어떤 연구자들은 자신에 대해 기술하는 것에 익숙지 않다. 이들은 수년간 연구에서 자신을 배제해 왔으며, 이러한 방식은 양적 연구에 의해 강화되어 왔다. 더욱이, 질적 연구에서 탐구하는 주제들은 주로 민감한 성격의 것이 많고, 아마도 연구자들은 개인적인 정보를 공개하고 싶지 않을 수 있다.

요즘의 질적 연구자들은 글을 쓸 때 훨씬 더 자기 개방적이다. 무대 뒤에서 거리를 둔 채 전지전능한 모습을 보이는 질적 연구자는 더 이상 받아들여지지 않는다. 리차드슨과 생 피에르(Richardson & St. Pierre, 2005)가 말하듯, 연구자들은 "마치 육체와 분리된 전지전능한 목소리로 보편적이며 일반적인 지식을 주장하는 신처럼 행동하려 노력할 필요가 없다"(p. 961). 포스트모던 사상가들은 전지전능한 이야기를 "해체"한다. 그리고 텍스트란 저자의 숨겨진 생각들과 저자의 인생 속에서 만들어진 맥락을 참고하지 않고서는 이해할 수 없는 논란의 여지가 많은 영역이라고 주장한다(Agger, 1991). 덴진(Denzin, 1989) 역시 그의 "해석적" 접근으로의 자전적 글쓰기에서 비슷한 주제를 옹호한다. 오늘날의 질적 연구자들은 질적 글쓰기란 저자, 연구 참여자, 그리고 독자와 분리될 수 없음을 인정한다.

성찰이란 무엇인가?

좋은 질적 연구에서 연구자는 자신이 연구에 미칠 수 있는 편견, 가치, 경험에 대해, 그리고 연구가 참여자나 독자에게 어떤 영향을 미칠 수 있을지에 대해 기술해야 한다. 자신의 경험을 적는 것과 관련하여 연구자는 두 가지 사항을 전달해야 한다. 우선, 탐구하려는 현상과 관련된 자신의 경험을 이야기한다. 일이나 학교생활, 가족 간 역동 등을 통한 과거의 경험을 전달한다. 두 번째 부분은, 이러한 과거 경험들이 연구 현상을 해석하는 데 어떠한 영향을 주었는지 논의한다. 이 두 번째 사항은 종종 간과되거나 생략되는데, 실제로는 이 부분이 성찰에 핵심이다. 왜냐하면 현상과 관련된 자신의 경험을 설명하는 것뿐만 아니라, 이 경험이 잠재적으로 연구의 결과, 결론, 그리고 해석에 미치는 영향을 스스로 인식하고 있다는 것을 의미하기 때문이다.

연구자를 위한 성찰

우리의 글에는 문화, 사회, 젠더, 계급, 그리고 인간관계 패턴 등에 기반한 자신의 해석이 반영된다. 모든 글은 특정 입장과 위치에서 쓰인다. 질적 연구자는 이러한 해석을 받아들이고 열린 자세로 글을 써야 한다. 리차드슨(Richardson, 1994)에 의하면, 훌륭한 글쓰기는 언어의 "비결정성(undecidability; 자크 데리다(Jacques Derrida)가 해체론에서 그 어느 단어도 고정된 의미를 가질 수 없다는 의미로 언급: 역주)"을 인정한다. 모든 글에는 "서브텍스트(subtext, 글로 표현되지 않은 생각, 느낌, 판단 등의 내용: 역주)"가 포함되는데, 이는 그 글이 특정한 역사적 시대, 시간, 장소에 "위치한다"는 의미다. 이러한 관점에서는, 어떠한 글도 다른 글에 대해 "특권적 지위"(Richardson, 1994)나 우월성을 갖지 않는다. 실로, 글이란 함께 구성하는 것으로써, 연구자와 참여자 사이의 해석적 과정을 표현하는 것이다(Gilgun, 2005).

웨이스와 화인(Weis & Fine, 2000)은 질적 글쓰기에서 "'책임감 있게 재현하려면 어떻게 해야 하는가?'란 질문과 관련하여 비판적 관점에서 자기성찰"에 대해 논의했다. 질적 연구자는 다음의 핵심 질문들을 성찰해봐야 한다(p. 33).

- 나는 사람들이 말한 것에 대해 써야 하는가, 아니면 사람들이 가끔씩 기억하지 못하거나 또는 기억하지 않기로 선택한다는 점을 인정해야 하는가?
- 보고서에 기술할 필요가 있는 내 정치적 입장은 무엇인가?
- 내 글은 참여자들의 목소리와 이야기를 그들이 처해있는 역사적, 구조적, 그리고 경제적 상황들과 연결시키는가?
- 참여자들의 말을 어디까지 이론화시켜야 하는가?
- 나의 언어가 진보와 보수, 그리고 억압된 사회적 정치세력에 어떻게 사용될 수 있는지 고려하였는가?
- 수동태를 쓰면서 해석에 대한 연구자로서의 책임을 회피하였는가?
- 나의 분석과 글은 일반적 상식이나 주도적인 담론에 어느 정도 대안을 제시하는가?

참여자를 위한 성찰

질적 글쓰기가 참여자에게 미치는 영향에 대한 우려가 높아지고
있다. 참여자들은 연구결과를 어떻게 볼 것인가? 그 글 때문에 참여
자들이 소외될 것인가? 감정이 상하게 될 것인가? 그들의 본심과 관
점을 숨길 것인가? 참여자들은 자료를 검토하였고, 연구자의 해석에
도전하고, 반대의견을 표명했는가(Weis & Fine, 2000)? 만일 연구자
가 자연과학연구에서처럼 객관적으로 글을 쓴다면, 참여자들의 목
소리뿐만 아니라, 연구자 자신의 목소리를 침묵하게 만들 것이다
(Czarniawska, 2004). 길건(Gilgun, 2005)은 이러한 침묵이 모든 목소
리와 관점을 듣고자 하는 질적 연구에 모순된다고 지적하였다. 이런
이유로, 연구자는 글이 독자에게 미치는 영향을 고려하고, 또한 잠
재적 영향을 인지해야 한다.

독자를 위한 성찰

글은 독자에게 영향을 미치며, 독자들은 글을 읽으면서 저자나 참
여자와는 전혀 다르게 해석을 내릴 수 있다. 연구자는 특정 사람들
이 최종 보고서를 볼 것이라는 점을 걱정해야 하는가? 사건에 대해
궁극적인 결론을 낼 수 있는 것은 독자인데, 연구자가 어떤 형태로
든 최종적인 결론을 낼 수 있는가? 글쓰기는 어떻게 보면 공연과 같
으며, 일반적인 질적 연구에서의 글쓰기 방식은 텍스트의 한 면을
분할해서 여러 관점을 보여주는 글을 쓰거나 연극, 시, 사진, 음악,
콜라지, 그림, 조작, 퀼팅, 스테인드 글라스, 춤 등 다양한 방식으로

확장되고 있다(Gilgun, 2005). 언어로 무언가를 표현하려는 순간 그
것의 "생명력을 없애"버릴 수 있으며, 질적 연구자는 무언가를 진짜
로 "말한다"는 것이 불가능함을 이해해야 한다(van Maanen, 2006).

어떻게 성찰적 글쓰기를 촉진할까?

질적 연구 과정에서 어떻게 성찰적 글쓰기를 장려할 수 있을까?
(프로스트(Probst)와의 개인적 대화, 2013. 6.) 연구가 진행됨에 따라, 연
구자는 경험하고 있는 것에 대해서 성찰적 기록을 해두어야 한다.
여기에는 자료수집과정에서 관찰한 것이나 찾고 있는 것에 대한 예
감, 연구자의 관찰로 인해 연구 현장이 방해되거나 또는 그렇지 않
은 것들에 대한 고민들, 그리고 자료수집이나 보고서를 작성할 때의
참여자들의 반응 등이 포함될 수 있다. 성찰적 메모는 연구 과정 내
내 작성한다. 질적 소프트웨어 프로그램을 사용할 경우, 작성한 메
모를 쉽게 테마나 코드 같은 부분에 첨부할 수 있다.

자신이 충분히 성찰했다는 것을 어떻게 알 수 있을까?(프로스트
(Probst)와의 개인적 대화, 2013. 6.) 대답하기 쉽지 않은 질문이다. 아
마도 연구를 진행하면서 개인적인 관여를 성찰한 것과(예를 들어, 자
신의 배경과 그 배경은 자료의 해석에 어떤 영향을 미치는지), 독자에게 미
칠 수 있는 영향과, 참여자들이 연구에 어떻게 반응하는지를 모두
기록해 두면 충분할 듯하다. 각각의 세 영역에 대해 **무언가를 잘 기
술해 두었다면**, 연구에서 성찰이 충분히 이루어졌다고 판단할 수 있
다. 물론, 연구에 과도한 성찰이 들어가는 바람에 저자의 개인적인
이야기들이 전반적인 연구의 이야기(탐구되는 주제, 자료, 결과, 해석)

를 가려버리는 경우도 발생한다. 연구자 개인에 과도하게 초점이 맞춰질 경우, 가장 중요한 중심이 참여자가 아니라 연구자가 되어버린다. 이는 과도한 성찰이라고 볼 수 있다.

연구의 어느 부분에 자신의 개인적 성찰을 적을까?

질적 연구자가 어떻게 성찰을 하는가와 더불어 개인적 성찰을 연구의 어디에 배치할지는 고려가 요구되는 지점이다(Probst, 2015). 성찰 글은 하나 또는 그 이상의 부분에서 기술될 수 있다. 다음은 몇 가지 주요한 배치 방식의 예다.

질적 연구의 처음(또는 마지막) 문단

현상학적인 질적 연구에서 개인의 이야기로부터 글을 시작하는 것은 자주 있는 일이다. 유사하게, 스테이크(Stake, 1995)가 말한 것처럼 사례연구의 시작을 "비네트(vignette, 특정한 사람, 상황 등을 분명히 보여주는 짤막한 글: 역주)로부터 할 수도 있다. 다음의 예는 저자가 어떻게 연구에 관심을 갖게 되었는지 자신의 배경을 드러내면서 글을 시작하는 예다. "간 이식수술 기다리기"(Brown, Sorrell, McClaren, & Creswell, 2006)의 논문에서 발췌했다.

이 연구는 불편함에서 비롯되었다. 저자 중 한 명(J.S.)은 정신과 의사로 중서부의 대형 이식 센터에서 말기 간 질환(ESLD) 환자를 평가하고 이들 중 간 이식수술 대상자를 선별하는 책임을 가지고 있다. 침묵 속에서 대기자 명단에 이름을 올리기를 반복하는 환자들의 목소리가 가끔씩 들려왔다. 때로 이것은 자신의 경험이 남들과는 다르다는 걸 알리려는 애원이었다. 더 자주 들린 것은, 임상적으로 우울증이라 말하는 영혼의 신음이었다. J.S.는 위안과 약물을 처방하였지만 말로 표현되거나 탐색되지 않은 채 남겨진 더 많은 것들이 궁금해지기 시작했다(p. 119).

이 사례에서, 선임 연구자는 연구에 관심을 갖게 된 배경을 언급하고 있으나, 우리는 환자를 향해서 동정심을 느끼는 연구자의 위치가 연구 접근 및 글쓰기에 어떻게 영향을 미쳤는가에 대해서 단지 짐작만을 해볼 수 있다.

개인적인 의견을 연구 전반에 걸쳐 표현

내러티브 연구에서는 종종 개인적이고 성찰적인 이야기를 연구의 여러 부분들에서 볼 수 있다. 개인적 성찰은 서론이나 문헌고찰, 연구방법, 결론(그리고 테마), 최종 논의 등에 포함될 수 있다. 몇 가지 예를 통해 이러한 성찰적 글쓰기를 살펴볼 수 있다.

안그로시노(Angrosino, 1994)의 질적 연구는 보니 리(Vonnie Lee)라는 정신지체장애인이 버스로 이동하면서 인생의 의미를 찾는 과정을 보여준다. 이 연구에서 안그로시노가 본인에 대해, 그리고 연구에서 그의 역할에 대해 어느 부분에서, 어떻게 이야기하는지를 읽는 것은 흥미롭다. 처음에 보니에 대해 이야기한 다음, 안그로시노는 그가 어떻게 보니를 만났는지, 처음 그와 한 대화는 무엇인지, 보니가 자신의 인생이야기를 회상할 때 안그로시노는 어떻게 협력했는지를 광범위하게 논의한다. 이러한 설명에서 멈추는 것이 아니라,

보니가 버스를 타고 이동하는 것을 돕는 과정에서의 자신의 역할을 기술한다. 동시에, 버스를 타고 이동할 때 자신이 본 보니의 행동에 대해 성찰을 한다. 보니에게 있어 버스의 의미가 무엇인지 설명한 다음, 안그로시노는 보니의 여행을 묘사하기 위한 은유적 틀과, 자신의 현장연구 경험과, 보니로부터 개인적으로 배운 것을 설명하면서 다시 한번 글 속에 자신을 등장시키며 연구를 마무리한다. 연구 과정의 관점에서 보면, 안그로시노는 연구자로서, 협력자로서, 보니의 행동을 해석하는 사람으로서의 자신의 역할과 관여를 연구 전체에 걸쳐 설명한다. 아쉬운 점은 그의 역할과 관여가 보니와의 일화들을 해석하는 데 어떻게 영향을 주었는지에 대해 독자들이 알 수 없다는 점이다. 그렇지만, 글을 읽으면서 안그로시노가 이러한 상황에서 배려심이 있고 지지적인 사람임을 느낄 수 있다.

또 다른 내러티브 연구는 저자인 엘리스(Ellis, 1993)가 비행기 사고로 남동생을 잃은 것에 대한 내용이다(이 연구는 우리가 가장 좋아하는 내러티브 연구 혹은 자문화기술지다). 처음에 엘리스는 자신을 작은 마을 출신으로 언급하고 자신의 가족에 대해 설명한다. 여기서, 나중에 사고로 죽게 되는 남동생을 설명한다. 실제 비행기 추락에 대한 문단에서 독자들은 엘리스가 구성한(그리고 재구성한) 대화를 읽으며 사고 이후 그녀의 감정상태를 알 수 있다. 그녀는 사건 발생 이후 벌어진, 시간의 흐름에 따른 사건들과 가족들의 반응 속으로 독자를 안내한다. 독자는 장례식에 참석한 엘리스와 그녀 가족의 반응을 알게 된다. 이 문단을 읽으면서, 우리는 엘리스 자신의 개인적 반응에 대해서 알 수 있다. 또한 장례식 이후 그녀의 꿈에 대해서도 알 수 있다. 아티클의 마지막에 그녀는 다시 자신을 등장시키고 이

이야기를 쓰는 것이 얼마나 "어려운 통과의례"(p. 725)였는지 논의한
다. 요약하면, 엘리스는 아티클의 여러 장면에 등장한다. 그녀의 성
찰은 아티클 전반에 흐르고, 독자는 그녀의 경험이 이 이야기를 쓰
는 데 미친 예측 가능한 감정적 반응들을 볼 수 있다.

연구자의 성찰을 방법론에 기술하기

성찰은 때로 "연구방법" 장에서 연구자의 역할이라는 소제목 아
래에 놓일 수 있다. 여기서 연구자는 연구 과정에서의 자신의 역할
과 자신의 배경에 대해 기술한다. 다음은 방법론에 있는 성찰의 예
시들이다.

AIDS에 감염된 개인들이 자신들의 질병을 어떻게 보는가에 대한
연구에서 앤더슨과 스펜서(Anderson & Spencer, 2002)는 이렇게 기
술한다.

> HIV/AIDS에 감염된 사람들의 치료자이자 연구자로서, 우리들은
> 인터뷰를 진행할 때 과거의 경험들을 인지하고 그러한 생각을 잠시
> 멈추려고 노력할 필요가 있었다(경험에 대한 진술).

유년기의 성적 학대에 대처해가는 여성에 대한 연구에서 모로우
와 스미스(Morrow & Smith, 1995)는 이렇게 기술한다.

> 분석의 숭심 요소는 모로우(Morrow)의 개인적 성찰이었다. … 모로
> 우 자신의 주관적 경험을 기록하고, 암묵적 편견이나 가정을 검토하고,
> 나중에 분석하였다(연구자의 노트가 분석에 사용된 것에 대한 진술).

교육에서 유색인 노동자계급 가족 부모들의 역할에 대한 연구에서 아우어바흐(Auerbach, 2007, p. 257)는 이렇게 기술한다.

> 질적 연구에서는 연구자가 중요한 도구이므로, 부모와 교육자의 관점이 서로 다르다고 가정하는 나의 주관적 요인들을 검토하는 것이 핵심이 된다. 비록 나는 외부자의 입장에 있지만 … 사각지대도 있으나 … 어려움을 겪는 학생의 부모로서, 그리고 운동가로서의 나의 경험은 … 공통 분모를 제공하였다(이것은 저자의 개인적 경험과 그 경험이 해석에 어떻게 영향을 미쳤는지를 보여주는 좋은 예이다).

성찰을 따로 글 상자 속에 넣기

연구에서 성찰을 기록하는 일반적이지 않은 방법들도 있다. 한 가지는 질적 연구에 각주를 다는 것이다. 연구자는 각주에 자신의 위치, 해석, 그 밖의 자기성찰적 언급을 기록할 수 있다. 이렇게 하면, 본문의 흐름을 방해하지 않으면서도 독자들이 궁금해하는 추가 정보를 제공할 수 있다(프로스트(Probst)와의 개인적 대화, 2013, 6.).

또 다른 방법은 페이지를 둘로 나눠서 한쪽에는 연구결과를, 다른 한쪽에는 연구자의 성찰을 나란히 기록하는 것이다. 그 밖에도, 존은 캠퍼스 총기사건에 대한 한 연구에서, 에필로그(연구의 마지막에 쓰인 것)에 캠퍼스 총기소유자와 관련된 자신의 간접 경험을 다음과 같이 적었다.

> 우리가 이 연구에 관여하게 된 것은 뜻하지 않은 우연이었다. 연구자 중 한 명은 예전에 교정시설에서 근무하였고, 이 사례와 같이

총기소유자와 관련된 직접적 경험을 가지고 있었다. 또 다른 연구자는 아이오와 대학을 졸업하였기 때문에 1972년에 발생한 또 다른 폭력적 사건을 둘러싼 장소와 상황에 익숙하였다(p. 591).

존은 이러한 경험들이 캠퍼스의 반응, 그리고 두려움과 거부라는 심리적 반응을 관찰하는 데 영향을 미쳤다고 설명하였다. 따라서 이 에필로그에서는 성찰에서 중요한 두 가지 면을 모두 다뤘다. 즉, 개인적 경험을 이야기하였고, 이러한 경험이 캠퍼스 상황을 평가하는 것에 어떠한 영향을 미쳤는지 논의하였다. 우리는 참여자와 독자가 우리의 설명에 어떻게 영향을 받을지에 대해서는 추측하지 않았다. 그림 26.1은 존이 이 연구에서 성찰을 어떻게 기술하였는지를 반영한다. 먼저 연구와 관련된 자신의 개인적 경험, 그리고 그 경험이 결과 해석에 미치는 영향이라는 두 가지 중요한 부분이 언급된다. 그런 다음 방법과 관련된 에필로그에서 이 내용을 기술한다.

그림 26.1 질적 연구에서 성찰을 기술하는 방식

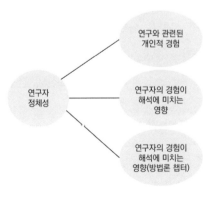

요약

성찰은 모든 질적 연구에 들어가야 한다. 성찰에는 연구 주제와 관련된 저자의 개인적 경험과 그 경험이 자료를 해석하는 데 어떻게 영향을 미쳤는지를 살펴보는 것이 포함된다. 연구자는 연구에서 자신의 역할을 성찰해야 한다. 또한 참여자와 잠재적 독자들에게 글쓰기가 어떤 영향을 미칠지에 민감할 필요가 있다. 연구를 하는 동안, 연구자는 성찰적 노트를 작성하고 나중에 연구에 첨부한다. 연구에 첨부할 때에는 처음이나 마지막에 기술하거나, 연구 전반에 걸쳐 기술하거나, 방법론에 기술하거나, 각주를 달거나, 에필로그로 추가할 수 있다.

활동

몇 개의 질적 연구 아티클에서 저자들이 성찰적 언급을 어떻게 하였는지 살펴본다. 대부분의 질적 연구에는 성찰이 포함되어 있을 것이다. 이를 기술하는 데 있어서 어떤 용어들을 사용하였는지, 그리고 연구의 어떤 부분에 성찰을 넣었는지 등에서는 아마도 차이가 있을 것이다.

추가 자료

질적 연구가 독자, 청중, 그리고 연구의 참여자들에게 미칠 수 있는 잠재적 영향에 대한 책

Weis, L., & Fine, M. (2000). *Speed bumps: A student- friendly guide to qualitative research*. New York: Teachers College Press.

질적 연구자가 어떻게 성찰을 실행하는지를 다룬 아티클

Probst, B. (2015). The eye regards itself: Benefits and challenges of reflexivity in qualitative social work research. *Social Work Research*, *39*(1), 37–48.

27

"결론" 챕터 쓰기

스물일곱 번째 노하우

질적 연구의 결론(또는 논의) 부분을 작성하기

왜 중요한가?

결론은 질적 연구의 마지막 부분이다. 때로 "논의"라고도 불린다. 결론은 연구결과를 통해 어떻게 연구질문에 답을 하였는가를 나타내므로, 연구에서 가장 중요한 부분이다. 결론에서는 연구에서 가장 중요한 측면에 독자의 주의를 모으며, 연구의 독특한 기여도를 전달한다. 또한 프로젝트의 마지막 단계로서, 다른 연구자나 현장 전문가들에게 후속 연구나 실행을 제시하기도 한다. 향후 연구를 위한 중요한 질문을 제기할 수도 있고, 프로젝트 과정에서 맞닥뜨린 한계나 다른 연구자들이 고려할만한 부분을 알려준다. 결론은 연구 실행 과정의 중요 부분을 모두 포함하여 쓰일 필요가 있다.

어떻게 질적 연구를 마무리하는가?

"당신은 결론을 내려야만 한다. 어떠한 선택들이 있겠는가?"라고 보그단과 비클렌(Bogdan & Biklen, 1998, p. 198)은 묻는다. 이러한 질문은 몇 년간 존의 머릿속에 맴돌았고, 1998년에 그 답변에 대해 생각하기 시작한 것 같다. 그 당시 존은 해리 월코트(Harry Wolcott)에게 캠퍼스 총기보유자 사건(Asmussen & Creswell, 1995)에 대한 다섯 가지 연구 접근 중 문화기술지적 결론 작성을 도와달라고 요청했었다. 이 연구는 고급 보건통계과학 수업에 등록한 43세의 대학원생이 한국전에서 사용된 빈티지 반자동 소총을 지닌 채 아직 수업 시작하기까지 몇 분 정도 남은 한 교실에 들어가서는 학생들을 겨냥해 소총을 발사하려 했던 사건에 대한 것이다. 다행히 소총은 막혀있었고, 그는 당황해서 건물 밖으로 달아났다. 존은 **질적 연구방법론: 다섯 가지 접근**(*Qualitative inquiry and Research Design: Choosing Among Five Traditions;* Creswell & Poth, 2018) 책에서 이 사례연구를 재구성하여 다섯 개의 연구로 "변환"함으로써 질적 연구의 여러 가지 접근법을 보여주었다(이 책의 30장에서는, 다른 시나리오를 사용하여 이와 동일한 "변환"을 보여준다). 해리 월코트는 이 사례에 대한 문화기술지적 묘사를 작성하는 데 도움을 주면서, 두 가지의 가능한 마무리를 제안했다. 그 하나는 월코트가 말한 '해피 엔딩'으로 잘 마무리하는 접근이다. 존은 사례연구를 재구성한 책에서 이 접근을 썼다.

자신에게 익숙한 곳에서 연구를 하는 민속학자는 익숙한 것을 낯설게 볼 수 있는 방법을 찾아야 한다. 당황스러운 사건은 사람들이 평상시에 하는 역할 행동을 쉽게 파악할 수 있게 해주는데, 왜냐하면 예측 불가능한 상황에서 예측할 수 있는 방식으로 반응하기 때문이다. 이러한 예측 가능한 패턴이 문화의 요소들이다(Creswell, 1998, p. 226).

반면 두 번째 버전에서는 좀 더 해석적인 특징을 전달하고 상황의 복잡성을 고려한다. 여기서는 예측가능성에서 불확실성으로 이동한다.

내가 말한 "사실"이나 가설들 중 일부는, 만일 내가 그 방향으로 분석을 수행했다면, 추가 검토가 필요했을 것이다(그리고 나는 이를 기꺼이 받아들일 것이다). 만일 내가 좀 더 해석하려 했다면, 결과에서 묘사된 일부 참여자와 만나 내가 제시한 설명이 적절한지 확인해 볼 수도 있고, 그들이 말하는 우려나 예외사항을 내 최종 결과에 포함시켜서, 실제 상황은 내가 그들을 재현해 놓은 것보다 더 복잡하다는 걸 제시할 수 있다(Creswell, 1998, pp. 226-227).

존은 이렇듯 서로 다른 글쓰기를 통해서 연구를 결론짓는 다양한 방식이 있다는 것을 배웠다. 여러 문헌을 보았지만 결론 부분의 글쓰기와 여기에 무엇을 포함해야 하는지에 대한 언급은 거의 찾지 못했다.

"결론" 부분에 무엇이 들어가야 하는가에 관한 관점들

아쉽게도, 질적 연구의 저자들은 "결론"이나 "논의" 부분에 어떤 내용이 들어가야 하는지에 대해서 그다지 관심을 두지 않아 왔다. 연구자들이 어떻게 결론을 내리며 어떤 선택이 가능한지에 대해서도 이야기하지 않는다. 질적 연구의 결론 쓰기에 대하여 내가 단편적으로 찾은 내용들은 다음과 같다.

- 결과의 요약(Mayan, 2001)
- 연구의 시사점에 대한 논의(Bogdan & Biklen, 1998)
- 추후 연구나 추가적 행동에 대한 요구(Bogdan & Biklen, 1998)
- 저자의 개인적 입장(가치, 스타일, 윤리)에 대한 언급(Hesse-Biber & Leavy, 2006; Weis & Fine, 2000)
- 연구의 한계(Marshall & Rossman, 2011)
- 특정한 질적 설계를 사용해서 나온 결과에 대한 결론(30장과 Creswell & Poth, 2018 참고)
- "글쓰기 유형"에 알맞은 정보(Hatch, 2002; Shank, 2006; van Maanen, 1988)
- 연구의 독특한 기여

이렇게 다양한 관점을 살펴보다 보니, 질적 연구의 결론 부분을 잘 쓰기 위한 요소가 무엇인가라는 하나의 전반적인 논의로 잘 통합되지 않은 점이 아쉬웠다. 이들 요소는 모두 중요하다.

결과의 요약

결과에서 연구자는 이미 코드와 테마를 자세히 설명했다. 결론에서는 이를 넘어서서 연구에서 발견된 주요 요소들을 요약해야 한다. 메이얀(Mayan, 2001)이 말했듯, "결론에서 연구자는 결과를 명확히 그리고 간명하게 요약해야만 한다"(p. 35). 연구질문에 대한 구체적인 답변을 제공하고, 연구질문을 다시 언급한 다음, 참여자들이 이 질문에 어떻게 답변했는지를(혹은 관찰한 내용, 문서나 이미지 등을 통해 얻은 답변을) 보여준다. 대안으로, 연구의 주요 테마를 요약하고 테마에 대한 일반적인 증거에 초점을 맞출 수 있는데, 이때 단순히 테마를 반복하는 게 아니라, 각각의 테마에 대한 전반적인 개요를 제공한다.

연구의 시사점

시사점은 때로 결과의 "해석"이라 불린다. 주로 요약이나 테마를 보다 넓은 문헌에 연결시키는데, 이 부분에서 인용과 참고문헌을 다시 사용한다. 시사점을 작성하려면 자신의 테마가 다른 연구자들의 결과와 비교하여 어떤 점에서 일치하거나 불일치한지를 스스로 물어볼 필요가 있다. 그런 다음 "왜" 이러한 일치나 불일치가 존재하는지 생각해본다. 연구의 결과를 기존 문헌에 근거하여 설명하는 이러한 접근은 양적 연구에서도 동일하게 찾아볼 수 있다.

추후 연구 제안

결론 부분에서는 현재의 연구결과를 바탕으로 추후 연구를 제안

하는 것이 일반적이다. 이것을 과소평가해서는 안 된다. 신진 연구
자들이 연구 주제를 찾을 때, 종종 이 부분을 살펴본다. 나는 결과에
서 보고한 테마를 기반으로 추후 연구방향의 가능성을 몇 가지 열거
한다. 제안을 할 때는 구체적으로 하며, 비슷한 추후 연구를 언급한
다른 연구자를 인용하기도 한다. 추후 연구는 새로운 실행방법을 개
발하거나, 기존 문헌에 추가하거나, 단순히 새로운 맥락에서 연구를
반복하는 것 등을 의미할 수 있다. 현재의 연구에서 사용된 연구방
법의 향상을 제안하기도 한다.

개인적인 관점에 대한 언급

질적 연구자가 연구기간에 형성한 개인적 해석은 결론에서 유용
한 정보가 될 수 있다. 이 점에서 질적 연구와 양적 연구의 차이가
난다. 26장에서 언급했듯, 연구의 어느 부분에서 연구자는 이미 자
신의 성찰을 기술했을지 모른다. 해석이란 개인적 가치, 신념, 윤리
등과 동떨어질 수 없으며, 포스트모던 연구자들이 말하듯 연구자 자
신의 입장과 연결되어 있다(Weis & Fine, 2000). 따라서 질적 연구에
서는 테마로부터 이끌어낸 의미와 질적 프로젝트의 전반적 결과에
대한 자신의 성찰을 표현하는 것이 가능하다.

한계

마셜과 로스만(Marshall & Rossman, 2011)은 질적 프로포절의 서론
에서 연구의 한계를 명시해야 한다고 말했는데, 일반적으로 결론에
서도 연구의 한계를 명시한다. 이때 연구의 잠재적인 한계를 인정하
는 것과 부실한 연구인 것처럼 과도하게 한계를 나열하는 것 사이에

서 균형을 잡아야 한다. 한계는 연구의 여러 양상과 관련될 수 있다.
방법에 관련된다든지(예. 표집, 참여자 수, 자료수집의 제한), 프로젝트
에 사용된 이론적 경향이나, 테마의 구체적 증거의 부족이나, 중심
현상을 이해하기 위해서 연구질문을 지속적으로 변경할 필요가 있
었음을 밝힐 수 있다. 그렇지만 일반화의 한계라든가 대규모 표집의
부족 등 양적 연구와 관련된 한계를 언급하는 것은 도움이 되지 않
는다. 연구자는 질적 연구의 목적과 강점이 양적 연구와는 다르다는
것을 기억해야 한다(1장 참고; Marshall & Rossman, 2011).

특정 연구설계에 따른 결론

30장에서 논의할 예정이지만, 특정 연구설계(가령 사례연구나 근거
이론)를 사용한 경우에는 결론 부분에서 차이가 난다. 예를 들어, 내
러티브 연구의 결론에서는 개인적 이야기를 하나로 엮어서 논의를
전개한다. 현상학적 연구에서는 참여자들이 현상을 어떻게 경험하는
가와 그 맥락에 대해 논의한다. 근거이론에서는 연구 과정에서 형성
된 이론적 모델을 도식으로 포함할 수 있다. 문화기술지에서는 문화
를 공유하는 집단 안에서 벌어지는 일이 기술될 수 있다. 사례연구
에서는 사례에 대한 묘사와 드러난 테마에 대한 요약이 포함된다.

글쓰기 유형에 따른 정보

마지막으로, 결론은 연구에서 사용되는 글쓰기 유형을 반영할 수
있다(Hatch, 2002; Shank, 2006; van Maanen, 1998). 다시 말해, 연구
의 결론은 프로젝트에 사용된 거시구조와 분리할 수 없다. 거시구조
란 9장에서 언급한 것으로, 질적 프로젝트를 어떻게 기술할지 결정

하는 틀이 된다. 벤 마넨(van Maanen, 1998)은 그의 책에서 질적 연구자들이 사용하는 연구 이야기의 종류(문화기술지 장르)를 설명하였다. 그가 설명한 문화기술지적 재현은 대중적으로 알려져 있으며 질적 결과를 전달하는 방식으로써 많이 인용되고 있다. 이 세 가지는, 현실주의적 이야기, 고백적 이야기, 그리고 인상주의적 이야기다. 그외에도 다른 종류가 있지만, 이 세 가지가 주요한 종류다(Shank, 2006). 현실주의적 이야기에서는 저자의 목소리가 감춰지고 부재하며, 일상의 세부묘사에 초점을 두고, 연구자가 아닌 참여자의 관점이 공유된다. 고백적 이야기는 매우 개인적이며, 연구자의 개인적 관점에 몰두해 있고, 설명이 정확하고 자연스럽다. 인상주의적 이야기에서 연구자는 독자를 극적인 상황으로 끌어들이고, 이야기하듯 글을 쓰며, 이야기의 등장인물들을 자세히 묘사하고, 이야기는 극적인 결론을 향해 움직인다(극적인 장치). 이러한 전반적인 이야기의 구조는 결론에서 초점을 참여자와 그들의 생각에 둘지, 연구자의 생각에 둘지, 또는 극적인 사건 해결을 요약하는 데 둘지에 영향을 미친다. 요약하면 글쓰기 유형은 연구의 마지막 문단에서 어떻게 이야기를 결론내는가에 영향을 미친다.

연구의 독특한 기여로 마무리하기

나는 늘 결론의 마지막 문장에서는 연구의 독특한 기여를 언급하라고 제안한다. 이렇게 하면 독자들이 연구를 통해 알게 된 것들을 다시 강조할 수 있다. 독자들이 아직 확실히 알지 못했다면, 이 시점에서 명확하게 하고 프로젝트의 독특한 기여를 알게 된다. 이렇게 하면 연구를 긍정적인 모습으로 마치게 된다. 연구의 처음 문장이 중요한 것처럼, 마지막 문장 역시 중요하다.

질적 연구를 마무리하는 두 가지 접근

위에서 언급한 모든 요소들이 질적 연구를 마무리하거나 결론 부분을 작성할 때 사용될 수 있다. 어떤 결론에서는 이런 요소들이 잘 드러나지 않기도 한다. 좀 더 과학적인 접근을 하는 연구에서는(9장에서 본 질적 프로젝트의 거시구조를 참고) 문학적 접근을 하는 연구보다는 이런 요소가 잘 드러난다. 출판된 학술지 아티클에 서술된 두 가지의 다른 결론을 살펴보면 구분하기 쉽다.

과학적 접근

처음 아티클은 질적 연구의 결론에 들어갈 수 있는 많은 요소를 포함한 예다. 이 아티클은 북부 우간다에서 21년간 지속된 내전으로 추방된 여성들의 재정착 경험을 이해하려는 연구다(Corbin, 2019). 다음은 이 연구의 마지막 부분을 자세히 살펴본 내용이다.

"결론과 제안"은 **연구질문**을 다시 언급하며 시작한다.

이 질적 연구는 21년 이상 지속된 군사 갈등과 내전의 결과로 인한 여성들의 사회적, 경제적, 문화적 역할과 책임감의 변화를 탐색하였다(p. 15).

그런 다음 저자는 **핵심 결과**를 요약한다.

여성들의 역할과 책임에 영향을 미친 사회적, 경제적, 문화적 측면을 각각 나누어 기술하였지만, 이 세 영역은 어쩔 수 없이 서로 강하게 연결되어 있다. 연구에서 가장 자주 언급된 변화는 (1) 가족을 위해 곡식을 경작하고 수입을 벌어야 하는 더 커진 여성들의 책임감, (2) 가족 부양책임에서 줄어든 남성들의 참여다. 남성들의 줄어든 참여에 대한 설명의 대부분은 남성들의 늘어난 음주와 전통적으로 인정되는 방식으로 결혼생활에 기여하는 것이 줄어든 탓에 있었다(p. 15).

다음으로 저자는 **핵심 결과를 문헌과 연결**한다.

가족 내 역할의 변화는 여성들을 토지 분쟁에 더 많이 노출시키는 결과를 가져왔다. 여성들은 일가친척 또는 그 동네에 새로 전입해 온 사람들과 땅 문제로 갈등을 겪어야 했고, 특히 내전 이후 전통적인 리더의 의사결정에 대한 신뢰가 약화된 것도 여기에 영향을 미쳤다(Hopwood, 2015)(p. 16).

저자는 여기에 **설명**을 추가한다.

이 연구는 또한 여성들이 혼자만의 노력을 보완하기 위해서 집단으로 함께 일하며 가족 부양을 위해 충분한 식량과 돈을 벌어야 하는 경제적인 도전과제에 대처하고 있음을 밝혔다(p. 16).

한계는 짧게 논의된다.

이 연구는 네 개의 마을에서 편의 표집 방식을 사용했기 때문에, 두 지역에 사는 여성들을 모두 반영하지 못할 수도 있는 한계를 가진다. 인터뷰 시 통역사가 있었기 때문에 아마도 자연스럽고 풍부한 여성들의 이야기가 포착되기 어려울 수 있다. 이 질적 연구의 목적은 여성들의 체험을 이해하기 위한 것이었다. 그러나 이 결과는 해당 맥락을 벗어나서는 일반화하기 어려울 수 있다(p. 17).

저자는 다음으로 **"제안"에서 실행을 위한 시사점**을 논의한다.

군사화된 분쟁으로 재정착한 참여자를 위한 프로그램을 개발하는 전문가들은 분쟁과 재정착이 여성들과 가족 구성원, 그리고 공동체에 미치는 영향을 그들의 관점에서 이해할 필요가 있다. 이 연구에서 드러난 여성들의 풍부한 이야기는 군사 갈등과 내전이 발발하기 전, 중간, 이후 여성들의 사회적, 경제적, 문화적 역할과 책임감의 변화를 이해할 때, 여성들의 경험이 남성과는 다르게 형성되므로, 젠더를 고려한 분석이 필요함을 보여준다.

마지막으로 저자는 **추후 연구**를 제안한다.

마지막으로, 추후 연구에서는 가정 내 여러 영역에서 남성들의 참여가 줄어든 것과 관련된 요인들을 보다 자세히 이해할 필요가 있다. 남성과 여성의 관계 모두에서 사회, 문화적 변화의 성격을 이해하는 것은 이들 여성들의 삶에 가장 많은 영향을 가져온 경제적 손실-생계유지 활동과 토지의 불안정에 기인한 줄어든 가계 소득-을 설명할 때 매우 중요해 보인다.

정리하면, 위의 아티클은 앞서 우리가 살펴본 "결론"에 들어가야 하는 요소들, 즉 연구질문, 핵심 결과, 실행을 위한 시사점, 추후 연구 제안을 포함한다.

문학적 접근

대조적으로, 두 번째 아티클은 이야기를 전개할 때 문학적 접근을 사용하였다. 존이 좋아하는 질적 연구 중 하나인 보니 리(Vonnie Lee)라는 지체장애인에 대한 안그로시노(Angrosino, 1994)의 연구다. 이 연구는 버스로 매일 이동하면서 삶의 의미를 찾는 보니 리의 이야기다. 안그로시노는 보니 리와 버스로 그의 직장까지 동행하면서 보니 리에게서 발견되는 일상적이고 반복적인 행동에서 통찰을 얻는다. 이를 통해 안그로시노는 보니 리를 "특별한" 참여자로 보는 데서 벗어나, 자신에게 필요한 것을 해결하기 위해서 공공문화(버스)의 요소를 사용하는 방법을 배운 "보통의" 사람으로 보게 된다.

"논의"는 안그로시노의 **연구 프로젝트**에 대한 소개로부터 시작한다.

보니 리의 자서전과 나와 그의 상호작용에 대한 이야기는 장기적 연구 프로젝트의 일부분이며, 방법론과 개념적 틀은 이전의 글에서 세세하게 묘사하였다(p. 23-24).

안그로시노는 장기 프로젝트에 어떻게 **문학이론**을 사용하게 되었는지, 그리고 연구 참여자를 설명하기 위해 수사적인 방법을 어떻게 사용하였는지에 대해 이야기한다.

그들은 명확히 정의된 사회적 역할을 그대로 받아들였고 … 그리고 그 역할들은 이들을 낙인찍히게 만드는 지배적인 비유가 되었다 (p. 24).

다음으로, 안그로시노는 **참여자**인 보니 리에 대해 구체적으로 이야기한다.

보니 리의 삶에 대한 주도적인 비유는 회상적인 내러티브에서 나온 것이 아니라 그가 현재 취하는 행동에서 나온다(p. 25).

그리고는, 보니 리의 이야기에 대한 **해석**을 한다.

보니 리의 이야기는 한 단계 더 나아간다. 이는 자전적 인터뷰를 현재 진행 중인 인생 경험의 맥락과 연결하는 것이 바람직함을 증명한다(p. 25).

다음에, 그는 **문헌**을 언급한다.

정신장애를 가진 사람들의 인생이야기를 바탕으로 한 출판된 문헌은 매우 많지만, 위트모어, 랭니스, 코겔(Whittemore, Langness,

& Koegel, 1986)의 비판적 평가에 따르면, 이들 문헌은 대부분 내부인의 관점을 전혀 보여주지 못하고 있다(p. 25).

다음으로, 또 다른 **해석적** 구문에서 보니 리로부터 배운 것을 이야기한다.

내가 보니 리에게서 배운 것은, 그의 세계관이 "정상"인들의 대처 방법과 다르다는 이유로 실패한 접근이 아니며, 자체 용어를 사용하면, 본질적으로 장애가 있는 것도 아니라는 것이다. ··· 일단 우리가 "장애"의 증거를 찾기 시작하면, 우리는 거의 틀림없이 "장애"만을 찾아낸다. 오히려, 보니 리의 논리가 보다 교양 있는 사람들의 논리보다 명확히 작동하였고 더욱 통합적이었다(p. 26).

이후, 안그로시노는 연구의 **한계**를 언급하고 **질문**을 던진다.

보니 리의 연구가 단지 한 명의 이야기라는 것은 명확한 사실이다. 이 글의 초안을 읽은 몇몇 사람들은, "그런데, 보니 리가 자신의 인생 경험에 집중하고 통합하는 능력이 있는 지체장애인의 전형일까요?"라고 물었다. 솔직한 대답은 나도 모른다는 것이다(p. 27).

마지막으로, 저자는 연구의 **중요성**을 이야기한다.

이러한 연구 프로젝트의 일부분이 증명하는 것은 적어도 정신지체를 가진 일부 참여자들에게는 인류학적 민속학자가 오랜 기간 해

온 연구방법이 가능하다는 것이다. 즉 단지 대상의 "특이함"만을 강조하는 회상적 질문에서 벗어나, 그들이 자신들의 일상생활을 하는 것을 관찰하는 가운데에서 질문들이 자연스럽게 흐르도록 허용하는 것이다(p. 27).

그림 27.1에 나온 개념도는 문학적 접근에서 연구자가 결론의 중요한 요소들인 참여자, 이론, 문헌, 해석, 한계, 그리고 기여도 사이를 이리저리 오가며 기술하는 방식을 이해하는 데 도움이 된다.

그림 27.1 "논의" 부분의 개념도

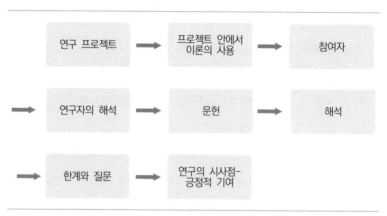

자료: Angrosino(1994)에서 재구성

요약

질적 연구를 어떻게 마무리하고 결론지어야 할까? 이러한 주제에 대한 논의는 질적 연구방법론 교재에서 별로 다뤄지지 않는다. 결론 부분에는 결과의 요약, 연구의 시사점, 추후 연구 제안, 연구자의 개인적 입장, 연구의 한계, 특정 연구설계 사용에 따른 결과, 그리고 글쓰기 종류를 반영하는 내용이 포함된다. 이러한 요소들은 결론에 여러 형태로 포함될 수 있으며, 다양한 아티클의 결론 부분을 살펴보면 어떻게 저자들이 이를 과학적이거나 문학적인 방식으로 연구에 포함했는지를 알 수 있다.

활동

학술지에 게재된 아티클을 하나 찾는다. 그림 27.1과 같이 연구에서 "논의"나 "결론" 부분의 개념도를 만든다. 결론에 포함되는 요소들이 어떻게 들어가 있는지 평가해본다.

추가 자료

문화기술지적 글쓰기에 대한 고전

van Maanen, J. (1988). *Tales of the field: On writing ethnography*. Chicago: University of Chicago Press.

포스트모던 질적 연구 결론과 관련된 자료

Weis, L., & Fine, M. (2000). *Speed bumps: A student-friendly guide to qualitative research*. New York: Teachers College Press.

28

학술지에 질적 아티클 게재하기

스물여덟 번째 노하우

질적 아티클을 어떻게 학술지에 게재하는지 배우기

왜 중요한가?

우리는 모든 학생들에게 자신들의 질적 프로젝트를 학술지에 게재하라고 격려한다. 이는 교수가 되려는 사람은 물론이거니와 대학 밖에서 일을 하는 사람들에게도 해당된다. 연구를 써서 발표해보면 연구가 어떻게 구성되는지를 배울 수 있기 때문에 연구 논문을 읽을 때 도움이 된다. 대부분의 사람들은 학술지에 게재하는 것이 어렵다고 느끼며, 경험이 적은 연구자에게는 실제로 어려울 수 있다. 사람들은 종종 게재율이 낮은 학술지를 선택하며, 출판의 기회를 최대화하기 위해 자신의 연구를 어떻게 표현해야 하는지에 그다지 주의를 기울이지 않는다. 어떤 사람들은 출판과정을 이해하지 못한다. 이 장에서는 이 과정을 검토하고 자신의 초안을 어떻게 정리하여 최선의 리뷰를 받을지에 대해 살펴본다.

학문적 커리어와 학술지 게재

질적 연구 게재 과정을 알기 위해서 이것이 학문적 커리어와 어떻게 관련되는지를 고려해 볼 수 있다. 다음의 단계들이 도움이 된다(이 단계들의 순서는 바뀔 수 있고, 때로 중첩될 수 있다).

1단계: 박사나 석사논문을 학술지에 게재하기

일반적으로 학생들은 대학원 프로그램의 성과물로써 박사나 석사논문을 쓴다. 이후 대학에서 자리를 잡은 처음 몇 년 동안에는 학위논문을 출판하기 위해 시간을 들여야 하는데, 왜냐하면 이것이 방금 마친 연구이기 때문이다. 때로 논문 심사위원이나 인지도가 있는 저명한 교수와 함께 출판하기도 한다. 또한 처음 몇 년 동안에는 논문이나 연구를 바탕으로 학회에서 발표할 자료를 준비하기 시작한다.

2단계: 학회에서 논문이나 포스터 발표하기

대학에서 경력이 쌓여 가면, 학회에서 연구를 발표하기 시작한다. 많은 학회는 연구를 발표하고자 하는 신진 교수나 막 졸업한 대학원생들에게 문이 열려있다. 아마도 발표에는 지역 학회가 좋다. 학회에서는 발표할 연구의 초록이나 간단한 요약을 요구한다. 보통 그 분야를 전공한 사람들이 이러한 초록이나 요약을 검토한 다음 학회 발표 여부를 결정한다. 학회에서는 포스터 발표도 가능하며, 포스터에 정보를 정리하는 방식에 대한 좋은 예시들을 찾아볼 수 있다. 좀 더 높은 수준에서는 서너 명의 패널로 구성된 패널의 발표자로 선택되어 공통의 주제를 놓고 발표를 할 수도 있다. 때로는 패널 팀에 토론자가 있어서 논문에 비평을 하고 유용한 피드백을 제공하기도 한다. 이때의 피드백을 심각하게 고려하는 사람도 있고, 그렇지 않은 사람도 있다. 같은 주제에 대해 이미 연구를 많이 한 학자들이 학회의 패널로 초청되기도 한다. 마지막으로, 학회에서 발표한 자료는 프로시딩(proceeding)이라 불리는 자료집에 포함되어 출판되기도 한다. 연구자는 자신의 연구를 프로시딩에 넣을 것인지 또는 알려진 학술지에 게재할 것인지 결정할 필요가 있다.

3단계: 학술지 아티클 출판하기

존은 학술지에 글을 투고하기 전에 먼저 학회에서 현장테스트를 해본다. 만일 존이 동료 교수의 연구 실적을 보았을 때, 학회 발표 경험은 잔뜩 있지만 학술지에 게재된 논문의 수는 적다면 아마도 그의 연구 실적이 조금 미심쩍을 것이다. 학회에서 발표를 한 뒤, 바로 학술지 투고를 준비하는 것이 바람직하다. 이것이 학술지 게재의 첫 단계다. 학술지는 학회 발표보다 한 단계 수준이 높다. 존의 경우, 질적 연구를 싣기에 적절한 두세 개의 학술지를 고른다. 이들 학술지가 자신의 연구에 적합한지를 어떻게 확인하는가에 대한 내용은 이 장의 다음 부분에서 다룰 것이다. 일단, 국내 학술지를 먼저 살펴보며, 경력이 많지 않은 초보 연구자라면 게재율이 관대한(약 20% 정도) 학술지부터 시작한다.

4단계: 북 챕터와 서적 출판하기

학자로서의 다음 단계는 여러 저자의 글을 편집한 책에서 일부 챕터를 맡아 글을 쓰는 것이다. 편집자가 챕터를 엮어서 편집하는 과정에 자신을 초대한다면 좋을 것이다. 때로 이러한 챕터들은 철저히 검토되기도 하고, 편집자 혼자서 검토하기도 한다. 편집서를 출판할 때는 대학 출판부나 대형 출판사를 알아본다. 이때 전국에 걸쳐 책의 판매망이 잘 퍼져 있는 출판사인지를 우선적으로 고려한다. 예를 들어, 그 출판사가 판매망이 넓고 카탈로그를 여러 대학의 교수와 학생들에게 배포하는지를 살펴볼 수 있다. 경력을 쌓아가면서 혼자서 책을 출판할 수도 있다. 이는 상당한 작업이며 아마도 어느 정도 경력이 쌓였을 때가 적당한 시기일 것이다. 이 경우에도, 대형 판매망이 있고 검토과정을 공정하게 하는 출판사를 찾는 게 중요하다. 여러 개의 학술지 아티클을 모아서 책을 낼 수도 있고, 널리 사용되는 아이디어나 개념적 틀을 개발하여 책을 쓸 수도 있으며, 수업시간에 교재로 사용하기 위해 책을 쓸 수도 있다.

존의 책은, 한 권을 제외하고, 모두 수업시간에 활용하기 위한 목적으로 쓰였다. 책을 쓸 때는 우선 수업 때 학생들과 나눈 이야기들로 대략 개요를 잡고, 이를 파워포인트 발표자료로 만든 다음, 이를 각각의 개별 챕터로 만들어 간다. 이 책도 그렇게 쓰였다. 책에 학생들의 자료를 사용할 경우에는 동의를 구하고 동의서에 그들의 자료를 사용해도 좋다는 서명을 받는다. 수년간 연구 관련 글을 쓰는 데에 학생들의 질문과 의견들이 큰 도움이 되어 왔다.

5단계: 펀드를 위한 제안서 쓰기

학회 발표와 학술지 아티클, 그리고 책 출판과 더불어 다음 단계
는 외부의 펀드를 받기 위한 제안서를 쓰는 것이다. 제안서의 대상
은 민간재단이나 정부기관 등이 될 수 있다. 펀드제안서를 쓰는 방
법은 이 책에서 다루는 범위를 넘어서는 또 다른 주제다. 제안서를
잘 쓰기 위한 워크숍도 열린다. 펀드를 받기 위해 질적 초안을 보낼
때에는 그 기관에 대해 잘 알아볼 필요가 있다.

논문 투고 전에 학술지 살펴보기

자신의 질적 연구가 학술지에 실릴 가능성을 최대화하기 위해서
는 학술지의 성격에 맞게 연구를 진행해야 한다. 적당한 학술지를
찾아 게재 기회를 높이기 위해서는 다음의 단계들을 고려해 볼 수
있다.

1단계: 두세 개의 학술지를 찾기

주요 데이터베이스(예. EBSCO, FirstSearch)를 검색하면서 자신의
질적 연구 내용에 관심을 가질만한 두세 개의 학술지를 찾아본다.
편집위원단들이 원고를 검토하면서 학술지의 질을 유지하는 국내
학술지들을 고려한다. 질적 연구에 호의적인 학술지 명단이 따로 있
는 것은 아니지만, 점점 더 많은 학술지들이 질적 연구에 기회를 제
공하고 있다. 다음의 사이트에서는 지난 몇 년간 업데이트되어 온
질적 연구에 우호적인 학술지들의 목록을 검색해 볼 수 있다

(tqr.nova.edu/journals).

2단계: 편집부 검토하기

일단 이들 학술지를 찾은 다음에는 편집위원들과 편집자의 배경을 살펴본다. 대부분의 학술지 앞장에는 편집자들(편집위원과 몇 명의 부편집위원들)의 이름이 적혀있다. 이들의 명단을 검토하면서 질적 연구를 게재한 경험이 있는 사람을 찾아본다. 그래야 질적 프로젝트가 공정한 심사를 거칠 수 있다. 편집자에게 이메일을 보내서 자신의 질적 연구를 간략히 설명하고 학술지에 실리기 적절한 주제인지를 물어본다.

3단계: 논문 투고의 가이드라인을 검토하기

논문을 투고하기 위해 필요한 정보를 확인하기 위해 해당 학술지의 가이드라인을 살펴본다. 예를 들어, 사용해야 하는 특정 스타일의 매뉴얼(예. APA스타일), 허용되는 최대 단어 수, 첫 페이지에 들어가야 하는 정보들, 표나 그림, 그리고 참고문헌을 싣는 적절한 양식 등을 확인한다. 많은 학술지들은 온라인 투고를 받기 때문에, 어떻게 투고해야 하는지도 확인한다.

4단계: 리뷰어들의 피드백 다루기

투고한 논문에 대한 리뷰과정은 몇 달이 걸릴 수도 있으며, 이후에는 연구에 대한 세부적인 리뷰를 받게 된다. 리뷰어들의 세부적인 피드백 안에서 소위 "주옥같은 지혜"가 있는지 찾아보고, 어떠한 지적이 합당하며, 일반적 리뷰의 경계 밖에 있는 지적은 없는지를 살펴본다. 피드백을 검토하고 재수정에 포함할 "조언"을 찾는 데 도움을 얻기 위해 동료나 학술지에 게재한 경험이 많은 사람과 통화를 해도 좋다.

학술지에는 보통 게재와 관련된 세 가지 범주가 있다. 게재, 재심사, 그리고 게재불가이다. "게재불가"는 해당 논문이 학술지에 적합하지 않거나 게재하기에는 질이 낮다고 여겨짐을 의미한다. "재심사"는 리뷰어와 편집자의 피드백을 바탕으로 논문을 신중하게 재수정할 필요가 있음을 의미한다. 우리는 보통 "재심사"를 게재 허락으로 여기고, 리뷰어들의 피드백을 신중하게 받아들인다. "게재"를 받는 것은 드문 경우이며, 이는 논문을 싣기 전에 여전히 가벼운 수정이 필요함을 의미할 수 있다. 만일 "재심사" 결정을 받으면, 논문의 초안을 수정하고, 이를 제출할 때 편집자에게 세부적인 내용을 적은 답변을 보낸다. 이를 통해 리뷰어들이 제기한 각각의 비평에 대해 자신이 어떻게 고려하고 수정을 하였는지와 논문의 어느 부분에서 그러한 수정을 찾을 수 있는지를 알린다. 이렇게 수정된 논문을 바로 게재할지 혹은 리뷰어들에게 보내서 추가적인 심사를 할지의 결정은 편집자의 판단에 달려있다.

5단계: 학술지에 게재된 아티클의 구조를 연구하기

학술지에 게재된 아티클들의 전반적인 구조를 연구한다. 이것은 질적 연구를 투고하려고 고려 중인 1~3개의 학술지에서 두세 개의 아티클을 고른 후 그 아티클의 구조를 세부적으로 살펴본다는 의미다. 제목의 종류와 주제의 흐름을 보면서 이 아티클들이 과학적 방식 혹은 문학적 방식으로 쓰였는지를 결정한다. 과학적 방식은 일반

적으로 서론, 문헌고찰, 방법, 결과, 그리고 결론이나 논의로 구성된
다. 문학적 방식은 내러티브 식으로 서술하는 제목이나 주제들을 포
함한다. 어떠한 구조든 간에, 해당 학술지에 게재됐던 이전 아티클
과 동일하게 보이도록 자신의 질적 논문을 작성한다. 과학적 구조와
문학적 구조의 차이를 비교하기 위해서 두 개의 개념도를 만들어보
았다.

  그림 28.1의 첫 번째 개념도는 과학적 구조를 보여주는 쉬비 등
(Shivy et al., 2007)의 연구다. 이 연구에서 저자들은 범법자들(6명의
남자와 9명의 여자)이 사회에 다시 들어오는 것과 관련된 개인적인 경
험을 이해하기 위하여 질적 방법을 사용하였다. 그림 28.1의 개념도
를 보면 연구 목적, 표집과 결과, 그리고 논의로 연구의 주제가 흘러
가는 것을 알 수 있다.

  그림 28.2는 문학적 구조를 사용한 대안적인 개념도 또는 아이디
어의 흐름을 보여주는 두트로, 카제미, 배프(Dutro, Kazemi, & Balf,
2006)의 연구다. 이 질적 연구는 4학년 소년의 글쓰기 전, 중간, 그
리고 후와 관련된 경험을 분석한 사례를 보여준다. 이 연구에서 아
이디어의 흐름은 과학적 구조와는 상당히 다르다. 저자들은 개인적
경험으로 이야기를 시작하고, 소년에 대한 기술, 이론적 틀, 방법,
소년의 경험에 대한 이야기, 그리고 논의와 시사점으로 이동한다(그
림 28.2).

그림 28.1 쉬비 등(Shivy et al., 2007)의 연구를 바탕으로 한 과학적 개념도

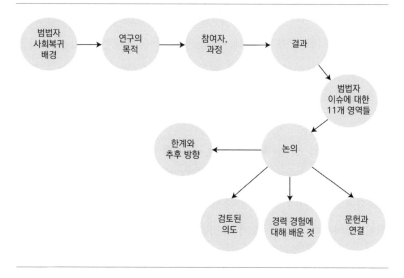

그림 28.2 두트로 등(Dutro et al., 2006)의 연구를 바탕으로 한 문학적 개념도

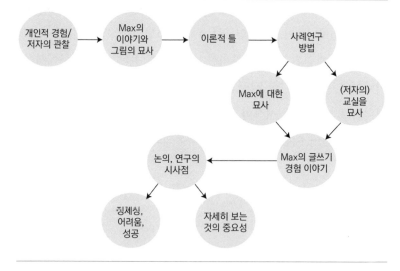

6단계: 아티클의 길이, 세부사항, 인용지수를 고려하기

학술지에 게재된 아티클의 다른 요소들도 고려해야 한다. 예를 들면, 아티클의 전반적인 길이, 인용이나 그림, 테이블의 사용(얼마나 많이, 얼마나 자주), 양적 요소의 포함 정도(25장의 질적 방식으로 글쓰기 참고), 그리고 학술지의 순위를 나타내는 인용지수를 살펴본다. 인용지수는 그 학술지에 게재된 최근 아티클들이 인용되는 평균 숫자를 나타낸다. 인용지수가 높다는 것은 학술지의 질이 높다는 것을 나타내며, Thomson Reuters Corporation에서는 매년 과학과 학문 분야의 인용지수를 보여주는 *Journal Citation Reports*를 발간한다.

7단계: 사용된 질적 설계를 살펴보기

해당 아티클에서 질적 연구설계가 사용되었는지, 아니면 저자가 기본적인 테마 분석 접근을 하였는지를 살펴본다. 연구설계에 대해서는 30장에서 보다 자세히 다루며, 여기에는 내러티브 연구, 현상학, 근거이론, 문화기술지, 그리고 사례연구 등이 포함된다.

요약

어떤 방법론을 사용하든 게재는 쉽지 않다. 게재는 일반적으로 개인의 연구 경력과 관련되는데, 주로 대학원 시절의 연구를 게재하는 것으로 시작하여 학회 발표, 학술지 아티클, 책, 그리고 펀드를 위한 제안서의 순서로 진행된다. 학술지에 아티클을 싣는 것은 연구 경력에서 주요한 성과이기 때문에 질적 연구를 게재하기에 적절한 학술지를 신중하게 고른다. 우선 관련 분야의 가능한 학술지들을 정하고, 그 학술지에 실린 최신 아티클의 내용들을 연구한다. 전체적인 글의 구조(과학적이거나 문학적), 적당한 길이, 스타일, 인용이나 그림, 또는 표의 사용, 질적 방법의 정교한 수준 등을 살펴본다.

활동

학술지에서 아티클을 하나 선택하여 다음의 요소들을 검토해본다.

• 과학적 구조인가 아니면 보다 문학적 구조인가? 아이디어의 흐름을 개념도로 만들어본다.
• 조판된 것은 대략 몇 페이지 정도인가?(만일 조판된 페이지가 더블스페이스로 작성한 초안의 70% 정도에 해당한다면, 몇 페이지의 원고를 써야 하는가?)
• 어떤 스타일의 매뉴얼을 따랐는가?
• 인용이나 표, 그림은 얼마나 자주 나오는가?
• 아티클은 결과의 테마를 보고하는가, 아니면 저자는 특정한 연구설계(예. 문화기술지나 사례연구)를 사용하며 방법론 부분에서 이 설계에 대한 내용을 설명하고 있는가?

추가 자료

질적 연구 글쓰기에 대한 일반적 내용

Merriam, S. B. (2009). *Qualitative research: A guide to design and implementation.* San Francisco, CA: Jossey-Bass.

학술 포스터 작성과 관련된 팁

Sousa, B. J., & Clark, A. M. (2019). six insights to make batter academic conference posters. *International Journal of Qualitative Methods, 18,* 1−4.

연구 질 평가와
질적 설계 사용하기

29

질적 연구의 질을
평가하는 기준 선택하기

스물아홉 번째 노하우

자신의 질적 연구의 질을 평가하는 기준 정하기

왜 중요한가?

모든 질적 연구자가 표준화된 질적 기준에 동의하는 것은 아니다. 심지어 질적 연구 전반에 적용할 기준이 있어야 하는지에도 의견이 분분하다(Freeman, deMarrais, Preissle, Roulston, & St. Pierre, 2007). 질적 연구분야는 실행방법이 서로 다른 다양한 공동체로 구성되어 있다. 수준 높은 질적 연구란 어떤 기준을 만족시키는 것인가? 이 질문에 대한 몇 가지 답변을 이 장에서 논의할 것이다. 이에 대한 답변들은 자료 해석에 대한 입장, 양적 타당도를 취하는 입장, 그리고 엄격함과 투명성을 강조하는 입장 등 다양한 관점을 반영한다. 결국, 우리 각자가 어떻게 질적 연구의 질을 평가할지 결정해야 하고, 이것은 자신의 철학, 연구 경험, 그리고 학문분야의 영향을 받는다.

이 장은 연구의 질을 평가하는 기준을 사용해야 하는가에 대한 논의로 시작할 것이다. 그다음으로, 질적 연구에서 타당도 기준을 사용하는 몇 가지 관점을 살펴볼 것이다. 다음으로 저자인 우리가 스스로의 연구에 적용하는 기준을 제안할 것이다. 어떻게 진행할지 는 본인이 선택할 수 있다. 그러나 자신의 연구가 면밀히 검토되어 야 하며, 다른 사람들도 우리 연구의 질을 평가하기 위한 일련의 기 준을 사용함을 인식해야 한다.

질적 연구에서 기준이 중요한가?

미국을 포함해 전 세계의 질적 연구 공동체 속에 이에 대한 다양 한 답변이 존재한다. 질적 연구에서의 **전통적 관점**은 기준을 사용할 경우 창의적인 연구를 방해하며, 질적 공동체 안에는 다양한 접근이 있기 때문에 일반적 기준을 적용하는 것은 어렵다는 입장이다. 다양 성은 이론적 경향이나 방법론적 목적(예. 문화기술지 vs. 근거이론), 그 리고 철학적 차이(예. 후기실증주의적 vs. 구성주의)에서 나올 수 있다. 따라서 프리먼 등(Freeman et. al., 2007)은 질적 기준이 바람직하지 않으며 모두가 동의하는 기준 제시는 불가능하다고 하였다. 하지만 **실용적인 입장**에서 보았을 때, 기준은 중요하며 널리 사용된다고 말 하는 사람들도 있다. 몇몇 질적 연구서적에서는 높은 수준의 질적 연구를 판별하는 질문목록을 넣기도 한다(예. Hatch, 2002). 기준이나 질적 지표에 대한 언급을 꺼리는 사람들조차 종종 질적 보고서에 무

엇을 넣고 무엇을 **빼야** 하는지에 대해 제안한다(Silverman, 2007). 실
제로 학술지에 투고한 원고를 검토하는 과정이나, 펀드를 위한 제안
서를 검토하거나, 출판사에서 질적 서적의 제안서를 살펴보거나, 학
생들의 과제를 검토하는 과정에서 일부 질적 기준이 요구되고 사용
된다. 우리는 **개인적으로** 질적 연구의 질을 판단하기 위해 일부 기
준을 적용하는 편이다. 이러한 입장은 엄격하며 관련 증거가 충분히
제시되는 연구를 선호하는 방법론 관점에서 나왔는데, 우리는 지난
20여 년간 사회와 보건과학분야에서 연구를 해왔고, 초기에 양적 연
구 훈련을 받았으며, 무엇보다도 우리가 가르치는 대학원생들을 고
려하기에 이런 입장을 취한다. 대학원생들은 질적 방법론을 처음 접
하기 때문에 다소의 가이드라인이 필요하며, 연구 초기에는 구조화
된 연구 방식이 도움이 된다. 이 책에는 질적 연구를 수행하는 구조
화된 접근법이 많이 실려 있는데 이는 초기 질적 연구자들을 위한
의도적인 노력이다. 이들이 어느 정도 경험을 쌓은 후에는 자신에
맞는 창의적인 연구방법을 고안해갈 수 있다. 우리는 많은 분야에서
초보 연구자들이 기본 먼저 기본기를 익혀야지만, 이후 상자 밖으로
나와서 새롭고 혁신적인 역량을 펼칠 수 있다고 본다. 하지만 우선
은 기본적 기술이 필요하며, 이를 가르치기 위한 구조가 요구된다.

기준과 관련된 몇 가지 관점들

질적 연구와 질적 평가 분야에 다양한 접근과 전통이 있음에도,
질에 대한 광범위한 우려가 있다. 또한 연구의 "엄격성", 실행방법을
분명하게 드러내 보일 필요성, 견실하고 "탄탄한" 질적 증거의 중요

성, 그리고 연구의 관련성과 유용성 같은 이슈들에는 모두가 관심을
가진다(Spencer, Ritchie, Lewis, & Dillon, 2003).

많은 책과 보고서에는 질적 연구를 평가하는 기준을 어떻게 사용
할지에 대한 다양한 관점이 실려 있다(Creswell & Poth, 2018;
Kuckartz, 2014). 특히 코헨과 크랩트리(Cohen & Crabtree, 2008)가 만
든 로버트 우드 존슨 재단의 질적 연구 가이드라인 프로젝트(Robert
Wood Johnson Foundation's Qualitative Research Guideline Project) 웹
사이트(http://www.qualres.org)는 획기적이었다. 이 프로젝트에서 저
자들은 엄격한 질적 연구를 위한 기준에 대해 이야기한다. 먼저 연
구자의 인식론적 입장이나 연구 패러다임에 따라 "좋은" 연구의 기
준이 형성되며, 넓은 범위의 기준이 존재한다고 밝힌다. 저자들은
특정 기준목록을 옹호하지 않은 채, 대신 엄격한 질적 연구의 기준
을 다양한 관점에서 제시하고 있는 13개의 서로 다른 연구를 소개
한다. 여기에서 모든 관점을 요약할 수는 없지만, 다양한 관점을 제
공하는 연구를 몇 개 소개할 것이다.

기준에 대한 공통적인 우려들

몇몇 연구자들은 모두가 합의하는 기준이 부재하며 다양한 질적
연구 공동체에서 이러한 합의는 어렵다는 입장을 취한다(Freeman et
al., 2007). 동시에, 질적 연구자들이 수준 높은 연구를 실행해 왔고
그 실을 증명해 왔다고 말한다. 이들은 연구자들이 하고 있다고 말
하는 것을 살펴보고, 최선의 연구를 하도록 장려하는 것이 바로 질
에 대한 논의라고 제안한다. 이론의 사용과 타당도는 질적 연구자들

의 공통기반이 되어왔다. 연구의 질은, 또한, 연구의 자료와 증거, 분석, 해석, 자료의 표현으로도 결정된다. 결국, 이들은 일련의 기준들을 옹호하지는 않으나, 연구의 질에 대한 대화와 논쟁을 가져오는 공통된 우려에 대해 논의하고 있다.

미국 심리학회의 가이드라인에 근거한 기준

2015년, 미국 심리학회는 질적 연구를 위한 학술지 아티클 보고 기준(JARS: Journal Article Report Standards)을 개발하기 위해 7명으로 구성된 위원회를 소집했다. 이 기준은 학술지 아티클에 최소한 어떠한 정보가 들어가야 하는지에 대한 유용한 가이드라인을 제공한다. 지금까지 **미국 심리학회 출판 매뉴얼**에 단지 양적 기준만이 있었던 것을 고려하면 이는 역사적인 일이었다. 이 기준은 질적 연구의 설계와 실행을 획일적으로 규정하려는 것이 아니라 연구자와 리뷰어에게 일반적인 지침을 제공하는 것이 목적이다. 학술지 투고를 고려하거나 학위 논문을 쓰는 대학원생들이 주 대상이다. 위원회는 우선 질적(그리고 혼합방법) 기준을 *American Psychologist*(in Levitt et al.)에 게재했고, 이후 해당 내용은 최신판 APA 매뉴얼(7판, 미국심리학회, 2020)에 포함되었다. 기준표는 http://apastyle.apa.org/jars/qual−table−1.pdf에서 확인 가능하며, 질적 연구자에게 유용한 도움을 제공한다.

타당도에 기반한 기준

많은 논의에서 질적 연구의 질에 대한 기준은 타당도 또는 "자료에서 도출해 낸 추론의 신뢰성"에 대한 질문이다(Eisenhart & Howe, 1992, p. 644). 타당도는 질적 연구에서 중요한 역할을 하지만(22장

참고), 타당도가 핵심적인 −또는 유일한− 기준인가에 대해서는 질문해
봐야 한다. 링컨과 구바(Lincoln & Guba, 1985)는 자료의 분석과 해석에
서 신뢰성(trustworthiness), 신빙성(credibility), 전이가능성(transferability),
그럴듯함(verisimilitude), 관련성(relevance), 확인가능성(confirmability)
등의 용어를 사용하였다. 커카르츠(Kuchartz, 2014)는 질적 기준에
대한 논의에서 유사한 아이디어들을 내적 그리고 외적 타당도로 설
명하였다. 내적 타당도는 자료수집과 분석에 사용된 과정을 말하며,
외적 타당도는 다양한 전략을 포함하는데, 예를 들어 참여자 검토,
동료 검증, 현장에서 장시간 머물기 등이다.

연구 공동체에 기반한 기준

커카르츠(Kuchartz, 2014)는 질적 연구에서의 질에 대한 관점의 하
나로 subtle realism(미묘한 실재론 − 우리는 오직 우리가 보는 관점에서만
세상을 알 수 있다는 의미: 역주)에 대해서 언급하였다. 철학적 접근인
subtle realism이 질적 연구에 적용될 경우에 의미하는 것은, 우리가
주관적 판단을 할 수 있지만, 현실은 개인의 관점 밖에도 존재함을
뜻한다. 이는 연구 공동체가 그럴듯함, 신빙성, 그리고 연구의 관련
성에 대한 합의된 기준을 가진다는 것을 뒷받침한다. 따라서 이 기
준에서는 연구 공동체가 주장과 해석의 강력한 증거를 살펴보고, 모
든 독자가 공동체의 비판적 동료로서 연구방법을 자세히 검토하도
록 요구한다.

영향력에 기반한 기준

학문적 글쓰기와 질적 연구에 대해 기술해 온 리차드슨(Richardson, 2000)은 독자에게 미치는 영향에 근거하여 글의 질을 평가하는 기준과 질문들을 소개하였다. 이러한 기준은 색다르며 질적 연구가 어떻게 독자에게 영향을 미치는가를 잘 보여준다. 몇 가지 포인트는 다음과 같다.

- 실질적 기여: 이 연구는 우리가 사회적 삶을 이해하는 데 기여하는가?
- 미학적 가치: 이 연구는 미학적으로 훌륭한가? 글을 읽으면서 해석적인 반응을 불러일으키는가? 글은 예술적인 모양을 갖추고, 만족스럽고, 복합적이며, 지루하지는 않은가?
- 성찰: 저자는 어떻게 이 글을 쓰게 되었는가? 독자들이 연구자의 관점을 판단할 수 있도록 적절한 자기인식과 자기노출을 하였는가?
- 영향력: 이 글은 나에게 영향을 미치는가? 감정적으로? 지적으로? 무언가 쓰고 싶도록 만드는가? 새로운 연구를 하도록 부추기는가? 행동을 취하도록 만드는가?
- 현실의 표현: 이 글은 체험된 현실을 구체적으로 재현하고 있는가? 사실처럼 여겨지는가?

연구방법에 기반한 기준

모르스와 리차드(Morse & Richards, 2002)는 질적 연구의 엄격함과 어떻게 우리가 자신의 프로젝트가 "견고"(p. 179)한지를 확신하는 것에 대해 논의했다. 이들은 방법론적 입장을 취하며, 연구자가 적절한 연구질문을 하는 것(예. 과거 정보가 끼어드는 것 방지, 자신의 질문을 지속적으로 검토), 적절한 설계를 사용하는 것(예. 자료수집방법에 민감, 연구질문과 관련된 자료수집), 신뢰할 만한 자료수집(예. 참여자와의 신뢰관계 형성, 자료를 신중하게 코딩하고 범주화), 견고한 이론 성립(예. 자료에서 관계성을 발견해가는 과정 점검, 결과를 문헌과 비교), 그리고 결과를 검증하는 것(예. 동료 검증과정, 결과를 이어지는 프로젝트에서 실행해 봄) 등을 이야기한다.

엄격성에 기반한 기준

메이얀(Mayan, 2009)은 여러 연구자들에 의해 발전된 다양한 엄격성을 검토하였다. 그녀는 방대한 분석을 거친 뒤 질적 연구의 엄격성을 구성하는 자신의 기준을 정리하였다.

- 연구자가 머릿속에서 결과를 만들어 낸 것이 아니다. 결과가 논리적이고, 합리적인 설명을 제공하며, 이야기를 들려준다.
- 연구자는 연구를 구성하고, 자료를 형성하고, 이를 재현하여 글로 쓰는 과정에 관여한다.
- 연구자는 성찰적이다.
- 연구자는 이미지와 사람들의 이야기를 가지고서, 문헌의 맥락에서, 왜 세상이 이렇게 작동하는지 설명하기를 즐긴다.
- 연구자는 사람들의 마음을 열고 싶어 한다.
- 연구자는 연구에서 무엇을 하려는지 재검토하며, 관심과 지지를 보내는 사람들의 조언을 듣고 결정을 내린다.
- 연구자는 진실되고 엄격함이 묻어나도록 글을 쓴다.

엄격하고 체계적인 방법

메이얀(Mayan's, 2009)이 스스로의 기준을 공개한 것에 힘입어 우리도 기준을 제시하려 한다. 우리는 연구와 관련된 모든 과정이 투명하고, 자료수집과 분석과정이 체계적인 연구를 선호한다(Meyrick, 2006). 초보 연구자는 자신의 프로젝트에 적용할 일련의 기준이 필요하다. 이러한 기준들이 경직되고 복잡할 필요는 없다. 나는 수업시간에 학생들의 질적 프로젝트를 검토할 때 다음을 주의해서 본다.

- 탐구하려는 **명확한 중심현상**을 포함한다(12장 참고). 이것은 목적 진술문과 연구질문을 잘 쓰기 위한 핵심이다. 질적 연구는 하나의 현상에서 시작하지만, 다양한 자료수집이 끝나고 나면 매우 복잡해지며, 이러한 복잡성은 잘 쓰인 질적 보고서를 통해 빛나게 된다.
- 자신의 **성찰**에 대해 언급한다(26장 참고). 탐구하려는 현상과 관련된 자신들의 과거 경험과, 이러한 경험이 연구 접근과 자료의 해석에 어떤 영향을 미쳤는지를 말한다.
- 다양한 형태의 **방대한 자료를 수집**한다. 13장에서 질적 정보의 원천이 되는 다양한 자료를 설명하였다. 창의적으로 다양한 형태의 자료를 수집한다.
- 컴퓨터 프로그램을 활용하여 다층적인 **자료분석**을 실시한다. 우리는 현장 자료에서부터 테마와 테마 간 관계로 넓혀지는 다층적이고 엄격한 자료분석을 권한다(19장과 20장). 질적 자료분석 프로그램을 사용하면 자료를 저장하고, 정리하고, 중요한 문장을 찾아서 보고서를 쓰는 데 도움이 된다(21장).

- 다양한 형태의 **타당도** 검증을 한다. 질적 연구에서 해석의 정확
성은 매우 중요하다. 22장에서 질적 연구의 타당도 검증 전략들
을 제시하였다.
- 테마 및 이들 간의 관계를 보고하여야 하지만, 또한 특정한 **질**
적 연구설계를 사용하여 연구를 향상시킬 수 있을지 고려한다
(30장). 연구설계들은 이 책에서 소개한 기본 기술을 넘어서서
좀 더 발전된 접근법을 제공한다.

어떤 기준을 사용할 것인가?

이제 여러분은 우리가 질적 연구를 평가하는 기준을 사용하도록
권하는 입장임을 알 것이다. 또한 기준에 대해 합의된 것이 없으며
다양한 관점이 존재함도 알았을 것이다. 자신과 자신의 연구를 읽을
독자에게 가장 편하다고 여겨지는 관점을 선택한다. 또한 자신의 질
적 연구 공동체의 기준을 고려한다. 마지막으로, 자신이 선택한 기
준 및 그 이유를 연구보고서에 기술한다. 이렇게 하면, 투명한 글을
쓸 수 있고 어떻게 특정 기준을 사용하고자 했는지 체계적으로 밝힐
수 있다.

요약

질적 연구자들은 연구의 질을 판단하는 기준에 대해 동의하지 않으며, 심지어 그런 기준이 필요한지에도 의견이 다르다. 기준의 중요성 역시 다양한 관점으로 볼 수 있다. 기준을 정하면 창의성을 막을 수도 있고, 다양한 질적 공동체에 적합하지 않을 수도 있으며, 자신의 이론적 경향과 방법론, 철학과 다를 수도 있다. 그렇지만, 연구를 실제 진행하다 보면 기준이 존재하고 논문 심사위원, 학술지 편집위원, 펀드를 검토하는 패널들, 출판사 관계자들이 이러한 기준을 사용한다는 걸 알 수 있다. 더불어, 초보 연구자들에게는 자신의 프로젝트에 적용할 일련의 기준이 있으면 도움이 된다. 초보 연구자들은 질을 판단하는 다양한 관점 가운데서 선택할 수 있다. 우리는 개인적으로 학생들이 투명한 연구 과정과 엄격한 절차에 따라 연구를 진행하였음을 평가하는 기준을 사용하길 권한다.

활동

관심 있는 학술지 아티클을 하나 찾는다. 예전에 자신이 질적 연구를 평가할 때 사용하던 기준에 따라 아티클을 검토한다. 다음에는 이 책에서 제안한 기준에 따라 아티클을 평가한다. 두 가지 평가 과정의 차이점과 유사점을 비교해본다.

추가 자료

Hatch, J. A. (2002). *Doing qualitative research in education setting.* Albany: State University of New York Press.

Kuchartz, U. (2014). *Qualitative text analysis: A guide to methods, practice and using software.* London: Sage Ltd.

Mayan, M. J. (2009). *Essential of qualitative inquiry.* Walnut Creek, CA: Left Coast.

Meyrick, J. (2006). What is good qualitative research? A first step toward a comprehensive approach to judging rigour/quality. *Journal of Health Psychology*, 11(5), 799-808.

Morse, J. M., & Richards, L. (2002). *README FIRST for a user's guide to qualitative methods.* Thousand Oaks, CA: Sage.

Richardson, L. (2000). Writing: A method of inquiry. In N. K. Denzin & Y. S. Lincoln (Eds.), *Handbook of qualitative research* (2nd ed., pp. 923-948). Thousand Oaks, CA: Sage.

Seale, C. (1999). Quality in qualitative research. *Qualitative Inquiry,* 5(4), 465-478.

Silverman, D. (2007). *A very short, fairly interesting and reasonably cheap book about qualitative research.* London: Sage Ltd.

Spencer, L., Ritchie, J., Lewis, J., & Dillon, L. (2003). *Quality in qualitative evaluation: A framework for assessing research evidence.* London: Cabinet Office.

JARS standards(미국심리학회): http://apastyle.apa.org/jars/qual−table−1.pdf

30

질적 설계 선택하기

서른 번째 노하우

질적 연구를 진행할 때, 질적 설계를 추가하기

왜 중요한가?

학술지에 투고하거나, 좀 더 정교한 질적 연구를 하거나, 펀드를 받기 위한 제안을 할 경우, 이 책에서 다룬 기본적인 기술을 넘어선 특정 질적 연구 설계(designs)를 통해 심화된 사고를 표현할 필요가 있다. 여전히 학술지 아티클에는 특정 설계에 대한 언급 없이 테마 분석을 한 연구가 많지만, 특정 연구설계를 이용하여 연구 과정의 다양한 양상을 보여주는 질적 연구가 늘어나고 있다. 나는 제이콥 (Jacob, 1987)의 글을 통해 처음으로 여러 종류의 질적 설계를 알게 되었다. 제이콥은 질적 연구를 "전통(traditions)"으로 범주화하였는데, 생태학적 심리학이나 상징적 상호작용이론, 통합적 문화기술지

등이 여기에 속한다. 몇 년 전과 비교해볼 때, 지금은 질적 연구를
수행하는 다양한 방식들이 출현하였고, 링컨과 구바(Lincoln & Guba,
1985)가 쓴 질적 연구에 대한 고전적 텍스트에는 사례연구가 포함되
었다. 우리는 유명한 교육학 문화기술자인 해리 월코트(Harry Wolcott)

그림 30.1   교육 연구에서 질적 전략들

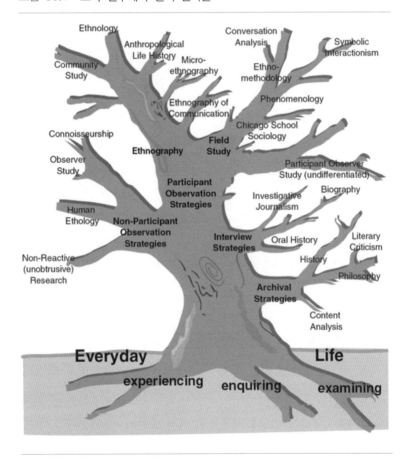

자료: Wolcott(1992). Academic Press의 허락을 받고 게재

가 수형도(tree diagram)로 설명한 질적 연구 분류를 가장 선호한다. 그림 30.1에서 보듯, 나무의 몸통은 비참여관찰 전략(Non-participant observation strategies), 참여관찰 전략(Participant observation strategies), 인터뷰 전략(Interview strategies), 기록물 전략(Archival strategies)으로 구성되어 있다. 나뭇가지에는 20여 종류의 질적 접근이 기술되어있다. 나무의 몸통과 가지는 일상생활의 영역에 근거한다.

양적 연구 역시 구체적인 전략들로 나뉠 수 있다. 상관이나 집단간 비교 실험에서부터 다양한 유사 실험과 실험 설계, 그리고 캠벨과 스텐리(Cambell & Stanley, 1963)가 언급한 이에 수반되는 타당도에 대한 위협 등이 있다. 이어서 양적 연구는, 오늘날 우리가 아는 설문이나 단일대상 연구, 다양한 실험연구 형식을 포함한 여러 접근으로 확장되었다. 질적 연구분야도 곧 비슷하게 되었다. 1990년대 초반, 다양한 저자들이 특정 연구설계에 대한 책을 출간하였다. 예를 들어, 스트라우스와 코빈(Strauss & Corbin, 1990)이 근거이론 접근을 소개하였고, 무스타카스(Moustakas, 1994)는 현상학을 설명했으며, 스테이크(Stake, 1995)는 사례연구에 대해 썼다. 이러한 다양한 논의를 접하고 존은 **질적 연구방법론: 다섯 가지 접근**(Creswell, 1998)이라는 책에서 다섯 개의 다양한 질적 설계 접근법을 나란히 비교하여, 연구자가 자신의 연구에 적절한 접근법을 고를 수 있도록 하였다. 즉 질적 연구를 설계할 때 다양한 접근법이 있으며, 이를 잘 아는 것은 보다 발달된 설계를 위해 필요한 기술이다. 설계란 연구계획을 어떻게 세우고 실행하는가를 의미하며, 이 책에서 설계의 과정중 철학, 방법, 결론, 해석 등을 설명했다. 질적 설계를 사용하면 독

자들이 연구자가 택한 연구 방식을 명확히 알 수 있고, 연구의 엄격
함과 정교함을 더할 수 있으며, 연구를 구성하는 효과적인 기법을
제공해준다.

일반적 유형의 질적 연구에서 특정 질적 설계로 이동하기

특정한 연구설계를 이용할 경우 기본적인 질적 연구설계와 비교
해 어떤 것들이 달라질까? 이에 대한 단서를 찾으려면 방법론에서
어떤 종류의 자료수집과 분석방법을 사용하는지, 그리고 연구의 결
과를 어떻게 보고하는지 살펴봐야 한다.

- 기본적인 접근에서는 연구자가 특정한 **설계 종류**를 언급하지
  않는다. 현상학이나 근거이론 등의 설계를 사용하였다고 보고
  하는 대신, 인터뷰와 관찰, 또는 문서를 수집하였다고 보고한
  다. 즉 자료수집방법이 특정 설계에 기반하지 않는다.
- 기본적인 접근에서는 **결과**에서 단지 테마나 테마 간의 관계를
  언급한다. 질적 설계를 사용할 경우 그 설계와 일치하는 방식
  으로 결과를 보고하는데, 예를 들어 현상학 연구라면 중요한
  진술이나 의미 단위, 본질 등을 언급하며, 근거이론일 경우에는
  다양한 코딩방법(오픈, 축, 선택)을 언급한다.
- 연구의 **결론**도 다르게 보인다. 기본적인 접근일 경우 연구자는
  전반적인 결과에 대한 도식이나 그림을 전개할 수 있다. 특정
  설계를 사용할 경우에는 이 설계에 맞춰 결론을 도출하는데, 예
  를 들어 근거이론에서의 이론, 내러티브 연구에서의 내러티브
  이야기, 또는 현상학에서의 본질에 대한 논의가 여기 해당한다.

- **연구질문**의 구성도 차이가 난다. 모든 질적 연구가 열린 질문을 해서 참여자의 다양한 관점을 드러내는 것은 비슷하지만, 특정 설계를 사용하면 질문을 구성하는 단어가 다르게 된다. 예를 들어, 다음의 두 질문을 비교해보자:
  - 기본적 접근: 다른 사람을 "왕따"시키는 것은 무엇을 의미하는가?
  - 근거이론: 한 사람이 다른 사람을 "왕따"시킬 때 일어나는 과정에서 어떠한 이론이 출현하는가?
- 위의 두 번째 질문은 근거이론 설계를 사용하였을 때 특정 언어가 어떻게 변하는지를 보여준다. 잘 진행된 근거이론에서는 "과정"에 초점이 맞춰지고 연구의 결과로 "이론"이 만들어진다. 이러한 언어를 보면 근거이론에 사용된 연구질문임을 알 수 있다(Creswell & Poth, 2018).
- 그 밖에도 **연구의 많은 면**에서 기본적 연구와 특정 연구설계는 차이를 보인다. 예를 들어, 제목이나 이론의 사용, 글의 구조, 연구의 질을 평가하는 기준 등에 차이를 보인다.

다섯 개의 연구설계

월코트(Wolcott, 1992)의 나무그림에서 볼 수 있듯, 선택할 수 있는 많은 질적 설계(또는 월코트의 표현대로 전략들)가 있다. 존은 다양한 방법들에 대해 쓰려고 결정한 다음(Creswell, 1998), 사회과학과 보건과학분야에서 가장 일반적인 종류를 고려하였다. 함께 작업하는 출판사와도 협의하고(SAGE 출판사), 여러 개의 학술지를 살펴보았다. 이 당시가 1990년대 후반이며, 존은 여러 학문적인 관점을 반영하면서도 당시에 인기 있는 접근법을 소개하고 싶었다. 또한 독자들에게 연구설계를 체계적으로 소개해주고 싶었다. 초보 연구자들에게 질적 연구를 수행하는 구체적인 가이드가 필요하다고 생각했다. 또한 책 속에 최신 학술지 아티클을 실어서 연구설계를 사용하여 게재된 좋은 예들을 보여주고 싶었다. 마지막으로, 각각의 접근법을 소개하기 이전에 존이 직접 이러한 설계를 사용하여 여러 개의 연구를 해보았다. 15년이 넘은 지금, 질적 연구는 더 진전했다. 예를 들어, 참여적 실행연구나 담론 분석을 하는 사람들도 늘어났다. 물론 더 많은 접근법을 추가할 수도 있지만, 여기서는 강조하려는 다섯 개의 접근을 선택하였다.

- 내러티브 연구
- 현상학
- 근거이론
- 문화기술지
- 사례연구

내러티브 연구

내러티브 연구(narrative research)에서는 사람들의 개인적 경험에 대한 흥미로운 이야기를 보고한다. 그 안에는 다음과 같은 것이 포함된다.

- **한 사람**(또는 두세 명)에 초점을 맞춘다. 많은 내러티브 연구는 연구자의 기준에 의해 선택된 한 명의 개인에 초점을 두는데, 이들은 평범한 사람이거나, 개념적으로 강하게 흥미가 가는 사

람, 잘 알려진 사람일 수 있다. 내러티브 연구에서 탐구하는 개
인들의 성격은 다양하다. 때로 한 명 이상을 연구하기도 하지
만, 구체적인 이슈를 드러내는 개인들의 삶의 이야기를 다루려
는 의도는 동일하다. 자문화기술지나 자서전과 같이 연구의 초
점이 연구자 자신의 이야기가 되거나, 다른 사람의 일대기, 또
는 교실이나 특정 장소에서의 개인들의 이야기가 될 수도 있다.

- **개인들의 경험**에 대한 이야기를 수집한다(Clandinin & Connell,
  2000). 이야기는 인터뷰나 관찰, 문서 등의 자료에서 얻는다. 보
  통 이야기들은 시작, 전개, 그리고 마무리의 양상을 보인다.

- 이야기의 서로 다른 국면이나 양상을 서로 연결하는 **연대기**를
  발전시킨다. 꼭 필요한 것은 아니지만, 보통 연대기적으로, 즉
  시간의 흐름에 따라 사건들이 짜임새 있게 전개된다. 간혹 선형
  적인 시간을 흐름을 따르지 않은 채, 연구가 이야기의 끝이나
  중간부터 시작될 수도 있다. 참여자들은 종종 시간의 흐름에 따
  라 이야기하지 않기 때문에, 연구자가 이야기를 "다시 이야기"하
  고 연대기적인 스토리라인으로 재구성할 수 있다(Ollerenshaw &
  Creswell, 2002).

- **테마**를 찾기 위해 이야기를 분석한다. 연구자는 전체적인 이야
  기에서 드러나는 테마를 찾으며, 전반적인 이야기도 기술한다.
  전형적인 글의 구조는 먼저 이야기를 기술한 다음, 그 속에서
  드러난 테마들을 강조하는 방식이다.

- 개인의 인생에서 **통찰**이 오거나 **중대한 전환점**을 강조한다. 이
  시점에서 이야기는 결정적인 방향전환이나 새로운 발전을 이루
  면서 이야기의 결론으로 나아간다.

- 이야기와 테마를 특정 **맥락**이나 **상황** 속에서 설명한다. 이렇게 하면 어떠한 맥락에서 이야기가 진행되는지 이해하는 데에 도움이 된다. 맥락은 직장, 집, 친구, 또는 이야기가 전개되는 여러 장소가 될 수 있다. 맥락은 이야기에서 필요한 세부묘사를 제공한다.

현상학

현상학적 연구(phenomenological study)에서는 몇 명의 개인들이 특정 현상을 어떻게 체험하는지에 대한 자세한 기술을 볼 수 있다. 현상학 연구는

- 탐구할 하나의 **현상**에 집중한다. 연구자는 구체적인 개념이나 현상을 정하는데, "외로움", "전문적 정체성 개발" 또는 "카리스마 있는 리더 되기" 등이 이런 개념이 될 수 있다. 단 하나의 개념이 현상학적 연구의 중심이 된다.
- 그 **현상을 경험한 사람들**에게서 자료를 모은다. 반드시 이러한 현상을 경험한 사람들을 참여자로서 연구하는 것이 중요하다. 참여자 수는 3~15명까지 다양하다. 현상학 연구를 위해 수집되는 자료의 형태는 다양한데, 일대일 인터뷰뿐만 아니라 관찰, 시와 편지 같은 문서 자료, 그리고 음악이나 소리도 자료로써 수집될 수 있다. 찾아야 하는 것은 "어떻게 개인들이 현상을 경험하는가?"라는 질문에 대한 답이다.
- 개인들이 현상을 경험하는 **맥락**을 탐구한다. 어떻게 현상을 경험하는가에 대한 이해와 더불어서, "개인들이 현상을 경험하는 것은 어떤 맥락에서인가?"라는 질문에도 관심을 가져야 한다.

맥락이란 특정 장소, 개인들, 대화, 직장, 또는 가정 등이 될 수 있다.

• 연구를 넓은 **철학**적 틀을 가지고 바라본다. 현상학은 강한 철학적 뿌리를 가지며, 개인들이 체험하는 경험은 주관적인 경험뿐만 아니라 다른 사람과 공유될 수 있는 객관적 경험을 포함한다는 핵심 사고를 기반으로 한다.

• 연구자의 개인적 경험을 **괄호**로 묶고 잠시 멈춘다. 현상학자들은 개인들이 경험하는 현상을 이해하기 위해서 어떻게 연구자 자신의 개인적 경험을 잠시 옆으로 놓아둘 것인지를 논의한다. 물론 자신의 경험을 완전히 차단하는 것은 불가능하겠지만, 연구자의 개인적인 경험을 따로 밝힘으로써 다른 사람들의 경험을 가장 잘 이해할 수 있도록 노력한다.

• 경험의 **본질**을 찾는다. 본질이란 쉽게 말해서 현상에 대한 개인들의 경험에서 공통적인 부분을 말한다. 본질은 연구가 마무리되어갈 무렵에 논의로써 보고한다. 현상학자들은 일련의 단계를 통해 본질에 접근하는데, 예를 들어 인터뷰 전사내용에서 중요한 진술을 찾아내고, 이러한 진술문들을 합쳐서 의미단위를 만들어가고, 개인들이 어떤 맥락에서 무엇을 경험하는지에 대한 기술을 해 나간다(Moustakas, 1994). 마지막으로, 현상학자들은 여러 개인이 어떻게 현상을 공통적으로 경험하는지, 즉 현상의 본질에 대해 자세히 기술한다.

근거이론

근거이론(grounded theory)을 하는 연구자는 과정, 행동, 또는 상호

작용을 설명하는 이론을 형성하는 데 관심이 있다. 구체적으로, 연
구자는

- **일반적인 설명**(이론) 또는 사람들이 어떻게 행동하거나 상호작
  용하는지를 알고자 한다(예. 위원회는 새로운 프로그램의 실행을 어
  떻게 결정하는가?). 근거이론을 하려면 전통적으로 사회과학과
  행동과학의 영역으로 여겨져 온 이론의 성질에 대한 지식이 필
  요하다. 이론이란, 무엇이 일어났고, 사람들이 어떻게 행동하
  며, 또는 사건들이 여러 상황에서 어떻게 전개되는지를 예측하
  는 데 도움이 되는 설명을 말한다. 이론은 많은 상황에 일반화
  시킬 수 있으며 국지적 이론부터(예. 한 학교의 위원회는 어떻게
  새로운 프로그램을 실행하는가?) 넓은 이론까지(예. 새로운 프로그램
  의 실행은 어떻게 다른 상황에서 작동하는가? - 예. YMCA, 걸스카웃,
  교회연합, 초등학교 등) 다양하다.
- 이론의 **과정**이 어떻게 전개되는지를 보고한다. 무엇이 먼저 일
  어나고, 다음에는 어떤 일이 일어나는지를 언급한다. 과정이란 시
  간이 진행됨에 따라 차이를 알아볼 수 있는 단계들로 구성된다.
- 이러한 과정을 **인터뷰**나 **메모**의 증거를 가지고 입증한다. 인터
  뷰는 근거이론에서 자료수집의 전형적인 형태다. 인터뷰가 진
  행되는 동안, 연구자는 이 과정에 대한 생각을 메모로 기록한
  다. 따라서 근거이론의 자료수집은 현장에서 자료를 수집하고,
  과정에 대한 메모를 적고, 과정의 최종 그림을 그려나가는 순환
  적인 과정이다.
- **이론**을 발전시킨다. 과정 또는 행동이나 상호작용의 일반적인
  설명으로 끝을 내린다. 연구자는 오픈 코딩, 축 코딩, 그리고

선택 코딩(Strauss & Corbin, 1990) 등을 포함한 분석적 단계를
통해 이론을 만들어간다. 이론을 글로 설명할 수도 있으나, 주
로 과정에 포함되는 주요 단계들을 강조한 도표나 도식의 형태
로 표현한다. 이론 및 도표와 함께, 여기서 나온 향후 검증이
요구되는 가설이나 연구질문을 기술하기도 한다.

문화기술지 연구

문화기술지 연구(ethnographic research)는 기본적으로 문화적인 집
단이 오랜 기간 함께 상호작용하면서 형성해온 행동이나 대화, 그리
고 태도의 패턴을 기술하는 것이다. 연구자는

- **문화공유집단**을 찾은 뒤 이들에 대해 궁금한 것을 명확히 한다.
  이들 집단은 어느 정도 시간 동안 상호작용을 해 온, 아직 연구
  되지 않은 집단이다(예. 펑크 록 집단). 이들은 서로 상호작용하
  면서 그 안에서 나름의 대화방식, 행동, 의례, 의복, 그 밖에 이
  들이 "문화"라고 부르는 공유된 방식을 만들어간다. 연구자는
  한 가지 특정 양상을 자세히 관찰하거나(예. 문화적 개념이나 이
  론), 보다 넓게는 다양한 문화적 양상을 묘사하기도 한다(예. 이
  들의 의상, 상호작용). 문화공유집단은 체로키 부족에 속하는 미
  국 원주민과 같이 매우 규모가 클 수도 있고, 또는 20명으로 구
  성된 초등학교 교실과 같이 작을 수도 있다.
- 주로 **인터뷰**와 **관찰**을 통해서 이들의 신념, 생각, 행동, 언어,
  의례 등을 기록한다. 문화공유집단의 관점에서 탐색된 문화적
  테마를 구체화해 나간다.
- 이들의 문화를 이해하기 위해서 **상당한 기간**을 보낸다. 잘 된

문화기술지의 특징은 연구자가 "현장에서" 충분한 기간을 머무는 데에 있다. 6개월이나 그보다 길 수도 있다. 그 이유는 행동이나 언어 등의 패턴은 서서히 형성되어 가며 연구자는 이러한 발전과정을 집단 내부에서 확인해야 하기 때문이다.

- 집단이 어떻게 움직이는지에 대한 세부적 **묘사**와 **테마**를 발전시킨다. 이러한 묘사는 집단 구성원이 인식하거나 의식적으로 성찰하지 못한 내용일 수 있다. 때로 "외부인"들은 모르는 것일 수도 있다. 예를 들어, 도시의 갱단에 대한 문화기술지는 일반인에게 익숙지 않으며 또는 갱단 구성원이 의식적으로 생각하지 못한 것일 수도 있다. 때로 이러한 묘사는 문화공유집단이 어떻게 작동하는가에 대한 "규칙들"의 형태로 기술될 수 있다 (Creswell & Poth, 2018 참고).

사례연구

사례연구(case study)는 하나의 사례(혹은 여러 개의 사례)를 선택하고 그 사례를 통해 관심 있는 문제나 이슈를 심도 있게 살펴보는 것이다. 연구자는

- 연구에서 묘사하려는 **사례를 명확히 정한다.** 사례는 집단이나 개인, 조직, 공동체, 관계, 결정과정, 또는 특정 프로젝트와 같이 명확한 구성단위가 될 수 있다. 사례연구는 프로그램 연구나 평가에 자주 쓰인다. 사례연구는 많은 사람이나 소수의 사람, 오랜 기간에 걸친 것이나, 단기적인 것에 모두 이용될 수 있다. 다시 말하면, 사례연구의 범위는 구체적인 시간과 장소로 한정 지어지며, 이 경계는 사례가 포함된 더 큰 맥락과 명확하

게 분리된 것이다. 따라서 연구자는 사례를 정하고 이 경계를
기술한다.

- 관심이 있는 사례를 기술한다. 특이한 사례이거나 본질적으로
  관심이 있는 사례가 될 수 있다. 단, 연구자가 사례를 선택할
  때에는 **이슈**나 **문제**에 대한 통찰을 얻기 위해서다. 십대의 임신
  은(이슈) 임신한 십대 소녀들을 지원하는 특정 센터를(사례) 탐
  구함으로써 이해될 수 있다.
- 사례 속 이슈에 대한 깊이 있는 관점을 제공하기 위해서 인터
  뷰, 관찰, 문서, 그 밖의 시각적 자료 등 **다양한 정보원에서 얻**
  은 자료를 수집한다. 많은 사례연구에서 다양한 자료를 표로 정
  리해 놓은 것을 볼 수 있다.
- 사례연구의 최종 연구물은 사례다. 다양한 정보를 **분석**하여 사
  례에 대한 세부적 기술을 하고, 자료에서 드러난 테마를 밝히
  며, 사례에 대한 일반화(또는 주장)를 한다(Stake, 1995). 여기서
  일반화란 사례를 연구함으로써 탐구하려는 이슈를 더 잘 이해
  할 수 있는 방법이다. 결국 독자는 사례에서 탐구된 이슈에 대
  한 깊이 있는 분석을 통해 새로운 이해를 하게 된다.

자신의 프로젝트에 적합한 연구설계를 어떻게 선택하는가?

다섯 개의 질적 설계 중에서 선택을 할 때에는 여러 요인을 고려
할 수 있다. 우선 전반적인 연구의 의도를 살펴본다. 각각의 설계를
사용할 경우 최종 "산물"은 다른 형태로 나온다. 그림 30.2의 결정
모형이 설계의 선택에 도움이 될 수 있다.

그림 30.2 연구질문의 의도와 다섯 종류의 질적 설계

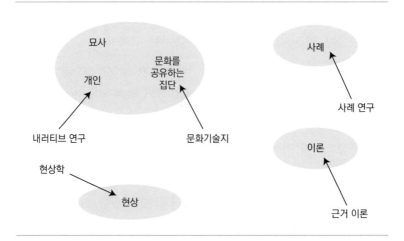

그림에서 알 수 있듯, 만일 자신의 연구질문이 개인에 대한 묘사를 하는 것이라면 내러티브 연구가 질적 설계로써 최상일 것이다. 또한 문화공유집단을 묘사하는 것이라면 문화기술지가 적절하다. 사례를 설명하려는 연구질문이라면 사례연구를, 현상에 대한 개인들의 경험에 대한 것이라면 현상학, 과정에 대한 일반적 기술 혹은 이론을 개발하는 것이라면 근거이론이 적절하다. 연구질문의 의도 외에도, 질적 설계를 결정하는 데 영향을 미치는 다른 요인들이 있다. 연구의 독자, 질적 설계에 대한 독자의 이해도, 특정 설계를 배운 경험, 학계의 요구, 연구자의 선호도(보다 구조적인 접근을 원한다든지(예. 근거이론) 또는 보다 문학적 접근을 원하는 경우(예. 내러티브 연구)) 등이 있다.

이야기 변경하기의 예

다섯 개의 종류를 설명하기 위해서 간단한 가상의 질적 연구 프로젝트를 가지고, 특정 설계를 사용하면 어떤 것이 달라지는지를 살펴보려 한다. 예를 들어, 학생들이 대학원 수업에서 질적 연구를 어떻게 배우는가? 라는 질문에 관심이 있다고 가정해보자. 이 질문은 다섯 개의 접근이 모두 가능할 만큼 범위가 넓다. 그렇지만, 위에서 설명한 것처럼 각기 다른 접근을 사용할 경우 연구의 의도나 결과에 차이가 난다. "이야기 변경하기"는 이전에 존이 질적 연구 책의 마지막 장에서 활용했던 방법이다(Creswell & Poth, 2018).

내러티브 설계를 사용할 경우, 우리는 수업을 듣는 학생 중에서 질적 연구 학습에 대해 이야기해줄 개인을 선택할 것이다. 그 학생은 수업시간에 가장 성적이 좋은 학생일 수도 있고, 또는 연구에 참여할 의사가 있으며 시간이 가능한 학생일 수도 있다. 그 학생과 그의 친구들을 인터뷰할 것이고, 아마도 수업 때 제출한 자료들을 살펴볼 것이다. 이런 정보들을 살펴보면서 시작과 중간, 그리고 끝이 있는 이야기를 구성하기 시작할 것이다. 물론 그 학생이 인터뷰에서 이러한 방식으로 이야기하지는 않을 것이며, 연구자가 참여자의 이야기를 다시 이야기할 것이다. 우리는 참여자가 수업을 하면서 생각이 바뀌거나 질적 연구에 대한 갑작스런 이해를 얻게 되는 등의 "통찰"의 순간(전환점)을 찾아볼 것이다. 그리고 이런 전환점을 강조할 것이다. 그리고 자료에서 나온 테마, 예를 들어, 책을 통한 학습 또는 다른 학생들과 상호작용을 통한 학습 등을 강조할 것이다. 마지막으로 그 학생의 개인적 경험에 대한 흥미로운 이야기를 쓰고 질적 연구에서 관심을 갖게 된 전환점에 대한 이야기로 연구를 마무리할 것이다.

현상학 설계에서는 수업을 듣는 여러 명의 학생들로부터(예. 10명) 질적 연구를 배우는 경험에서의 공통점을 배우고자 할 것이다. 수업과 관련된 연구자의 경험을 한쪽으로 치워둔 채 10명의 학생들과 인터뷰를 할 것이다. "이 수업에서 무엇을 경험했나요?", "질적 연구를 경험하게 된 것은 어떤 맥락에서였나요?" 등의 질문을 한 뒤, 자료를 분석하고, 학생들의 경험에서 공통적인 것(본질)과 질적 연구를 가장 잘 배우게 된 다양한 맥락(예. 책, 복도에서의 대화, 파워포인트 강의)을 묘사할 것이다.

근거이론 설계라면, 학생들이 질적 연구를 **어떻게** 배우는가에 대한 이론을 개발하는 데에 관심이 있을 것이다. 이 과정은 어떤 단계로 이뤄지는가? 우리는 몇몇 학생들과 인터뷰를 할 것이고(아마도 10명) 이들의 학습과정을 설명하는 이론을 개발하기 시작할 것이다. 아마도 학생들은 질적 연구를 보여주는 시각 자료들이나 수업시간에 적은 자기들의 노트에서 가장 잘 배웠다고 말할 수 있다. 토론을 이용한 학습이 가장 좋은 방법이라고 말할지도 모른다. 그러면 왜 토론이 가장 좋은 방법인지, 수업시간에 토론은 어떻게 진행되었는지, 강사는 토론을 어떻게 활용하였는지, 전반적인 느낌은 어떠했는지 등을 물어보며 자세히 알고자 할 것이다. 이러한 요소들이 질적 연구를 배우는 과정에 대한 정보를 제공해주며, 이러한 요소들을 넣어서 도표나 도식을 그리고, 이를 연구에 첨부하면서 마무리를 할 것이다. 요약하면, 도표를 통해서 질적 연구의 학습과정에 대한 설명을 만들어 낼 것이다.

문화기술지 연구를 한다면, 우리는 수업시간을 하나의 문화공유집단으로 볼 것이다. 한 학기 동안 그들을 관찰하고 몇몇과는 인터뷰를 진행할 것이다. 그리고 이들이 질적 연구에 대해 어떻게 얘기하는지, 질적 연구란 무엇이라고 생각하는지, 보통 어떻게 학습에 관여하는지(예. 매주 동일한 자리에 앉기) 등에 대한 다양한 형태의 자료를 수집할 것이다. 이런 자료들을 통해서 공유된 문화의 패턴이 드러나는 것에 관심을 가질 것이다. 우리는 한 학기를 마치는 시점에서 연구결과를 통해 교실의 맥락을 묘사할 것이다. 예를 들어, 어떻게 내용이 진행되는지, 학생들은 어디에 앉는지, 학기에 걸쳐서 내용 전달은 어떻게 이뤄지는지, 그 밖에 수업이라는 문화를 공유하는 집단에 대한 이해를 높일 수 있는 여러 양상들을 묘사할 것이다. 그리고는 "질적 연구 학습"과 관련된 몇 가지 테마를 기술할 것이다. 연구보고서를 통해서 질적 수업이나 질적 연구 학습에 익숙지 않은 독자들에게 어떻게 학생들이 이 주제를 공부하며, 한 학기에 걸친 경험에서 어떤 패턴이 드러나는지에 대한 정보를 제공할 것이다.

사례연구를 한다면, 우선 사례를 명확하게 선정할 것이다. 수업 전체를 하나의 사례로 한다면, 수업에 대한 세부묘사를 해 가면서 수업과 관련된 이슈들에 대해 드러나는 테마를 살펴볼 것이다. 만일, 강사가 활용하는 "성적 평가"를 이슈로 정했다면, 나는 성적 평가를 이해할 수 있는 인터뷰나 관찰, 강의계획서(문서) 등의 여러 자료를 수집할 것이다. 사례를 기술하고(예. 내용, 매주 수업계획, 성적 평가 발생 시기, 성적평가 요소) 자료를 통해 테마를 발견해 갈 것이다. 테마의 예로는, 성적 평가에 대한 학생들의 반응, 성적의 공정함에 대한 느낌, 강사가 실제로 학생들에게 주는 성적의 종류 등이 될 수 있다. 우리의 최종적인 사례연구보고서는 질적 연구 성적 평가가 이뤄지는 장소로서의 하나의 사례(수업)에 대한 심도 있는 이해를 제공할 것이다. 우선적으로 사례를 기술한 후 테마를 전달할 것이다. 그리고 나서 이 사례를 통해 성적 평가에 대하여 우리가 어떤 것을 배웠는지를 어느 정도 일반화하면서 마무리할 것이다.

요약

이 책은 질적 연구를 수행하는 데 필요한 기술들을 강조하고 있다. 그렇지만 다양한 질적 설계를 습득하여 보다 심화된 질적 연구를 이해하는 내용까지는 다루지 않는다. 심화된 내용에 대해서는 여러 다른 책을 참고할 수 있다. 여기서는 내러티브 연구, 현상학, 근거이론, 문화기술지, 그리고 사례연구 등 다섯 종류의 질적 설계를 간단히 설명하였다. 이 설계들의 의도와 최종 결과물은 서로 다르다. 개인의 경험을 이야기할 수도 있고(내러티브 연구), 여러 명의 사람들이 현상에 대해 경험하는 것을 이해할 수도 있으며(현상학), 과정을 이해하는 이론을 개발할 수도 있고(근거이론), 문화공유집단의 생각, 행동, 언어 등의 패턴을 묘사할 수도 있고(문화기술지), 특정한 이슈를 밝히기 위해 선택된 사례를 심층적으로 이해할 수도 있다(사례연구). 이 책에서 소개한 기본적 기술을 통해 자신의 프로젝트에 적절한 연구설계를 선정하고 원하는 의도를 성취할 수 있는 연구를 진행하기를 제안한다.

활동

이 책에서 소개한 기술을 바탕으로 자신의 프로젝트에 적합한 질적 연구설계를 정해본다. 이러한 기술들을 사용하여 어떻게 연구를 진행할지에 대해 생각해본다.

추가 자료

다섯 가지 연구설계와 관련된 자료

Clandinin, D. J., & Connelly, E. M. (2000). *Narrative inquiry: Experience and story in qualitative research.* San Francisco, CA: Jossey-Bass.

Corbin, J., & Strauss, A. (2007). *Basic of qualitative research: Techniques and procedures for developing grounded theory* (3rd ed.). Thousand Oaks, CA: Sage.

Corbin, J., & Strauss, A. (2014). *Basic of qualitative research: Techniques and procedures for developing grounded theory* (4th ed.). Thousand Oaks, CA: Sage.

Creswell, J. W. (2013). *Qualitative inquiry & research design: Choosing among five approaches* (3rd ed.). Thousand Oaks, CA: Sage.

Moustakas, C. (1994). *Phenomenological research methods.* Thousand Oaks, CA: Sage.

Stake, R. (1995). *The art of case study research.* Thousand Oaks, CA: Sage.

Wolcott, H. F. (1999). *Ethnography: A way of seeing.* Walnut Creek, CA: Altamira.

Wolcott, H. F. (2010). *Ethnography lessons: A primer.* Walnut Creek, CA: Left Coast.

대안적 접근의 예

Sato, T., Mori, N., & Valsiner, J. (2016). *The making of the future: The trajectory equifinality approach in cultural psychology.* Charlotte, N.C.: Information Age Publishing.

GLOSSARY

Abstract(초록): 독자들이 논문을 빠르게 훑어볼 수 있도록 질적 연구의 내용을 간단히 요약해 놓은 것

Advocacy theory(옹호이론): 연구 과정 전체에 영향을 미치며, 연구의 마지막에서는 억압되어온 사람들이나 집단의 변화 또는 향상을 지지함

Axiology(가치론): 연구에서 가치와 편견의 사용 정도에 대한 패러다임별 서로 다른 신념

Case study research(사례연구): 사례를 선정하고 그 사례가 연구 문제나 이슈를 어떻게 보여주는지를 알아보는 질적 설계

Central phenomenon(중심현상): 자신의 연구 프로젝트에서 배우고자 하는 하나의 핵심 아이디어. 너무 넓거나 좁지 않은 범위를 보통 두세 단어로 간략하게 언급함

Central question(중심질문): 연구 목적을 좁혀서 자료수집을 위한 일반적인 질문으로 만들어 놓은 것

Coding(코딩): 질적 텍스트 자료를 쪼개 가며 그 안의 내용을 살펴

본 뒤 다시 의미 있는 방식으로 재구성해가는 분석 과정

Collaborate with participants(참여자와의 협력): 연구를 진행하며 핵심 결정을 내리는 과정에 참여자를 개입시킴으로써 연구의 정확도를 향상시키고자 하는 타당도 전략

Community-based participatory research(공동체 기반 참여연구): 연구의 전 과정을 참여자와 함께하는 행동 지향적 연구방법

Conclusion section(결론 부분): 질적 보고서의 최종 부분이나 논의로서, 결과의 요약, 문헌과의 비교를 통한 결과 해석, 연구자의 해석, 연구의 한계, 추후 연구 제안, 연구의 의의가 포함됨

Constructivist(구성주의): 개인이 스스로의 실재를 구성하며, 참여자의 주관적 관점이 중요하고, 연구자의 가치가 분명히 드러나야 한다고 믿으며, 귀납적으로 연구하고, 개인적인 글쓰기 스타일을 선호하는 연구자의 신념을 보여주는 패러다임

Critical theory(비판이론): 실재는 사회, 정치, 문화적 사건으로 형성되고, 맥락 안에서의 주관적 의견을 강조하고, 연구자의 가치를 드러내고, 참여자와 연구방법을 논의하고, 권력을 언급하는 수사학을 활용하는 연구자의 신념을 보여주는 세계관

Design(설계): 연구를 어떻게 계획하고 진행할지에 대한 가이드

Disconfirming evidence(맞지 않는 증거): 특정 테마 안에서 예외가 되는 모든 증거를 검토하고 대안적 설명을 제시하는 타당도 전략

Emotional journey(감정적 여정): 탐구하려는 주제, 탐구를 진행하는 명확한 구조의 부재, 연구자의 노력이 많이 들어가는 탐구 형식 등 적어도 세 개의 질적 연구와 관련된 요인이 연구자에게 감정적인 영향을 미치는 것

Epistemology(인식론): 연구자와 연구대상 사이의 관계에 대한 연구자의 신념

Ethnographic research(문화기술지적 연구): 문화집단이 오랜 기간 상호작용을 해오며 어떻게 특정한 행동양식, 이야기, 태도를 발전시키는지를 묘사하려는 질적 연구설계

External audit(외부 감사): 외부인이 프로젝트를 자세히 검토하며 정보가 정확한지, 엄격한 방식으로 진행되었는지를 판단하는 타당도 전략

Field notes(현장노트): 연구자가 관찰 프로토콜을 가지고 현장에서 묘사적, 성찰적 내용을 기록한 것

Focus groups(포커스 집단): 일반적으로 여섯 명 정도의 사람들과 집단으로 진행하는 인터뷰로, 집단 구성원이 서로의 이야기를 촉진시키는 시너지 효과가 있고 주제와 관련된 다양한 아이디어를 이끌어낼 수 있는 방법

Gerund(동명사): 질적 연구의 제목을 붙일 때 −ing를 포함한 단어를 사용해서 진행 중인 느낌을 효과적으로 드러내는 것

Global cultural awareness(글로벌 문화 인식): 다른 나라에서 연구를 진행하기 위해 국제적 수준의 전문성과 해당 지역의 방법론적 경향, 그리고 선호되는 자료수집방법에 대한 이해를 쌓는 것

Going native(현지화): 연구자가 참여자와 가깝게 동일시하는 것으로 문화기술지에서 나온 아이디어

Grounded theory(근거이론): 과정, 행동, 상호작용을 설명하는 이론을 생성하려는 목적을 가진 질적 설계

In vivo(인 비보): 참여자가 실제 한 말

Inductive(귀납적): 자료를 모은 다음 코드와 테마, 나아가 더 큰 관점으로 묶어서 이해해 가는 연구 과정

Institutional review board(IRB)(기관윤리위원회): 위원회가 연구자가 인간 참여자의 권리를 보호하는지에 대해 자료수집 전에 검토하는 것으로, 연구자는 IRB의 승인이 필요함

Intercoder agreement(코더간 일치도): 한 명 이상의 추가 코더가 질적 자료를 분석하고, 코딩 결과를 서로 비교하며 코드들이 어느 정도 일치하는지를 알아보는 과정

Interviewing(인터뷰): 참여자에게 열린 질문을 던지는 것

Lean coding(린 코딩): 자료의 크기와 관계없이 20~25개의 적은 수의 코드를 생성하는 질적 자료분석방법

Literature map(문헌지도): 자신의 질적 연구와 기존 연구와의 관련성 (추가, 확장, 중복)을 독자(그리고 연구자)가 이해하기 쉽도록 시각적 으로 요약해 놓은 것

Marginalized groups(소외된 집단): 주류 사회, 경제, 문화, 정치적 삶 에서 배제된 집단으로 종종 민감한, 연구에서 잘 드러나지 않은, 또는 숨은 참여자라 불리는 집단

Maximal variation Sampling(최대 다양성 표집): 연구장소나 참여자를 다양하게 선정하기 위한 기준을 미리 정한 뒤 이를 바탕으로 다 양한 장소나 참여자를 결정하는 표집 전략

Member checking(참여자 확인): 연구자가 참여자에게 돌아가서 테마 나 전체 이야기를 들려준 뒤 이 내용이 참여자들의 말을 잘 반영 했는지를 확인하는 타당도 전략

Methodology(방법론): 연구 과정, 그리고 그 과정이 좀 더 고정된 것 에서부터 프로젝트를 하면서 출현하는 방식까지 얼마나 다양한지 에 대한 연구자의 신념을 보여주는 세계관

Mistrust(불신): 참여자가 연구자나 연구 과정에 대한 신뢰가 부족해 서, 그 결과 자기 자신과 그들이 속한 공동체에 대해 신뢰하기 어 려운 응답을 하는 것

Multiple perspectives(다양한 관점): 질적 연구는 "긍정적인 것, 부정 적인 것, 이상한 것"까지, 여러 다른 관점에서 나온 테마를 보고함

Narrative research(내러티브 연구): 참여자의 개인적 경험에 대한 흥미로운 이야기를 보고하려는 의도를 가진 질적 설계

Observer role(연구자 역할): 관찰을 실행하는 과정에서의 연구자의 역할로서, 완전한 참여자에서부터 완전한 관찰자까지 다양함

Observing(관찰): 연구 현장을 찾고, 자료수집 프로토콜을 개발하고, 사건에 초점을 맞추고, 중심현상을 이해하는 데 도움이 될 만한 사건이나 활동을 찾고, 적절한 관찰자 역할을 정하고, 관찰 프로토콜에 보고 느낀 것을 기록하는 작업

Ontology(존재론): 무엇이 존재하는가에 대한 질적 연구자들 간의 다양한 세계관 신념

Paradigm(패러다임): 연구 접근을 형성하는 신념이나 태도

Participatory(참여적): 실재는 정치적이고 인종, 계급, 젠더로 구성된다는 신념을 보여주는 패러다임 세계관으로서, 관심 집단과 함께 협력적인 연구를 하고, 연구자와 참여자의 변화하는 가치를 드러내고, 참여자에게 힘을 주고 변화를 가져올 방법론을 사용하고, 참여자의 언어를 사용한 글쓰기를 함

Peer debriefing(동료 검토): 연구나 중심현상을 잘 아는 누군가에게 프로젝트의 리뷰를 요청하는 타당도 전략

Phenomenology(현상학): 몇 명의 참여자들이 특정 현상을 어떻게 경험하는지를 자세히 기술하려는 의도를 가진 질적 설계

Postpositivism(후기실증주의): 하나의 실재가 존재하고, 연구자와 연구대상을 분리하며, 가치중립적이고, 연역적인 연구를 하며, 과학적인 언어를 사용한 글쓰기를 하는 연구자의 신념을 보여주는 패러다임

Probes(탐색): 연구자가 추가 정보와 설명을 요청하는 질문을 잊지 않기 위해 인터뷰 프로토콜에 적어두는 것

Process of research(연구 과정): 연구 문제를 정하고, 문제를 질문으로 구성하고, 연구계획을 세우고, 계획을 실행하고, 결과를 보고하는 것

Prolonged engagement in the field(장기간 현장에 머무는 것): 연구자가 현장에 더 오래 있을수록, 더 정확한 설명을 할 수 있다는 신념에서 나온 타당도 전략

Protocol(프로토콜): 질적 자료를 기록하고 질문을 던지기 위한 수단으로, 인터뷰와 관찰 프로토콜이 있음

Purpose statement(목적 진술): 전반적인 연구의 목적이나 의도를 말하며, 중심현상, 연구 참여자, 연구장소를 포함함

Purposeful sampling(목적 표집): 질적 프로젝트에서 중심현상에 대한 정보를 많이 가진 참여자를 선정하는 과정

Qualitative data analysis(QDA) programs(질적 자료분석 프로그램): 연구자가 자료를 저장하고, 분석하고, 보고서를 쓰고, 코드와 테마

를 시각화하는 데 도움을 주는 컴퓨터 소프트웨어

Qualitative validity(질적 타당도): 결과가 정확한지를 연구자의 관점에서, 참여자의 관점에서, 그리고 독자와 리뷰어의 관점에서 평가하는 것

Qualitative criteria(질적 기준): 질적 연구의 질을 판단하는 기대 수준

Reciprocity(호혜): 연구자가 참여자들의 도움에 대해 작은 형태의 감사 표시를 하거나 이들을 도와주는 형태로 보답을 하는 것

Reflexivity(성찰): 연구자가 자신의 경험과 배경이 연구결과를 설명하는 데 어떠한 영향을 미쳤는지를 돌아보는 것

Research problem(연구 문제): 연구의 필요성을 보여주는 이슈로서 연구에서 언급되는 것

Research site(연구 현장): 질적 연구가 진행되는 장소

Rhetoric(수사학): 보다 공식적인 것에서 비공식적인(예. 일인칭 주어를 사용) 것까지 다양한 언어 사용에 대한 연구자의 신념을 보여주는 세계관

Rich description(풍부한 기술): 질적 보고서에서 연구장소, 참여자, 테마에 대해 자세하게 기술하는 것

Semiotic analysis(기호학적 분석): 이미지를 분석하면서, 이미지에서 명시적이고 암시적으로 드러나는 의미를 코딩하는 해석적 틀

Sensitive topics(민감한 주제): 연구하기 쉽지 않은, 감정적으로 민감한 주제를 포함하는 질적 연구

Shadow side(가려진 측면): 주제에 대한 관점을 뒤집어서 예상치 못한 각도에서 주제를 바라보는 것

Skill(기술): 개발할 수 있고, 일단 개발되면 탄탄한 질적 연구를 할 수 있게 도와주는 특정 능력이나 전문성의 형태

Social science theory(사회과학이론): 사회과학에서 나온 이론으로, 질적 프로젝트에서 찾은 결과에 대한 넓은 설명을 제공함. 연구질문에 포함되기도 함

Sub-questions(하위질문): 중심질문을 주제나 영역으로 나눠 놓은 연구질문들

Themes(테마): 테마를 지지하는 증거가 되는 유사한 코드 집단으로 구성된 넓은 범주

Thick description(심층 묘사): 연구장소, 참여자, 벌어진 사건에 대한 세부사항을 전달하는 방식의 글쓰기로, 종종 사회과학 이론과 연결시킴

Triangulation(삼각검증): 연구의 테마를 구성할 때 다양한 자료원에서 나온 증거를 확보하는 것

Validity(타당도): 연구자, 독자, 참여자에 의해 질적 보고서의 정확성을 판단하는 것으로, 연구자가 사용할 수 있는 몇 가지 전략을 통

해 확보됨

Visual elicitation(시각적 유도): 연구자가 인터뷰 시 참여자의 반응을 촉진하고, 대화를 유도하기 위해 사진 같은 시각적 이미지 자료를 사용하는 참여적 시각적 연구 접근

Voices of participants(참여자의 목소리): 질적 연구에서 참여자들이 어떻게 이야기하고, 사건을 묘사하고, 세상을 바라보는지를 인용문의 형태로 보고하는 것

Worldview(세계관): 질적 연구를 뒷받침하는 철학적 가정으로, "패러다임"이라고도 불림

저자 소개

John W. Creswell 박사는 가정의학과 교수이며 미시간 대학 혼합 연구 프로그램의 수석 연구자다. 혼합연구방법, 질적 연구, 연구설계와 관련된 상당수의 아티클과 약 30권의 책을 출판하였다. 네브래스카 링컨 대학에 근무할 당시, 클리프톤 석좌교수직을 맡았고 SAGE 출판사의 Journal of Mixed Methods Research를 창간했으며, 미시간 대학 가정의학과 겸임교수, 미시간 앤아버의 재향군인 건강센터의 자문을 맡았다. 2008년 남아프리카와, 2012년 태국에서 풀브라이트 수석연구자로 활동했다. 2011년에는 건강과학 분야에서의 혼합 연구 실행을 위한 국립 건강 재단의 위원회를 공동으로 이끌었다. 또한 하버드 공공건강 대학원의 방문 교수를 역임했고, 남아프리카 프레토리아 대학에서 명예박사를 수여받았다. 2014년에는 혼합방법 국제 연구위원회의 초대 회장을 역임했다. 2015년에는 미시간 혼합 방법 프로그램을 공동으로 이끌기 위해 미시간 대학의 가정의학 위원으로 합류하였다. 2017년에는 미국심리학회에서 주도하는 질적, 그리고 혼합연구 기준 논의에 공동 저자로 참여하였다. 2018년에는 그의 책 Qualitative Inquiry and Research Design이 오랜 기간 기여해온 것을 인정받아 맥거피 장수 상(McGuffey longevity Award)을 수상하였다.

Johanna Creswell Báez 박사는 강의 개발 매니저이자 콜롬비아 대학 사회복지대학원 온라인 캠퍼스의 겸임 부교수다. 그녀는 뉴욕에 있는 웨디코(Wediko) 어린이 시설 비영리 지사의 공동창시자이며 책임자로, 그리고 연구/보조금 담당자로 근무하였다. 웨디코 근무 시절, 그녀는 도심지역 아이들의 사회·정서적 학습, 그리고 트라우마와 관련한 여러 지역에 걸친 프로그램의 평가를 담당하였고, 수석 보조금 유치자였으며, 매주 임상 슈퍼비전을 제공하였고, 프로그램의 결정을 담당하는 시니어 행정 팀의 일원으로 활동하였다. 최근에는 로버트 우드 존슨 재단의 임상학자로서 텍사스 지역에 있는 취약한 이민자 청소년과 가족들을 위한, 트라우마와 문화적 민감성에 초점을 둔 정신건강 서비스 프로그램을 연구해오고 있다. 그녀는 2006년, 콜롬비아 대학에서 사회복지학으로 석사학위를 받았고 2015년에는 스미스 칼리지에서 임상사회복지로 박사학위를 취득했다. 지난 20년 넘게 뉴욕 시내의 공립학교와 사립 센터 내에 있는 시설에서 감정적으로 취약한 청소년과 가족을 대상으로 임상 서비스를 제공해왔다. 지난 10년간은 연구, 행정, 그리고 임상 슈퍼바이저로서 프로그램을 지원하는 일을 해오고 있다. 그녀의 전문분야는 프로그램 개발, 온라인 강의, 권리 옹호, 직원 훈련, 연구비 작성, 재정지원, 그리고 질적 방법과 혼합방법을 활용한 프로그램 평가다.

역자 소개

한유리

이화여대 정치외교학과를 졸업하고, 조지아 대학(The university of Georgia)에서 성인교육 및 인적자원개발로 박사학위를 받았다. 더 많은 사람들이 질적 연구를 쉽게 접하고 즐겁게 연구할 수 있도록 배우고 전달하는 것에 관심이 있다.『질적 연구 입문』,『초보연구자를 위한 질적 자료 분석 가이드』,『차근차근 자문화기술지』,『소프트웨어로 해보는 문헌고찰: MAXQDA 활용하기』를 썼고,『질적 연구의 30가지 노하우』,『문헌리뷰 작성 가이드』,『사회구성주의로의 초대』를 번역하였다.

dain5479@naver.com

30 Essential Skills for the Qualitative Researcher, 2nd Edition
by John W. Creswell, Johanna Creswell Báez

제2판
질적 연구의 30가지 노하우

초판발행   2017년 3월 24일
제2판발행   2024년 10월 10일

지은이   John W. Creswell · Johanna Creswell Báez
옮긴이   한유리
펴낸이   노 현

편 집   김다혜
표지디자인   이은지
제 작   고철민 · 김원표

펴낸곳   ㈜ 피와이메이트
            서울특별시 금천구 가산디지털2로 53, 210호(한라시그마밸리, 가산동)
            등록 2014. 2. 12. 제2018-000080호
전 화   02)733-6771
f a x   02)736-4818
e-mail   pys@pybook.co.kr
homepage   www.pybook.co.kr
ISBN   979-11-6519-422-2   93370

* 파본은 구입하신 곳에서 교환해 드립니다. 본서의 무단복제행위를 금합니다.

정 가   23,000원

박영스토리는 박영사와 함께하는 브랜드입니다.